AF363458

ANDRÉ BELLESSORT

L'APÔTRE DES INDES ET DU JAPON

SAINT

FRANÇOIS XAVIER

Librairie académique PERRIN et Cⁱᵉ

SAINT

FRANÇOIS XAVIER

DU MÊME AUTEUR

ANDRÉ BELLESSORT

L'APOTRE DES INDES ET DU JAPON

SAINT

FRANCOIS XAVIER

PARIS

LIBRAIRIE ACADÉMIQUE

PERRIN ET Cie, LIBRAIRES-ÉDITEURS

35, QUAI DES GRANDS-AUGUSTINS, 35

1917

On a beaucoup écrit sur lui, et dès la fin du
XVIe siècle. Dans ces dernières années, le Père Cros
a donné deux gros livres, qui constituent la mine
la plus riche de documents sur sa famille et son
apostolat. La Société de Jésus lui a consacré deux
tomes de ses Monumenta Historica. Sans parler
d'autres ouvrages moins importants, mais encore
remarquables, le Père Brou a composé un Saint
François Xavier, qui compte parmi les plus solides
et les plus beaux ouvrages de l'hagiographie française. Il peut sembler téméraire ou inutile de recommencer ce qui a été si bien fait. Mais quand se
lassera-t-on d'écrire la vie des héros et des saints et
de chercher dans l'étude de leur âme le secret de la
grandeur humaine ? Je l'ai essayé à mon tour, et
sans aucun parti pris de panégyrique. François de
Xavier est grand : il l'est plus encore parce que son
histoire est celle de la première rencontre des temps
modernes entre l'âme occidentale et l'âme de
l'Extrême-Orient. Avec lui de nouveaux mondes
émergent dans la pensée européenne, au soleil de
la Renaissance ; et c'est toute l'Asie — si près de

nous aujourd'hui, — qui commence à déchirer son voile de mystère. Si j'avais besoin d'une excuse en abordant ce sujet après tant d'autres, je dirais seulement qu'ayant visité quelques-uns des pays où François porta l'Évangile, et particulièrement le Japon, l'impression directe que j'en ai reçue, les souvenirs que m'ont laissés nos missions et nos missionnaires, m'invitaient à reconstituer, dans des cadres qui m'étaient presque familiers, les aventures douloureuses et passionnées d'un homme qui a mis au service de sa foi et de l'humanité toute l'inquiétude avec toute l'audace d'un étonnant explorateur.

SAINT FRANÇOIS XAVIER

CHAPITRE PREMIER
SES PREMIÈRES ANNÉES

Ses premiers biographes crurent qu'il était né en 1497, l'année où Vasco de Gama partait à la découverte des Indes orientales. Ils ne se trompaient que de neuf ans, et cette coïncidence flattait leur imagination au point qu'ils ne s'apercevaient pas que, si elle eût été vraie, François de Xavier n'eût achevé son cours de philosophie qu'en sa trente-troisième année. La réalité était pourtant assez touchante. L'enfant naquit le 7 avril 1506, qui était le mardi de la Passion; et, ce jour-là, dans l'église de Xavier, on célébrait, par une messe chantée, la fête de saint Vincent Ferrier, l'apôtre de l'Occident.

Une légende, dont on ne s'explique pas l'origine, plaça son berceau, ou plutôt sa crèche, dans l'écurie du château [1]. Mais, à la fin du xvi⁺ siècle et

----

[1] La même légende se retrouve dans quelques histoires d'Ignace

au XVIIe, on montrait encore aux pèlerins, venus
des diverses nations et jusque des Indes, la chambre
du *castillo* où il avait poussé le premier vagisse-
ment. Son imitation de Jésus-Christ n'avait pas
commencé si tôt.

Du reste, il y a beaucoup d'écuries plus confor-
tables que ne l'étaient les chambres ou les réduits
éclairés par une meurtrière dans cette vieille petite
forteresse royale de Xavier. Elle était située sur
une éminence, au versant d'une montagne, tout
près du *rio* qui séparait son territoire de la province d'Aragon, et pas loin de la *villa* de Soz où
était né Ferdinand le Catholique. A une demi-
lieue, les rois de Navarre reposaient sous leurs
dalles funèbres, dans le monastère de San Salvador
de Leyre. A deux lieues, s'élevait la riante cité de
Sangüesa, riche en écoliers et en moines. Xavier
ne riait pas. La terre n'y était point pauvre, puisqu'elle procurait du vin, de l'huile, du froment,
de beaux pâturages et force gibier. Mais elle pro-
duisait aussi des pierres, et les sierras qui l'entouraient avaient cette sombre âpreté qui donne

de Loyola postérieures à 1600. On prétendit, sans aucune raison,
que sa mère, par dévotion pour le mystère de la Nativité, s'était
fait porter dans l'écurie du château. Quand on célébra à Rome
sa béatification, on publia une collection d'estampes qui repré-
sentaient les principaux épisodes de sa vie. La première était
accompagnée de cette épigraphe latine : *Mater Ignatium pari-
tura, pro sua in Natalem Domini pietate, deferri se jubet in sta-
bulum, eumque post septem filios, postremum in stabulo parit
anno salutis* 1491. (Voir *La Santa Casa de Loyola* par le Père
Raphaël Perez, *Bilbao* 1891.)

si souvent au paysage espagnol la tristesse d'un lendemain d'incendie. Le château fort crénelé était là en sentinelle. Il gardait le passage avec l'air honorable et soucieux des gens et des choses dont un poste de surveillance est la première raison d'être[1].

François était le sixième enfant de ses parents. Son père, le docteur Juan de Jassu, descendait d'une famille établie vers le milieu du XIVᵉ siècle à Saint-Jean-Pied-de-Port. L'anoblissement des Jassu était d'assez fraîche date. Revenu de Bologne, où l'Université lui avait conféré le plein pouvoir d'enseigner magistralement le droit canon, Juan

---

[1] Aujourd'hui un chemin de fer électrique mène en deux heures de Pampelune à Sangüesa : et de Sangüesa à Xavier il y a une heure de voiture. On entre dans Sangüesa par un grand pont suspendu sur son large rio, dont la « modernité » contraste fâcheusement avec la vieille et bizarre église de Santa Maria devant laquelle il aboutit et avec toute la petite ville aux murs couleur de terre, qui, de loin, semble presque une ruine. Mais elle se survit, et même assez gaiement. Ses rues surchargées de balcons, sa *plaza de los Toros*, ses bouquets d'arbres lui donnent un caractère plaisant et pittoresque. Elle s'anime le soir sous les becs électriques qui inondent de clarté ses bicoques de terre sèche. On y voit des pans de murs sculptés, derniers vestiges de ses anciens *palacios* et de la maison *Paris*, où François aurait séjourné du temps qu'il était écolier. La plaine est bien cultivée ; mais les montagnes lui font un horizon morne et désolé. Naguère on n'allait de Sangüesa à Xavier que par de mauvais sentiers pierreux. On a maintenant une route qui monte en pente douce. Elle traverse des champs où s'élève çà et là une triste petite ferme, et, parvenue à la région montagneuse, elle se resserre, s'ombrage et descend rapidement vers le *castillo*. Ce qui reste du château d'autrefois a été converti en église et en chapelles, et l'on a construit un grand collège. Mais tout a l'air encore féodal, et, dans cette solitude encaissée, l'impression qu'on en reçoit est rude.

avait été nommé Maître des Finances à la Chambre
des Comptes, puis alcade de la *Corte Mayor*. Il
avait épousé Maria de Azpilcueta, qui, n'ayant
point de frères et étant l'aînée de ses sœurs, le
constitua par son mariage héritier des noms, de la
gloire et de la fortune des Azpilcueta et seigneur
du *palacio* de Xavier. La fortune des Azpilcueta
pesait moins lourd que leur épée ; mais ils avaient
pour eux l'antiquité de leur nom. « Leur *palacio*
était debout avant Charlemagne ! » s'écriera un
des leurs, le fameux docteur Navarro. Les Aznarès,
tige des Xavier, d'où était issue la mère de Maria,
partageaient un de leurs ancêtres avec les rois de
Navarre et d'Aragon. Dès qu'on touche aux Pyrénées, on ne pénètre point dans la *casa* d'un simple
hobereau, qu'on n'y réveille des échos de chevalerie. Mais il en est un peu comme de ces farouches
cités africaines, ceintes d'un rempart de terre
sèche et dont les portes guerrières, qui ne semblent
faites que pour livrer passage à des charges
furieuses ou à de splendides fantasias, laissent
sortir au jour levant des troupeaux de moutons.
Toute cette *hidalguia* n'est que la façade d'une vie
bourgeoise et rurale, dont il est vrai que les moindres incidents en reçoivent parfois une grande
ombre de noblesse.

Parmi les documents que l'infatigable Père Cros
a recueillis sur la famille de François, les pièces
qui concernent les démêlés du seigneur de Xavier
avec les habitants de Sangüesa et d'Ydocin nous

font entrer dans la familiarité de cette existence et nous initient à ses tribulations. Elles n'ont rien de chevaleresque. Il n'y est question que du bétail que le docteur a envoyé paître indûment sur les terres de ses voisins et des redevances qu'il exige, non moins indûment, des troupeaux qui passent sur les siennes. On va devant les juges. Le docteur répond par la bouche de son procureur qu'il en a le droit ; et tout à coup nous sommes transportés de la bergerie dans la salle des archives. Qu'on le sache : « La maison de Xavier est une des plus antiques et des plus privilégiées du royaume de Navarre ; son seigneur jouit d'une seigneurie souveraine, sans être tenu à aucun devoir de reconnaissance et d'hommage au Roi ni à la Couronne de Navarre, sauf l'obligation de faire guerre et paix à son commandement... La maison de Xavier eut, en divers temps, des seigneurs de grande distinction, desquels plusieurs furent gouverneurs du royaume, ou y remplirent d'autres charges éminentes à la cour des Rois... » Quel bruit d'armures et quel froissement de parchemins à propos de brebis paissantes ! Mais il n'est point mauvais que les hommes relèvent de cette manière leurs petits dissentiments. Comme la vie en est faite, c'est lui donner plus de valeur et plus de dignité.

Il serait presque inutile, dans ce milieu basque, d'insister sur l'esprit religieux, si les seigneurs de Xavier n'avaient mérité par une dévotion, qui même alors était singulière, la gloire de mettre au monde un saint. La petite forteresse semblait s'être préparée à le recevoir. On avait découvert, au xiv° siècle, dans le creux d'un mur de l'ancien *castillo*, un étrange Christ, fait, comme celui de Burgos, en peau ou en cuir comprimé, décloué de sa croix, les bras liés aux épaules par une chaîne qui les ramenait le long du corps et les y maintenait. Il avait été caché là sans doute au temps où les Maures étaient menaçants ; et ceux qui le voyaient avaient l'âme saisie de compassion. On le remit en croix, et on lui attribuait une vertu miraculeuse. Le donjon se nommait Saint-Michel, et la chapelle domestique était placée sous le vocable de cet archange, patron des Aznarès. Au-dessus de la porte voûtée du *castillo,* deux anges soutenaient l'écusson de pierre où étaient sculptées les armes des Xavier : en champ de gueules un croissant de lune échiqueté blanc et noir.

Mais ces reliques, ces murs sanctifiés, ces patronages, ne suffirent point à Juan de Jassu et à Maria de Azpilcueta. Ils agrandirent leur église de Santa Maria et lui annexèrent une *abbadia*, qui logeait un vicaire, deux prébendiers, et un garçon de service. Tous les détails relatifs à leur administration et à leur vie commune furent minutieusement réglés. Et Juan de Jassu rédigea lui-même les *Ordonnances de Santa Maria de Xavier,* qui remplissent dix-neuf feuillets de vélin in-folio et qui font vraiment de la *Abbadia* une petite communauté religieuse. Selon la parole du Christ : « Là où deux ou trois sont assemblés en mon nom, je suis au milieu d'eux », il voulait que ces deux ou trois prêtres, par le savoir, la prière et l'étude, fussent le miroir et l'enseignement de la bonne vie pour tous les gens du *castillo*. Tout à l'heure, dans un simple procès, le ton du défendeur s'enflait et s'élevait à l'éloquence d'une plaidoirie *pro domo*. De même, ces Ordonnances, composées à l'intention d'un pauvre vicaire et de deux maigres bénéficiers, prennent autant d'ampleur que si elles s'adressaient à un Ordre tout entier : « Nous vous prions d'avoir toujours en mémoire que la vie et la règle primitive des clercs, ordonnée par les saints apôtres de Jésus-Christ et ses disciples, fût qu'ils eussent à vivre en communauté, ne possédant rien en propre, et que leur demeure fût contiguë à l'église, afin qu'ils marchassent séparés des pratiques mondaines et des nombreuses occasions de péché, se contentant d'avoir le vivre et le couvert sans autres biens terrestres... » Représentez-vous les seigneurs de Xavier et cinq ou six personnes réunis autour de cette pièce dont ils écoutent la lecture, qu'ils signent et qu'ils voient sceller par le vicaire général du sceau épiscopal : vous aurez une idée du grand sérieux de ces existences qui, dans leur solitude, sentaient Dieu au-dessus d'elles et qui mesuraient moins leurs paroles à l'importance sociale de leurs actes qu'à la grandeur naturelle de leurs sentiments. Ils ne regardaient point du côté du monde, mais du côté de l'honneur et du ciel. Aussi avaient-ils toujours l'air de parler pour un vaste auditoire.

Tout était fait, lorsque François naquit et que son chrémeau baptismal fut suspendu avec ceux de ses frères et de ses sœurs dans l'église de Santa Maria. On chantait chaque jour des vêpres que les cloches annonçaient. Chaque soir, à l'heure où sonnait la cloche de l'oraison, on chantait le *Salve Regina*. Chaque lundi, les tombes des morts recevaient l'absoute. Il grandit au milieu de ces sonneries régulières et de ces chants, à l'ombre de ces murailles féodales, dans ce désert que traversaient des pâtres derrière leurs longs troupeaux.

Il connut surtout sa mère, car les charges du docteur l'obligeaient à de fréquents séjours dans la capitale de Pampelune. Le château restait sous la garde d'un cousin de doña Maria, Martin de Azpilcueta, soldat vaillant et de piété profonde. L'enfant avait aussi près de lui une tante maternelle, Violanta, qui vivait en sainte fille, et peut-être ses sœurs, à moins que l'aînée, Maria, n'eût déjà prononcé ses vœux dans l'abbaye de Santa Engracia de Pampelune, et que la seconde, Madalena, ne fût déjà fille d'honneur à la cour d'Isabelle la Catholique, qu'elle quitta, malgré sa beauté, pour entrer chez les Clarisses déchaussées du couvent de Gandie[1]. Quant à la troisième, Ana, elle

---

[1] L'arbre généalogique de la maison des Xavier, trouvé dans les archives du duc de Granada et que publient les *Monumenta*,

devait se marier, mais Dieu n'y perdit rien, car elle fut l'aïeule de l'apôtre du Grand Mogol, Jérôme Xavier. Le docteur Navarro, son aîné de douze ans, nous dit « qu'il était doux, aimable, poli, gai, plaisant même, d'une singulière pénétration d'intelligence, curieux d'apprendre, jaloux d'exceller en tout ce qui fait le gentilhomme accompli, de sorte que, cher à tous les siens, il ravissait dès l'abord ceux qui ne l'avaient jamais vu : péril redoutable auquel il n'eût point échappé sans le don d'une naturelle réserve, d'une virginale pudeur que tous admiraient en lui. » Mais ces traits anticipent le temps où nous sommes. Et c'est tout ce que nous savons de son enfance.

Il avait six ans lorsque les disgrâces de sa famille commencèrent, et les malheurs de la Navarre. Le pape Jules II avait déclaré la guerre à Louis XII. Ferdinand le Catholique, entré dans la Sainte Ligue qui unissait les forces de la papauté à celles du roi d'Angleterre et de l'empereur d'Autriche, n'attendait qu'une occasion pour mettre la main sur la Navarre. Il exigea que Jean d'Albret donnât libre passage à ses troupes. Le roi de Navarre dépêcha des députés à Louis XII et envoya Jean de Jassu à Ferdinand, afin d'obtenir des deux souverains la reconnaissance de sa neutralité. Mais Ferdinand brusqua les choses, et le très illustre

---

ne mentionne pas Maria. Mais un passage du testament de sa grand'mère paternelle, cité par le Père Cros, prouve bien qu'elle était la fille de Juan de Jassu.

duc d'Albe, avec une armée de quinze à seize mille hommes et grande artillerie et des bulles d'excommunication qui vraisemblablement étaient fausses, envahit la Navarre et s'empara de Pampelune sans coup férir. Jean d'Albret s'enfuit à Lumbier, accompagné de Jean de Jassu, puis en France. Juan rentra bientôt et reprit son poste de conseiller à la *Corte Real* sous la domination soi-disant provisoire, en réalité définitive, du monarque espagnol. Il venait servir la Navarre et non se rallier à l'envahisseur, comme tant d'autres commençaient à le faire. On lui laissa sa charge. Mais Ferdinand, sans égard pour cet homme dont il avait apprécié les mérites et dont une des filles avait été fille d'honneur à sa cour, ou parce que ces mérites lui rendaient plus sensible son insoumission, lâcha sur lui les misérables persécutions administratives. Il ordonna qu'on vendît à Soz et à Sangüesa les terres des Xavier. Il paraît que la paix du pays le voulait. Elle voulait aussi que le pays fût annexé au royaume de Castille. Quelques mois après ce déni de justice et cette usurpation, le docteur de Jassu, triste et humilié, descendit dans la tombe.

L'année suivante, en 1516, Ferdinand n'ayant guère survécu à sa conquête, un soulèvement eut lieu, où furent compromis quelques parents des Xavier. Le cardinal Ximenès fit démolir le *castillo :* on abattit le mur d'enceinte ; on découronna la tour ; on ravagea le jardin, qui servait aussi de garenne; on combla les fossés; on n'épargna que la *casa*, mais démunie de ses créneaux. L'enfant vit les pics s'acharner contre ces vieilles pierres glorieuses. Les anciens droits de ses pères s'en allaient avec elles. Les paysans coupaient des arbres, accaparaient des champs, insultaient la veuve de leur seigneur. Les bergers ne payaient plus de droit de passage ou passaient par des chemins interdits; et les trois fils de la señora Maria, Miguel, Juan et François, se lançaient à leur poursuite pour arrêter leurs troupeaux et pour les ramener dans la cour de la *abbadia*. François avait alors treize ou quatorze ans. Il courut plus tard après d'autres brebis !

La triste situation des Xavier allait encore s'aggraver. L'absence de Charles-Quint, qui était en Allemagne, et l'insurrection des *Communeros*, qui força les meilleures troupes castillanes d'abandonner Pampelune, redonnèrent aux Navarrais, fidèles à la France, l'espoir de recouvrer leur indépendance. Les Français assiégèrent Saint-Jean-Pied-de-Port avec une telle furie, lit-on dans une lettre d'un parent et ami des Jassu, « que la ville se rendit bientôt à miséricorde ». Ils marchèrent sur Pampelune. Et nous lisons dans une autre lettre de la même main, citée par le Père Cros : « Vous avez su comment les Castillans, enfermés dans la forteresse de Pampelune, commencèrent à tourner leur artillerie contre la ville. Les Français dressèrent la leur à la barbe de la forteresse, et, chose incroyable, chose que l'on ose à peine dire, après six heures d'horloge que dura le siège, les Castillans se rendirent, demandant la vie. » Les deux fils aînés du docteur de Jassu, Miguel et Juan, combattaient dans les rangs des Français. Mais ce que l'auteur de cette lettre ignorait, c'est que, parmi les Castillans de la citadelle, il y en avait un qui ne voulait pas se rendre, qui se battit jusqu'au bout, et qui tomba, la jambe brisée : ce preux avait nom Ignace de Loyola. Il s'en fallut de peu que la Société de Jésus ne vît jamais le jour. Elle est née de cette blessure, qui, plus grave, eût été mortelle, et, plus légère, n'aurait pas eu la longue convalescence d'où sortit une si puissante méditation. François ne se doutait guère que son futur maître et père spirituel se trouvait en ce moment au nombre de ces ennemis dont la défaite faisait rentrer la gloire dans sa maison.

Mais plus de gloire que de prospérité, et plus d'angoisse aussi ! Cette victoire fut bientôt suivie du désastre de Noaïn. Les Navarrais se retirèrent à Maya, que les Espagnols emportèrent d'assaut ; Miguel, prisonnier et jeté dans cette même forteresse de Pampelune, fut en péril de mort. Il se sauva, et gagna Fontarabie, dernier rempart de la Navarre française. Le pays était las de lutter. Charles-Quint, le 15 décembre 1523, accorda à ses sujets repentis un pardon général, dont il n'excepta qu'un certain nombre de rebelles impénitents, les deux fils du seigneur de Xavier et plusieurs membres des Jassu. Mais il ne triompha de Fontarabie qu'en étendant à ses défenseurs le bénéfice de cette amnistie. La capitulation eut lieu en février 1524. Miguel et son frère rentrèrent à Xavier, où ils se reposèrent de leurs labeurs héroïques en travaillant à refaire leur fortune. Comme ces vieux Romains, dont les Basques avaient été les derniers à recevoir le joug, et les derniers aussi à le rejeter, ils déposèrent les armes et retournèrent à leurs moutons, et même à leurs procès de moutons.

Lorsque sa famille sortait enfin de la tourmente, François atteignait sa dix-huitième année. Quelles études avait-il faites pendant tout ce temps d'inquiétudes et de misères ? Et où les avait-il faites ? Au collège florissant de Sangüesa, ou à Pampelune, ou simplement chez lui ? Il importe peu. D'ailleurs, toutes ces rumeurs de guerre, et les nouvelles de ses frères impatiemment attendues, n'eurent peut-être que de faibles répercussions sur son travail. Lorsque l'anxiété se prolonge, elle devient comme un élément de la vie qui n'en gêne plus les autres, ou, du moins, dont il faut bien qu'ils s'accommodent. En tout cas, sa vocation semble arrêtée. C'est en vain que ses frères l'ont poussé vers le métier des armes. L'exemple de son père lui commande de préférer la gloire des docteurs. Peut-être entrevoit-il les honneurs ecclésiastiques. Six ans plus tard, dans un acte passé à Paris devant un notaire de sa nation, le titre de

Clerc du diocèse de Pampelune, dont il fait suivre son nom, nous prouve qu'il était déjà entré dans la cléricature, ce qui ne l'empêchait pas de remplir sous les ordres de sa mère, forte femme, et tenace à défendre ses intérêts, les fonctions d'un procureur qu'elle ne pouvait plus payer.

Le retour de ses frères émancipa son ambition, car il était ambitieux, et nous n'en voulons d'autre garant que son départ, en 1525, pour l'Université de Paris. Quand on est appauvri et qu'on réside à Xavier, si l'on désire tout bonnement achever ses études, on va aux Universités de Salamanque ou d'Alcala ; mais si on rêve plus que des grades, si l'on se sent, si l'on se croit appelé à jouer son rôle sur la scène du monde, on prend le chemin de Paris. Peut-être aussi, à cette raison, s'ajoutait-il chez François l'envie de connaître le pays, pour lequel ses frères s'étaient si bien battus.

Au surplus, qu'est-il, Espagnol ou Français ? Ce jeune inconnu qui s'éloigne de la Navarre, et dont personne, sauf les siens, ne se soucie, sera un grand sujet de débat entre les deux peuples. On se le disputera. La France fera valoir que la Navarre, où il naquit et quand il y naquit, avait à sa tête des princes français et qu'elle était terre française. Elle en appellera à la signature du jeune homme, accompagnée tout d'abord du mot *frances*. Mais l'Espagne néglige superbement l'histoire et ne s'intéresse qu'à la géographie. Elle dresse les Pyrénées entre lui et nous. Sa vérité, à elle, est que tout ce qui est en deçà lui appartient de droit divin. Rome n'a garde de trancher une querelle qui est une émulation d'hommage. Le Bréviaire se contente de dire avec une précision inattaquable : « François, né à Xavier, diocèse de Pampelune. » De leur côté, les Basques le revendiquent. Les registres de l'Université, qui portent « François Xabier ou Xavier, *Cantaber* », leur donnent raison. Mais les Basques sont les gens les plus mystérieux du monde. S'ils ne compliquent pas le problème, ils en laissent subsister toute l'obscurité : Basque français ou Basque espagnol ? Ni l'Espagne ni la France ne sont pauvres en saints. Que la gloire de François de Xavier reste indivise entre elles, et qu'elles en concèdent l'usufruit à ces Basques, qui gardent si jalousement le secret de leur origine, et qui semblent tombés du ciel ! Mais l'heure n'est pas encore venue de cette noble contestation. L'agile et fier jeune homme, qui se met en route plus léger d'argent que d'espoir, ignore où sa route le mène, et quelles en seront les dures montées.

Il ignore aussi qu'en ce monde il ne reverra plus sa mère. Quatre ans après son départ, la mort la frustrera des joies que lui eût sans doute causées le dévouement de son fils à Dieu, mais, du même coup lui épargnera l'angoisse de ses angoisses, quand il travaillait aux Indes et que, chaque fois qu'il courait un danger de mort, s'il faut en croire la légende, le vieux Christ de la chapelle des Xavier se couvrait d'une sueur de sang.

CHAPITRE II

A L'UNIVERSITÉ DE PARIS

« Je crois qu'en aucun lieu de la chrétienté il
ne faut autant de ressources que dans cette Université pour l'entretien, les honoraires des maîtres
et autres exigences de la vie d'étudiant, mais j'estime qu'il suffit par an de cinquante ducats bien
assurés. A mon avis, si vous considérez les frais,
ils seront cependant moindres dans cette Université, parce qu'on y profite plus en quatre ans que
dans telle autre que je sais en six ans ; et si je
disais plus encore, je ne m'écarterais pas, ce me
semble, de la vérité. » Ces paroles d'Ignace de
Loyola, dans une lettre à son frère de 1532, nous
attestent, une fois de plus, le prestige de l'Université de Paris. On voudrait connaître les premières
impressions de François à son arrivée sur la montagne Sainte-Geneviève. Mais, des onze années
consécutives qu'il y passa, tout ce que nous savons
qui lui soit personnel tiendrait presque en quelques
lignes. Pendant les premières, son existence se con-
fond avec celle des étudiants ; pendant les dernières, avec celle du créateur de la Compagnie de
Jésus. A peine si le passage des unes aux autres

nous permet de l'entrevoir. Et cependant nous ne pouvons nous empêcher de le chercher dans l'évocation du Paris universitaire de cette époque et dans l'histoire des Origines de la Compagnie. N'en prenons, du moins, que ce qui mettra quelque vie autour de cette figure encore indécise : des lueurs pour découper une ombre.

Le collège Sainte-Barbe, où il était entré, était le seul que son fondateur, Geoffroi Lenormand, trop modeste pour lui donner son nom et trop désireux de recevoir des élèves de partout pour lui donner le nom d'un pays, eût placé sous le patronage d'une sainte, dont la dialectique, selon la légende, avait mis en déroute les docteurs du paganisme. Sa façade, terminée par une tourelle, se développait sur trois rues, la rue des Chiens, la rue Jean-Lemaistre, la rue de Reims. La rue de Reims le séparait du collège de Reims ; la rue Jean-Lemaistre, du collège des Chollets ; la rue des Chiens de la vieille chapelle Saint-Symphorien et du collège de Montaigu. La grande porte, son unique porte, — car les règlements des collèges n'en admettaient qu'une, — était surmontée des cinq écus de la famille de Chalon, ancienne propriétaire de l'hôtel.

Elle regardait de travers le sombre Montaigu beaucoup plus vieux, beaucoup plus sale, où les élèves, nourris de jeûnes, mais copieusement fouettés, soumis à un régime pénitentiaire, tondus et pourtant pouilleux, traînaient dans les plis de

leur longue capette grise ou roussâtre, l'odeur de
la vaisselle qu'ils avaient lavée et des ordures
qu'ils devaient balayer. « Si j'étais roy de Paris,
s'écriait le Ponocratès de Rabelais, le diable m'en-
porte si je ne mettais le feu dedans et faisais
brûler et principal et régents qui endurent cette
inhumanité devant leurs yeux être exercée ! »
Mais cette inhumanité, héritage d'un réformateur
catholique, le Flamand Jean Standonck, encore
tout imbu de ténèbres gothiques et pénétré d'un
amour des pauvres qui se doublait d'un zèle tor-
tionnaire, si elle démoralisait souvent les élèves,
ne décourageait point leur ardeur d'apprendre. Ils
avalaient des rognures de viande en cachette ; et
la science, ramassée sous les avanies, brillait à
leurs yeux d'un plus vif éclat. Montaigu était le
grand rival de Sainte-Barbe. Les Barbistes se considéraient d'un monde supérieur à celui des Montacutiens. On se provoquait, on se narguait par les
fenêtres, on échangeait des horions dans la rue.
François eut sans doute affaire au portier Polyphème, ainsi nommé à cause de sa stature et
parce qu'il était borgne, à ce Polyphème, qui,
trois ans plus tôt, dans un bombardement nocturne
à coups de pierre, avait protégé de son vaste corps
l'armée des Barbistes contre celle des Montacutiens.
Les portiers des collèges étaient, en ce temps-là,
des personnages. On les choisissait incorruptibles,
et surtout vigoureux. Ils connaissaient mieux les
élèves et savaient mieux ce qu'ils faisaient que le

principal lui-même. Un nouveau Barbiste devait rechercher les bonnes grâces de Polyphème.

Sainte-Barbe avait alors à sa tête un Portugais, Jacques de Gouvea, dont la famille, de petite noblesse, fournit à elle seule, dit Quicherat, une dizaine de professeurs qui prirent tous leurs grades à Paris. Les rois de Portugal, que le commerce des Indes enrichissait et qui avaient à cœur de convertir les nations indiennes, envoyaient à l'Université de Paris beaucoup de jeunes gens pour qu'elle les mît en état d'instruire et de former des missionnaires. Et l'année 1526, la seconde de son arrivée à Sainte-Barbe, François vit donner une grande fête en l'honneur du roi Jean et de son frère, le cardinal infant don Alphonse, qui venaient d'y assurer à la colonie portugaise la permanence de cinquante bourses. Ces marques de considération royales, que jalousaient les autres collèges, semblaient dorer d'un peu de l'or fabuleux des Indes les cinq écus du vieil hôtel de Chalon. Le descendant des Jassu et des Azpilcueta n'y restait certainement pas indifférent ; et bien qu'il eût troqué son costume de gentilhomme pour la longue robe et la ceinture de cuir des écoliers, il n'en jetait pas moins, du haut de sa *hidalguia*, des regards de dédain sur les tristes camarades d'en face, car toutes les apparences de la misère lui inspiraient une assez vive répulsion.

Mais n'allons pas croire que le collège de Sainte-Barbe fût un établissement mondain. Ah ! Dieu, non ! Comme dans tous les collèges de cette époque, les élèves étaient durement traités : lever à quatre heures ; à cinq heures, première leçon dans les classes, où ils se tenaient, comme un bétail, accroupis en hiver sur la paille, en été sur une litière d'herbe fraîche ; puis la messe ; puis l'invariable succession des longs repas maigres, des exercices religieux et des cours. La férule et le fouet retentissaient comme sur le chemin des foires. On n'avait de récréations que le mardi et le jeudi, de vacances qu'au mois de septembre. Mais les divertissements étaient nombreux : fêtes de l'Église, représentations scéniques, distributions de récompenses, banquets offerts par les maîtres aux sons des flûtes et des harpes, — *Minervales* suivies souvent de *Saturnales*, — promenades en corps au Lendit, c'est-à-dire à la foire de Saint-Denis, sans compter les jeux et les sports sur l'herbe de l'Ile-aux-Vaches, l'ancien nom de l'Ile-Saint-Louis, et les rudes frottées, dans les vignes du faubourg Saint-Marceau, avec les bonnetiers du quartier et les gardes champêtres. A quelques centaines de mètres du collège, c'était en effet la campagne, les jardins, la jolie vallée de la Bièvre, moins attrayante pour cette jeunesse comprimée que le tapage des ruffians, la nuit, dans la rue des Chiens. Malgré les sévérités de la discipline et l'œil de Polyphème, les élèves sautaient souvent par-dessus les murs après le couvre-feu et couraient le guilledou. Leurs régents, aussi jeunes qu'eux, leur faisaient la courte échelle et les menaient aux bons endroits. François, plus tard, sous le ciel des Indes, racontait au chapelain de San Tomé qu'il les avait accompagnés plus d'une fois, mais que l'horreur des maladies qu'ils rapportaient de leurs débauches, et dont un de leurs maîtres mourut, l'avait toujours protégé et gardé pur. Cette timidité, dont la chair triomphe si facilement pour son dommage, ne se prolonge que si elle vient de la pudeur de l'âme.

Ce ne furent point les seuls dangers qui le menacèrent. L'Université de Paris était alors en sourde fermentation. Les idées de la Réforme filtraient sous toutes les portes, et la lumière de la Renaissance descendait de toutes les lucarnes. Parmi ces Montacutiens, que brocardaient les Barbistes, François croisa sans doute assez souvent un jeune homme, son cadet de trois ans, de manières réservées comme les siennes, mais de moins grand air, qui allait bientôt quitter Montaigu, en 1528, l'année même où Ignace de Loyola y entrait : Jean Calvin. Les intelligences avaient commencé leur veillée d'armes.

Entre 1520 et 1530, les professeurs de Sainte-Barbe représentent, selon le mot de Quicherat, « toutes les nuances de l'orthodoxie, comme de l'hérésie ». C'étaient de fiers originaux, dont le trait dominant est une inquiétude qui promène les uns de collège en collège, de ville en ville ; les autres, de science en science. Gelida, Espagnol

francisé, tout d'abord entêté de philosophie scolastique, puis touché par la lecture de Lefèvre
d'Etaples, publie en 1527 un *Traité des Cinq Uni-
versaux*, dédié à Jacques de Gouvea, où il rompt
avec le passé. Non content de cette rupture, il
déclare à ses élèves qu'il ne peut continuer son
enseignement avant d'avoir refait son instruction :
et il se retire. Son domestique, Guillaume Postel,
pauvre enfant de la Basse-Normandie, que la soif
d'apprendre et des aventures picaresques avaient
amené à Sainte-Barbe, prodigieusement doué pour
les langues, se levait tous les matins avant quatre
heures et préparait le texte grec qu'il expliquait
ensuite à son maître, moins bon helléniste. Maître
ès arts, lui aussi, il se désenchante d'Aristote, se
jette dans les mathématiques, puis part pour
l'Orient et fonde, à son retour, l'enseignement des
langues orientales. Il mourra fou, au prieuré de
Saint-Martin-des-Champs, mais d'une folie très
douce qui ne se traduit que par l'extrême volubi-
lité et l'audace chimérique de ses conceptions, et
qui groupe autour de lui, jusqu'à sa dernière heure,
des auditeurs attentifs et charmés.

Fernel professe la philosophie. Aucune classe
n'est assez spacieuse pour contenir les assistants.
On transporte sa chaire dans la cour. Il fait en
même temps un cours de mathématiques, mesure
un degré du méridien, « soupçonnant que les cal-
culs des anciens ne méritaient pas une confiance
absolue », et se passionne pour l'astronomie, qui

fut son vice. Mais du jour où il entend son collègue
de rhétorique Louis D'Estrebay, dit *Strebœus* ou
Strébée, le premier cicéronien de France, il se sent
si inférieur dans l'art de la composition et du discours latin qu'il abandonne sa chaire, lui demande
des leçons et finalement se tourne vers la médecine, où se fixe son génie. Et voici Buchanan, le fils
d'un petit laird écossais, qui a été élevé en France,
qu'on a rompu dès son enfance à la prosodie latine,
qui sera tenu pour un des meilleurs poètes néo-
latins de son siècle, et dont du Bellay a célébré
les vers « aux plus vieux comparables ». On lui a
donné la troisième de Sainte-Barbe. Il est fin,
ironique, incisif, agressif, peu aimé de ses collègues. La Sorbonne ne lui pardonnera jamais
l'admirable épithète de *sterilis veri* qu'il lui a
décochée. Mais il explique Virgile avec le même
charme entraînant que s'il l'avait découvert. Et,
de fait, il a découvert sa beauté vivante. Il l'a net-
toyé de cette poussière de fausse érudition qu'y
avait amassée la scolastique et qui ressemblait à
celle que, dans ces dernières années, nous avait
apportée la philologie allemande. Il a retrouvé
l'homme et l'âme et la source de la poésie. Mais
il a des élèves qui se scandalisent qu'un professeur ne lise pas dans un gros livre tout chargé
de gloses marginales. Il s'impatiente, et, au bout
de trois ans, il s'en va plein d'aigreur.

Il n'avait pas l'amour de son métier comme
Mathurin Cordier qui professe à la fois au collège

de Sainte-Barbe et au collège de la Marche, et qui renouvelle complètement les méthodes des classes élémentaires. Cordier apprenait aux enfants à penser en latin et faisait pénétrer dans les jeunes esprits l'esprit de la Renaissance. Là où il avait passé, les bonnes Lettres fleurissaient. Calvin, son ancien élève, lui dédia son commentaire de l'Épître aux Thessaloniciens, voulant porter témoignage devant la postérité, « afin qu'elle sût que tous ses progrès ultérieurs dérivaient de son enseignement et que, s'il avait quelques mérites dans ses écrits, ils venaient en partie de lui. » Vers 1528, il obtint la chaire de théologie au collège de Navarre; mais ce n'était point son fait. Il retourna à la grammaire et aux enfants qu'il avait également étudiés et qu'il aimait également. Pendant que Guillaume Postel sollicitait à Rome la faveur d'entrer dans la Compagnie de Jésus, il errait de Nevers à Bordeaux, de Bordeaux en Suisse, et, converti aux idées de son ancien élève, venait enfin enseigner la sixième à Genève, où il mourut.

Autour de ces professeurs, dont peu d'établissements scolaires peuvent se flatter d'avoir réuni les pareils, la ville s'agitait et bruissait. Dans ce même laps de temps se succèdent les événements les plus graves ou les plus significatifs, en tout cas les plus propres à surexciter les âmes : la captivité du Roi et le royaume en deuil, sa maladie à Valence où il est désespéré des médecins et sa guéri-

son miraculeuse, puis sa délivrance, son retour ;
ses alternatives d'indulgence et de rigueur devant
les audaces de l'humanisme et de la secte luthé-
rienne « qui pullule » ; ses conflits avec la Faculté
de théologie ; l'arrestation de Berquin relâché sur
ses ordres, mais ressaisi par elle, déclaré rechu au
crime d'hérésie et finalement brûlé dans la place
de Grève ; la condamnation des *Colloques* d'Érasme
que l'on mettait entre les mains des élèves ; le
nombre croissant des sacrilèges, la statue de
Notre-Dame « au coin de la rue des Rosiers, près
du petit Saint-Antoine », brisée, poignardée, et
les deux têtes de la Mère et de l'Enfant retrouvées
sous des tas de pierres ; la souillure d'une image
de la Vierge « peinte en la paroi d'une maison
proche de l'Église Saint-Merry » ; l'affiche des
placards « sur les horribles abus de la messe
papale » ; l'hostie trouvée au cimetière de Saint-
Martin-des-Champs près de l'*Ecce Homo* : chacun
de ces scandales, de 1528 à 1534, suivi d'une procession expiatoire qui mobilise la Cour, les Ambassadeurs, tous les corps de l'État et les corporations.
Les rues sont tendues de tapisseries ; aux portes
des maisons les torches s'allument ; derrière le
Saint-Sacrement, le Roi s'avance, nu-tête, tenant
à sa main, par sa poignée de velours cramoisi, une
grande torche de cire blanche.

Le scandale pénètre même à Sainte-Barbe, avec
Jean Calvin qui traverse souvent la cour et monte
s'enfermer dans la chambre de maître Nicolas

Kopp, professeur de philosophie et recteur de l'Université en 1533. Le recteur n'était alors élu que pour trois mois, et l'Université de Paris formait une république fédérative, ce qui lui assurait plus d'indépendance qu'aujourd'hui. Ce Kopp, d'origine allemande, profita de la maladresse que la Faculté de théologie avait commise en ordonnant la saisie du *Miroir de l'Ame Pécheresse*, le poème de Marguerite, sœur du Roi et patronne des novateurs, pour dénoncer le zèle abusif des théologiens et les réduire à l'humiliation d'un désaveu. Gonflé de son succès, il prononce à la Toussaint un sermon que lui a rédigé Calvin et où les hérétiques sont définis « ceux qui préfèrent obéir à Dieu ». C'est la déclaration de guerre et le tumulte. On l'assigne à comparaître devant le parlement. Il rassemble les Facultés et organise la résistance. Mais, à la nouvelle que les huissiers de la Cour suprême sont en marche, il dépose sa mante rectorale encore plus vite qu'il n'avait levé le masque, et, au lieu de rentrer à Sainte-Barbe, il gagne précipitamment la porte Saint-Martin. Il ne s'arrêta qu'à Bâle. L'Allemand emportait le sceau de l'Université qu'il ne rendit jamais. *Abstulit sigillum rectoriæ.* De son côté, Calvin, que talonne la peur, pendant qu'on perquisitionne à Sainte-Barbe, déchire les draps de son lit, s'en fait des cordes, descend par sa fenêtre du collège de Fortet et se sauve déguisé en vigneron. Il n'avait même pas pris la précaution élémentaire de

détruire des paquets de lettres qui faillirent envoyer
au bûcher ses amis d'Orléans.

Ces spectacles impressionnants, ces affaires qui
passionnaient la vie des Écoles autant que nos discussions politiques, mais dans un espace plus cir-
conscrit, François de Xavier en fut le témoin et
un des obscurs comparses. Quelle action eurent-
ils sur son intelligence ? De tous ces maîtres, dont
la valeur ne pouvait lui inspirer qu'un grand respect, quels furent ceux dont il écouta plus volontiers la parole, dont il subit plus particulièrement
l'influence ? Sur le seul auquel il fasse allusion,
l'aristotélicien Jean de Peña, homme chaste et
bienveillant, nous avons moins de renseignements
que sur les autres. Se laissa-t-il circonvenir par
les idées des réformateurs ? En 1535, dans une
lettre à son frère où il lui recommande Ignace de
Loyola, il parle des compagnies perverses dont
Ignace l'a détourné, de ces hommes qui paraissaient
bons, mais qui avaient le cœur plein d'hérésies.
Nous savons que sa famille fut tentée de le rappeler, soit qu'elle craignît pour sa foi, ou qu'il
dépensât trop d'argent. Ce fut sur le conseil de sa
sœur Madalena, l'abbesse de Gandie, qu'on lui
permit de continuer ses études : elle avait eu le
pressentiment de sa gloire future. Il traversa
quelques années de trouble intérieur dont il ne
sentait peut-être pas lui-même tout le danger ; et
ce trouble se manifestait extérieurement par une
dissipation de gentilhomme qui, sans être fastueux,

comme le dit Quicherat, avait des goûts de faste
et surtout des besoins d'argent. Dans cette lettre à
son frère, il avoue qu'Ignace l'a souvent aidé de
sa bourse. Il n'acceptait pas encore sa direction ;
mais il ne refusait pas ses subsides ; et Dieu sait
pourtant qu'Ignace avait assez de mal à se procurer
de l'argent ! Mais notre François aimait à faire
figure. Ce furent ses années de « libertinage ».

Elles auraient été pires peut-être sans Pierre Le
Fèvre. François était entré à Sainte-Barbe en
qualité de camériste portionniste, c'est-à-dire qu'il
jouissait d'une chambre avec un ou deux camarades
et qu'il était nourri par la maison, au lieu que les
simples caméristes se nourrissaient à leurs frais.
Il eut pour compagnon de chambrée, venu en
même temps que lui, et aspirant comme lui au
grade de docteur en théologie ou en droit canon,
le fils d'un paysan savoyard de Villaret, dans
l'évêché de Genève. Ce n'est pas d'aujourd'hui ni
d'hier que les jeunes gentilshommes et les jeunes
paysans connaissent le bienfait des camaraderies
ou des amitiés du collège. Mais la vie perdrait de
sa saveur, si nous pensions que nos ancêtres ont
participé aux mêmes avantages que nous.

Comme Guillaume Postel, le petit Le Fèvre avait
ressenti, dès ses premières années, l'aiguillon du
savoir. Derrière les troupeaux qu'il menait paître,
il pleurait du désir d'aller à l'école. Ses parents,
étonnés de son intelligence et de sa mémoire, le
confièrent à un maître, Pierre Veillard, qui, nous

dit-il, brillait par sa doctrine non seulement catholique, mais sainte, et qui avait l'art de rendre évangéliques les poètes et les orateurs qu'il interprétait. Chez presque tous ces hommes on retrouve le même respect et la même reconnaissance pour les premiers maîtres qui éduquèrent leur enfance. Ces maîtres avaient assurément leurs défauts et leurs petits travers, mais leurs élèves ne retenaient d'eux que leurs marques de dévouement et le bénéfice retiré de leurs leçons. Il ne songeaient pas à se grandir en les rapetissant, et leur gratitude s'augmentait de tout ce qu'ils avaient acquis plus tard. Nous avons changé cela. Nos hommes les plus importants, lorsqu'ils écrivent leurs souvenirs, semblent se plaire à relever les imperfections ou les ridicules de leurs éducateurs. Ils les traduisent ironiquement ou majestueusement à leur barre. Avec l'humilité chrétienne, ce sont des qualités de tact et de goût qui s'en vont.

Pierre Le Fèvre était humble. Un jour de sa douzième année, pendant les vacances, comme il avait repris son office de berger et qu'il arrivait dans un certain champ, il éprouva tout à coup un ardent désir de pureté et promit à Dieu de se garder chaste pour l'éternité. A dix-neuf ans, il s'éloigna de son pays natal et vint à Paris. Il ne savait encore ce qu'il voulait faire, hormis aimer Dieu et apprendre. Il conservait, au fond de lui-même, une nostalgie de ses solitudes pastorales, et, du milieu de ses troubles de conscience, il apercevait toujours, comme un rêve, le désert où saint Jérôme se nourrissait de racines et d'herbes. Le *Mémorial*, qu'il écrivit presque à la veille de mourir, en 1546, est une des plus tendres confessions de lyrisme intérieur que possède, à notre connaissance, la littérature mystique. Il n'y raconte guère qu'une année de sa vie, précédée et suivie d'un rapide exposé des faveurs qu'il reçut de Dieu [1]. Point d'événements ; tout se passe dans son âme, quand il est en prières ou devant l'autel. C'est de son âme qu'il parle ; c'est à son âme qu'il parle. « O mon âme, qu'il te souvienne !... Remarque ici, mon âme... O mon âme, s'il était en ton pouvoir de saisir et de comprendre !... » Aucun livre ne nous donne une impression spirituelle plus vive. Une âme se présente à nous dans sa nudité incorporelle avec ses frémissements de lumière et ses rougeurs sous les opérations délicates de la grâce. Elle sent encore les liens de la chair, et parfois, d'un mot arraché à sa pudeur, elle se rappelle qu'ils furent naguère plus lourds. Tel était le compagnon de François : discret, modeste, studieux, attentif aux moindres nuances de sa propre pensée, mûrissant dans le scrupule ascétique et dans le silence pour le conquérant des âmes qui viendrait le cueillir au nom de Jésus, incapable, je crois, d'exercer une autre influence que celle de l'exemple. Une source est là, petite, profonde, cachée. On

---

[1] Malheureusement pour nous, c'est l'année 1542 (juin)-1543 (juillet).

respire dans l'air un peu plus sain l'haleine de sa pureté. On ne s'y désaltère pas.

Le conquérant approchait. Le Fèvre et François furent reçus, en 1529, à leurs examens de bacheliers ès arts et de licenciés ; et François ne tarda pas à prendre le bonnet de Maître. Pendant qu'il commençait sa théologie, il fut admis à professer au collège de Dormans-Beauvais. Ce fut alors qu'un nouvel hôte s'introduisit dans leur chambre de Sainte-Barbe. Ils connaissaient déjà, pour l'avoir rencontré dans la rue, ce singulier *martinet* ou externe de Montaigu, qui frisait la quarantaine et qui boitait de la jambe droite. Il était vêtu comme un pauvre, presque comme un mendiant. De médiocre taille, le front dégarni, les yeux ordinairement baissés, il avait l'air grave et doux. On l'appelait *le pèlerin*. Rien ne prédisposait François en sa faveur : son âge d'abord, mauvaise recommandation chez de très jeunes gens toujours portés à mépriser le retardataire qui tombe au milieu d'eux comme un fruit sec parmi des fruits verts : sa pauvreté ou plutôt sa déchéance, car on savait qu'il était né gentilhomme et qu'il vivait d'aumônes ; enfin ses aventures.

Qu'il eût combattu à Pampelune contre les seigneurs de Xavier, François le lui pardonnait plus aisément que d'avoir erré sur les routes en tendant la main. Qu'était-il allé faire à Jérusalem où tout le monde l'avait houspillé? Pourquoi avait-il eu des histoires avec l'Inquisition aux Universités de

Salamanque et d'Alcala ? Cet ignorant, cet homme qui n'était point gradué, s'était mêlé de prêcher Jésus. « Pour interpréter et traduire les saintes Lettres, ne suffit la science des langues hébrée et latine, *sed requiritur qualitas superioris disciplinæ*, qui est la théologie. » Il ne savait pas même le latin et encore moins l'hébreu ! On l'avait condamné pour exercice illégal de la théologie. Nos jeunes licenciés devaient le regarder comme des étudiants de médecine regarderaient un rebouteux, deux fois inquiété par les tribunaux, qui viendrait échouer sur les bancs de l'École. Et ce rebouteux continuait de donner des consultations secrètes. On parlait d'un livre manuscrit qu'il avait composé et dont les recettes produisaient des effets extraordinaires. Tout récemment encore, il avait trouvé le moyen de révolutionner le collège de Sainte-Barbe et celui de Montaigu. Trois jeunes gentilshommes espagnols, Juan de Castro, Peralta et Amador, un des élèves les plus brillants de Jacques de Gouvea, avaient quitté subitement leurs classes, vendu ou distribué tout ce qu'ils possédaient, et s'étaient retirés à l'Hôpital Saint-Jacques, résolus à renoncer au monde. Le lendemain matin, leurs camarades avaient couru à l'Hôpital ; ils en avaient enfoncé les portes, et ils avaient ramené tambour battant les trois exaltés, qui durent promettre de ne devenir des saints que lorsqu'ils auraient l'âge. C'était Ignace le coupable. L'Inquisiteur Maître Ori fut saisi d'une accu-

sation de magie, et, bien qu'il l'eût écartée, et
qu'il eût congédié Ignace sans l'interroger, il n'en
subsistait pas moins autour du « pèlerin » une
fumée douteuse.

Imaginez l'étrange quadragénaire au moment
où il franchit le seuil de cette chambre, le premier oratoire, si l'on peut dire, d'une Compagnie
qui remplira le monde de son nom et de ses
œuvres. Que d'agitations, de mouvements religieux, de luttes politiques, d'aventures périlleuses,
de tortures et de martyres, sans compter toutes
les manifestations de l'esprit pur, sortiront de ce
pauvre réduit ! Mais ces trois hommes, dont deux
seront élevés un jour au rang de nos plus illustres
intercesseurs près de Dieu, s'observent avec prudence et même avec défiance. On pouvait résister
à l'autorité d'Ignace : il était impossible de ne
pas la sentir : Le Fèvre fut rapidement conquis ;
mais non François. Ignace préparait alors ses
examens de licence. Pour un homme de cet âge,
les exercices scolaires étaient pénibles. Il avait
besoin qu'en dehors du cours de Jean de Peña on
lui donnât des répétitions. Le jeune régent du collège de Beauvais se déchargea de ce soin sur l'excellent Le Fèvre.

Un événement qui survint au collège commença
à modifier les sentiments de François. Ignace
avait promis à son maître Jean de Peña de ne point
endoctriner ses condisciples. « Et surtout, pas de
prosélytisme ! » Mais son empire sur lui-même

n'allait pas jusqu'à refréner à toute heure du jour
sa passion du bien des âmes. Il persuada à
quelques-uns d'entre eux de remplacer, certains
dimanches, les petites solennités littéraires par
des méditations religieuses. Le maître porta
plainte, et Jacques de Gouvea, qui avait toujours
sur le cœur l'équipée d'Amador, décida que, malgré son âge, cet opiniâtre passerait au réfectoire,
les épaules nues, sous les coups de férule des
régents. Belle cérémonie! Les curiosités étaient
en haleine. Loyola, qui en avait vu bien d'autres,
se résignait à cette nouvelle humiliation, quand, à
la suite d'un entretien qu'il obtint du Principal,
Jacques de Gouvea parut avec lui dans la salle, où
on l'attendait, et devant tous, élèves et maîtres, lui
fit amende honorable.

François en fut certainement ému, mais il ne se
rendit pas encore. Chaque fois qu'il en avait l'occasion, il se gaudissait de ses desseins et jetait des
mots de risée sur deux jeunes Espagnols, Lainez
et Salmeron, que la réputation d'Ignace avait
attirés d'Alcala et qui marchaient dans son ombre.
Vous rappelez-vous le roman de Cervantes, et comment le Duc s'amuse des folies de Don Quichotte?
« Eh bien! célèbre chevalier, les ténèbres de la
malice et de l'ignorance ne peuvent cacher ni
obscurcir la lumière de la valeur et de la vertu!
Il y a six jours à peine que votre mérite habite ce
château, et déjà vous y viennent chercher de
pays lointains et inconnus, non pas en carrosse ni

sur des dromadaires, mais à pied et à jeun, les
malheureux, les affligés, avec l'espoir qu'ils trouveront dans ce bras formidable le remède à leurs
peines et à leurs travaux ! « C'est sur ce ton qu'il
me semble entendre François se moquer du Pèlerin. Le Pèlerin souriait et levait sur le beau Nava-
rais un regard qui signifiait à peu près : « Tu ne
sais pas que tu me cherches ; mais tu m'as déjà
trouvé, fils de mon âme ! » Ah ! que les premiers
biographes, leurs contemporains, ont donc été mal
inspirés de glisser si rapidement sur les *juve-
nilia* de la Société de Jésus ! N'auraient-ils pu
allier à leur vénération un souci plus vif de la réalité ? Ces grandes figures ne perdraient rien à ce
que nous les vissions de plus près. Cependant, un
mot, çà et là, jette quelque lueur sur la straté-
gie qu'employa l'ancien capitaine de Pampelune
pour amener la capitulation de cette forteresse
basque, ou, selon l'expression pittoresque du Père
Palmio[1], sur la façon dont usa ce grand mou-
leur d'âmes pour mouler le jeune François,
« la plus rude pâte, disait-il, qu'il eût oncques
maniée ».

D'abord, pourquoi avait-il voulu le conquérir ?
Rien ne nous prouve que François ait été, à l'Université de Paris, un sujet très remarquable. Ses
lettres, que nous examinerons plus tard, témoignent

---

1. Le Père Benoît Palmio, contemporain d'Ignace, un des bons
prédicateurs de la Compagnie, enseignait au Collège de Messine
vers 1550 et fut nommé Assistant pour l'Italie en 1565.

d'autres qualités que de qualités littéraires ou phi-
losophiques. Ce serait une erreur de croire que
les circonstances où il les écrivait l'empêchaient
de donner sa mesure, car la finesse et la fermeté
de l'observation, qui s'y marquent parfois, exigent
autant de liberté d'esprit que les plus beaux dons
de l'écrivain. Précisément, il leur manque, à ces
lettres, pour égaler celles des sainte Thérèse, des
Catherine de Sienne, des Loyola, ce sens inné de
l'art qui résiste aux plus dures préoccupations et
qui se manifeste jusque dans les périls de la mort,
sans que l'homme en ait plus conscience que,
dans ses prières à Dieu, du charme de sa voix.
D'ailleurs, Ignace jugeait les hommes non sur leurs
succès académiques, mais d'après les services
qu'ils pouvaient rendre à sa cause. En François
de Xavier, il devina le héros à naître. Dans cette
âme cuirassée d'orgueil et d'ambition, il entendit,
avant tous les autres, sourdre une merveilleuse
convoitise des biens spirituels. Si aucune âme ne
lui coûta plus de peine, aucune peut-être ne lui
fut plus intimement chère. Il y avait entre eux des
affinités de noblesse et de race plus fortes que tous
les désaccords, mettez aussi d'humeur aventureuse.
Le premier rêve de conversion des infidèles
qu'Ignace avait ébauché, ce sera François qui l'ac-
complira. Mais il fallait venir à bout d'un esprit
récalcitrant, et surtout d'une imagination enflée
de l'honneur du monde.

Si Descartes avait fait du prosélytisme, on se

représente aisément, par son *Discours de la Méthode*, comment il eût procédé. De même, qui a lu les *Exercices Spirituels*, ce Discours sur la Méthode du Mysticisme, peut se rendre compte des moyens d'action dont se servait Loyola. Ce petit livre, un des grands livres de la Renaissance, répondait aux mêmes besoins qui inspiraient à Mathurin Cordier, dans sa classe de sixième, son nouvel enseignement de la grammaire ; à Buchanan, sa nouvelle explication des poètes latins ; aux Réformateurs, leur nouvelle interprétation des textes sacrés. Du haut en bas, l'heure est venue pour l'esprit, selon son rythme éternel, de se dégager des innombrables gloses dont il a recouvert les objets de son culte et de ses études et de se ressaisir dans sa simplicité ou sa complexité originelle. Devant Dieu ou devant Virgile, l'âme humaine se retrouve en écartant les commentaires amassés d'une science qui travaillait continuellement sur elle-même. Elle se retrouve avec quelle joie, mais aussi quel orgueil ! Si, dans cet enivrement, elle ne se retient pas de toute sa force au principe d'autorité, c'est le vertige, les dévergondages, toutes les orgies du sens propre. Ses réponses aux Inquisiteurs nous montrent combien Loyola était loin de courir ce danger. Et pourtant, pas de livre plus personnel que le sien, ni plus dépouillé de tout appareil scolastique. Il semble n'avoir eu d'autre matière que son âme et n'avoir étudié qu'en lui l'homme et Dieu. Étendu sur un lit où l'on torturait ses nerfs, il a vécu puissamment par l'imagination, et ayant connu par elle d'inexprimables ravissements et réconforts, il a compris que, si le Démon la subornait facilement, elle n'en pouvait pas moins être une ouvrière de notre salut. Mais il fallait lui souffler le premier mot, lui assigner des heures fixes, imposer l'immobilité à cette vagabonde, forcer cette reine d'enchantements de voiler ses charmes terrestres, comme les belles doctoresses qui professaient à l'Université de Bologne et qui devaient placer un écran devant leur visage, afin que leur beauté charnelle ne troublât point les auditeurs. Il y a bien autre chose dans les *Exercices*, mais il y a ceci d'abord que jamais plus stricte méthode ne fut conçue pour discipliner l'imagination et lui faire rendre tout ce qu'elle est capable d'apporter de perfectionnement à l'âme et au triomphe de la foi. On leur reprochera, si l'on veut, d'avoir trop habilement machiné notre théâtre intérieur. Ce reproche ne paraîtra fondé qu'à ceux qui confondent la rêverie et la méditation et qui ignorent quelle somme de volonté représente toute méditation religieuse comme toute inspiration poétique.

Ignace agissait sur l'imagination et par l'imagination. Il déploie, dans la conquête des âmes, toutes les ressources d'un grand dramaturge. L'invention dramatique jaillit spontanément des ardeurs de son zèle. Relisez les histoires qu'on trouve chez ses biographes[1]. Quelle scène que celle du mauvais prêtre qu'il prend pour confesseur, dont le spectacle de sa contrition réveille la conscience, et qui se jette, repenti, aux pieds de son pénitent ! Et quelle scène que celle du jeune libertin qui se hâte vers l'adultère et qu'Ignace arrête sur un pont en se plongeant dans l'eau glacée et en lui jurant qu'il attendra là, jusqu'à son retour ! Et, à côté de ses effets saisissants, qu'on se rappelle la comédie charmante du théologien « honnête homme », mais fort attaché à sa guenille, qui le reçoit à son billard et l'invite à jouer une partie. Ignace n'a jamais joué, et il est pauvre. Quel sera l'enjeu ? S'il perd, il servira le théologien pendant un mois ; s'il gagne, le théologien lira les *Exercices*. Le théologien les a lus. Toutes ces scènes semblent nées du génie d'un Lope de Vega ou d'un Calderon. Mais ici l'auteur et l'acteur principal ne font qu'un. Le salut d'une âme dépend du succès de la pièce, et c'est Dieu qui la juge.

Aux trois ou quatre années qu'un tel homme mit à le vaincre, nous mesurons la force de résistance d'un François de Xavier. Ignace ne le heurta point. Il pénétra doucement dans sa vie intérieure, comme un hôte aimable ou un serviteur modeste. Il ne s'étonne de rien. Il regarde l'ordre ou le

---

1. Je n'énumérerai pas les principales *Vies d'Ignace de Loyola* qui ont été écrites : mais je recommande à mes lecteurs l'excellent petit livre de M. Henri Joly dans la *Collection des Saints* (Librairie Lecoffre).

désordre qui y règne. Il ne parle point de changer
les choses de place. Il choisit le coin le plus effacé.
Du reste, il ne s'y sentait pas dépaysé. Il en reconnaissait l'éclairage ; il reconnaissait les écussons,
les panoplies, les belles images dont elle était
ornée. Il n'avait qu'à se reporter à son passé pour
épouser les inclinations de cette âme. La légèreté
de sa bourse pesait à François; et Ignace se fût
bien gardé de lui prêcher la pauvreté, car, à moins
qu'on ne se soit donné tout à Dieu, on a besoin
d'argent quand on est jeune et qu'on veut soutenir la gloire de son nom. François tenait à ce
qu'on n'oubliât point qu'il était du sang des Jassu
et des Azpilcueta. En 1531, il demandait à ses
frères de lui envoyer des lettres testimoniales de
sa noblesse, désireux sans doute d'intéresser à son
avenir de grands personnages. Il aspirait aux
honneurs ecclésiastiques, parce qu'ils étaient des
honneurs. En attendant, il était soucieux de se
distinguer et de briller. Ignace lui recrutait des
auditeurs, organisait autour de sa chaire un murmure de louange. Il s'efforçait discrètement de
satisfaire cet ambitieux pour lui mieux découvrir
la médiocrité de son ambition. Il ne flattait son
faible qu'à seule fin de lui montrer que c'était un
faible. Mais il ne se réjouissait point avec lui. Dès
que le jeune professeur se dilatait, il lui murmu-
rait : « Que sert à l'homme de gagner l'univers,
s'il vient à perdre son âme ? » Et il le lui répétait,
aux heures déprimées qui suivent les excitations

d'amour-propre et où les ambitieux, dont le cœur est trop vaste pour se contenter même de beaucoup, retournent entre leurs doigts le spectre desséché de leurs petits succès d'hier.

Oui, que sert à l'homme ?... Mais ce n'est pas tout que de nous convaincre de la vanité des joies et des honneurs. On n'a pas déraciné l'ambition d'un cœur pour en avoir déprécié l'objet : il faut le remplacer par un autre. A ces dignités mondaines, dont le mirage commençait à se ternir dans les yeux de François, Loyola substituait la haine magnifique des richesses, les opprobres, les chemins et les rues où l'on va à la quête des âmes, sans titre, sans parchemins, sans bonnet de docteur, la croix à la main. Le maître ès arts se cabrait. A quoi bon tant d'études si l'on devait mener la vie d'un moine mendiant ? Mais il était nécessaire de prouver aux hérétiques qui se targuaient de leur science qu'on en savait autant qu'eux. Le jeune homme éprouvait quelque douceur d'orgueil à se dire qu'il était le sujet d'une si douce et si pressante insistance. Maître François, vous n'êtes pas assez ambitieux ; vous n'aimez pas assez la gloire, la seule, celle qui nous vient du sentiment de nos misères. Contemplez-les. Secouez-en tous les haillons, comme si vous y cherchiez une pièce d'or. L'ami qui lui parlait s'attendrissait et pleurait sur son âme. Repoussait-il cette pitié ? C'était un visionnaire qui, à coups redoublés, éperonnait son imagination. Ce mendiant était plus grand sei-

gneur que lui, plus grand docteur que lui ; et ce
pèlerin revenait de plus loin que Jérusalem. Les
tableaux qu'il faisait passer sous ses yeux avaient
tour à tour l'attrait romanesque des combats contre
les Maures, le réalisme des peintures espagnoles
qui marbrent les cadavres, la splendeur des choses
qu'on ne voit qu'en extase. Dans un *Dialogue* du
père Auger, un des premiers apôtres de la Société,
où les interlocuteurs se rappellent la conversion
de François, Polanco compare Ignace *au grand
Alexandre, piqueur excellent à dompter son farouche Bucéphale* [1]. A défaut d'originalité, cette
comparaison a le mérite de ne pas affadir la figure
du futur Apôtre des Indes.

En 1533, une absence de Pierre Le Fèvre rapprocha encore les deux hommes ; et ce fut alors
que s'opéra la pleine conversion de François, dont
l'éclat fut assez vif. Or, cette même année, sa sœur
Madalena, l'abbesse de Gandie, qui, s'ils avaient
vécu l'un près de l'autre, eût été pour lui ce que
Jacqueline Pascal fut pour son frère, mourait
presque en odeur de sainteté. Elle avait eu, elle
aussi, des combats intérieurs. Tout d'abord, les

1. Le Père Emond Auger, un des Jésuites les plus réputés du
XVIe siècle, célébré par Ronsard et par Daurat, est un témoin
vivant des origines de la Compagnie. Il composa ce *Dialogue* à
l'imitation des Dialogues Cicéroniens, mais dans une langue
familière, savoureuse, et qui ne sent pas son orateur, bien qu'on
le nommât alors le *Chrysostome de la France.* Le manuscrit
resta inédit jusqu'en 1906) Voir, dans les *Études,* 5 décembre 1906.
l'article de Ferdinand Fournier).

rudesses du cloître l'avaient rebutée. Mais elle vit en songe une procession de religieuses vêtues de brocart cramoisi, et elle connut que c'étaient des religieuses défuntes récompensées par cette riche parure de leur patience et de leur soumission. Une autre fois, elle aperçut un lieu charmant où se tenait Notre-Seigneur. Mais, pour y arriver, la côte était raide. A chaque instant, elle y faisait un faux pas et tombait. Et l'ange qui l'assistait lui dit : « Tomber et se relever, ainsi on monte au ciel. » Elle eut encore d'autres visions. Elle était devenue la plus obéissante du couvent et la plus humble. Bien qu'elle fût petite et peu robuste, elle accomplissait de grosses besognes ; et, la nuit, le souci de louer Dieu la réveillait. Elle avait excellé dans la pratique de la charité, de l'oraison, de la douceur et du silence. Sur son lit de mort, où elle s'éteignait doucement, elle supplia Jésus d'alléger l'agonie d'une autre sœur qui se débattait près d'elle, et s'offrit à lui prendre ses douleurs et ses angoisses. Elle fut exaucée ; et, pendant que sa compagne s'en allait paisiblement, elle endura de si grandes tortures qu'après sa mort on observa qu'elle avait mis sa langue en pièces dans ses violences pour ne pas crier. Voilà de quoi les Xavier étaient capables. François ne sut probablement rien ou presque rien de ces circonstances. Mais il semble qu'en mourant sa sœur lui ait transmis tout ce qui dans son âme était encore irrassasié de labeurs. Comme elle, il eut des visions. Ses nuits furent souvent tourmentées. Quelques années plus tard, les voluptés du monde, qu'il avait à jamais écartées de sa route, revenaient l'assaillir dans son sommeil, et l'effort qu'il faisait pour échapper à leur étreinte était tel qu'il s'éveillait en sursaut et qu'un flot de sang lui sortait de la bouche.

L'ardeur de son tempérament, que la crainte physique et la pureté d'âme avaient arrêtée au seuil des passions, le précipita dans les austérités. Il prolongea ses jeûnes ; il se macéra ; il châtia ses membres d'avoir été trop fiers de leur souplesse. Il les liait avec des cordelettes si étroitement serrées que ses chairs se tuméfiaient et que l'on craignit un moment d'être obligé de l'amputer d'un bras. Du reste, autour de lui, les « Iniguistes » s'entraînaient aux mortifications. Le Fèvre faillit en mourir. Heureusement Ignace veillait. Il n'admettait point cette vaine usure des forces corporelles. « Lorsque vous aurez le corps sain, vous pourrez faire de grandes choses ; je ne sais ce que vous pourrez quand il sera infirme. La santé du corps est d'un grand secours pour faire beaucoup de mal et beaucoup de bien : beaucoup de mal, lorsqu'on a une volonté dépravée et des penchants vicieux ; beaucoup de bien, lorsque la volonté est attachée à Dieu, notre Seigneur, et qu'elle a acquis l'habitude de la vertu [1]. » Ils avaient déjà acquis

[1] Ces lignes sont tirées des *Lettres de saint Ignace à une reli-*

celle de lui obéir, car chacun d'eux le jugeait plus sage que lui-même ; et François le respectait et l'aimait comme un père.

Sa conversion ne fut pas seulement un revirement de tout son être : elle fut encore une leçon de convertisseur qu'il n'oublia jamais. Du même coup, Loyola lui avait révélé sa vocation et lui avait inculqué sa méthode, ou plutôt son art. Je voudrais trouver un autre mot ; mais, en vérité, il n'y en a pas d'autre pour exprimer cette adaptation rapide aux différents milieux et aux besoins particuliers des âmes, cette perpétuelle invention de moyens dramatiques qui ne sont que la traduction immédiate d'une charité géniale. Ce n'est pas une méthode. Si l'on en faisait une méthode, on risquerait de s'enlizer dans d'étranges compromissions et d'exposer l'apostolat à des ridicules d'auteur sifflé. Les biographes de François ne peuvent retenir comme un geste d'inquiétude devant les audaces du Saint. « Il faut avouer qu'il allait loin quelquefois », dira très justement le Père Brou. Pas plus loin, il est vrai, mais aussi loin qu'Ignace, et de la même façon. Je n'en veux qu'un exemple. Un jour, à Malacca, il s'invite à souper chez un Chinois qui, malgré son baptême, vivait comme un païen et même comme un pacha. Le souper se prolonge. Il demande abri pour la nuit, et, sa

gieuse de Barcelone, conservées aux archives du collège d'Alcala. (*Exercices spirituels de saint Ignace de Loyola*. traduits par le P. Pierre Jumesseaux.)

chambre prête, il prie qu'on lui amène une des servantes maîtresses de son hôte. La femme entre; et le Chinois, les yeux écarquillés et les oreilles tendues, se colle derrière la porte. Dès qu'il fut seul avec elle, François, tirant sa discipline, se mit à se flageller et lui commanda d'en faire autant. Le Chinois a compris : il se précipite, bouleversé : « Père, s'écrie-t-il, à Dieu ne plaise que, pour mes péchés, vous répandiez votre sang ! » Soit : mais si le Chinois n'avait pas compris ou n'avait pas voulu comprendre ? Et si, quand Ignace se trempait dans l'eau glacée, le jeune amoureux l'y avait laissé pour courir à son rendez-vous ? Seulement François *savait* que le Chinois comprendrait, et Ignace *savait* que le jeune homme reviendrait sur ses pas.

Du moment où François s'est converti jusqu'au moment où il quitte Paris, et même au delà, il ne se distingue plus du petit cénacle que formaient les premiers disciples d'Ignace. Ils sont six : trois Espagnols, Lainez, Salmeron, Bobadilla ; un Portugais, Simon Rodriguez ; le Savoyard Le Fèvre et lui. Les plus âgés avaient vingt-huit ans; Ignace, quarante-trois. Tous ont pris leurs grades. Ils représentent, sans l'avoir précisément voulu, le plus bel accord du Moyen Age et des temps nouveaux. Celui qui marche à leur tête est sorti des romans de chevalerie pour entrer dans les écoles où s'équipe l'esprit moderne. Ils abritent au sein de l'humanisme les vertus et la ferveur des premières communautés chrétiennes. Les trois ou quatre années qu'ils vécurent ainsi, achevant leurs études, méditant sur ce que Dieu attendait de leur rencontre, mangeant souvent et priant ensemble, durent être les plus douces de leur vie [1].

Ils ne savaient pas encore exactement ce qu'ils feraient. Ils avaient prononcé leurs vœux de chasteté, de pauvreté, et s'étaient engagés à partir pour Jérusalem où ils se consacreraient au salut des âmes. Mais la prudence d'Ignace avait limité cet engagement. Ils iraient d'abord à Venise, et si, au bout d'un an, ils n'avaient pu s'embarquer, ou si, ayant atteint la Ville Sainte, ils n'y pouvaient rester, ils se rendraient à Rome et se remettraient entre les mains du Souverain Pontife. Ils décidèrent de renouveler solennellement ce triple vœu, le 15 août 1534, jour de la Vierge, devant l'autel de Notre-Dame de Montmartre.

Il y avait alors tout près du sommet de Montmartre, sur le versant de Paris, une petite église, *la Chapelle du Saint-Martyre*, bâtie à l'endroit où l'on croyait que saint Denis et ses compagnons

1. Dans le *Mémorial* de Le Fèvre, qui était alors en Allemagne, je trouve, à la date de Février 1543, le jour où il célébrait la fête de sainte Geneviève, vierge et patronne de Paris, une page assez mystérieuse, qui indique chez lui de la tristesse et du trouble comme si sa tâche quotidienne lui avait paru, ce jour-là, plus pénible et plus lourde. Sa pensée s'était-elle trop vivement reportée à l'époque heureuse de son séjour à Sainte-Barbe? Le souvenir de notre Université poursuivit François jusqu'au Japon.

avaient versé leur sang. Elle était à deux étages et se composait de deux chapelles. Celle d'en bas, la plus vénérée, avait un air de souterrain. Il fallait, pour y pénétrer, l'autorisation de l'abbesse des Bénédictines de Montmartre ; et la sous-sacristine, la Mère Perrette Rouillard, qui vécut jusqu'à cent ans, se rappela toujours avec orgueil le beau matin d'août où elle remit les clefs à Ignace de Loyola. Le Père Le Fèvre célébra la messe. Ils étaient seuls. « Avant de donner la Sainte Eucharistie à ses compagnons, raconte Rodriguez, il prit l'hostie entre ses doigts et se tourna vers eux. Alors, le cœur fixé en Dieu, agenouillé sur le pavé de la chapelle, chacun, sans quitter sa place, prononça ses vœux d'une voix claire, de manière à être entendu de tous ; puis ils communièrent. Retourné du côté de l'autel, le Père prononça, lui aussi, ses vœux d'une voix distincte ; puis il se communia. » Après quoi, ils descendirent le versant opposé de la colline et firent un frugal repas au bord de la fontaine Saint-Denis, dont l'eau avait la réputation de guérir les fièvres. Mais ils avaient une fièvre qu'aucune onde ne guérit. Une dizaine d'années plus tard, d'autres jeunes gens, formant une autre pléiade, iront, eux aussi, s'asseoir près des sources et des fontaines. Leurs bruyantes agapes y ramèneront les nymphes. Pourtant, ils ne seront pas plus enthousiastes que ceux-ci, et toutes les jouissances que la vie leur promet ne les raviront pas plus que l'idée des épreuves où

il court ne ravit ce petit groupe à la joie tranquille
et aux vêtements sombres.

L'année suivante, Ignace tomba malade, et on
lui ordonna un changement d'air. Il partit pour
l'Espagne. François, Lainez et Salmeron, qui préféraient ne pas s'exposer aux récriminations de
leurs parents, le chargèrent d'y régler leurs affaires
de famille. Mais il ne partit qu'après avoir satisfait aux curiosités de l'Inquisition que leurs apparences secrètes et leurs conciliabules avaient
éveillées; et il se fit délivrer, par-devant notaire,
une attestation d'innocence signée de l'inquisiteur. De mauvais bruits, qu'il nous est impossible
de préciser, s'étaient évidemment répandus sur
leur compte et propagés jusqu'en Espagne. La
lettre d'introduction près de son frère, que François remettait à Ignace, parle des plaintes qui lui
seraient venues là-bas à son sujet et qui l'auraient
profondément peiné. « Les méchants auteurs de
ces rapports, dit-il, je ne les connais pas. » Nous
ignorons quel accueil son fondé de pouvoirs reçut
au château d'Ovanos, près de Pampelune, où résidait alors le seigneur Juan d'Azpilcueta, s'il dis-
sipa ses préventions et s'il obtint les secours pécu-
niaires que sollicitait le jeune homme. Toujours
est-il qu'après le passage d'Ignace, ses frères lui
annoncèrent l'envoi de ces lettres testimoniales de
noblesse qu'il leur avait réclamées quatre ans plus
tôt. Le Père Cros et le Père Brou voient dans cet
acte tardif un effort pour le retenir. Bien que nous

soyons en Espagne, dans le pays de l'éternel
mañana (à demain !) l'hypothèse est très vraisemblable, et d'autant plus que le même messager
apportait à François sa nomination à une stalle
de chanoine, au chapitre de Pampelune. Il joignit
à ses remerciements sa démission. Les bons chanoines de Pampelune manquaient d'à-propos. Ils
arrivaient avec une stalle très confortable au moment où celui qu'ils invitaient à s'y asseoir se préparait à courir le monde.

CHAPITRE III

LA PRÉPARATION A L'APOSTOLAT

De la mi-novembre 1536 jusqu'au 7 avril 1541, c'est-à-dire depuis sa sortie de Paris jusqu'à son embarquement de Lisbonne, la vie de François ne fut qu'une préparation continue à la vie d'apôtre nomade qu'il devait mener aux Indes. Ces cinq années sont des années d'apprentissage. Si détaché qu'il fût des dignités humaines, il n'en restait pas moins, jusqu'à la fin de son séjour à Paris, l'homme d'Université, le maître ès arts du collège de Dormans-Beauvais. Désormais, ses titres ne le portent plus : il faut qu'il se soutienne par lui-même. Et tout conspire à le dresser au dur métier pour lequel, sans qu'il le sache encore, Dieu l'a choisi.

D'abord aux fatigues physiques. Ignace les attendait à Venise. Ils avaient décidé de partir en janvier. Mais ils virent le moment où ce leur serait presque impossible. La guerre avait éclaté entre François Ier et Charles-Quint. Les Espagnols avaient envahi la Provence, pendant que les troupes allemandes, sous la conduite du comte de Nassau, bien fournies d'artillerie, brûlant et saccageant tout, marchaient droit sur Paris, qui réparait à la hâte ses vieux murs, tendait des chaînes sur sa rivière, emmagasinait des vivres et fabriquait des munitions. Mais, le 12 septembre, les Impériaux étaient contraints de lever le siège de Péronne, en laissant, sous les remparts de la ville, bon nombre d'entre eux qui, selon le mot du maréchal de la Marck, n'iraient pas, cette année-là, vendanger nos vignes comme ils s'en étaient vantés[1]. Au même moment, Charles-Quint levait le siège de Marseille et faisait retraite de Provence en Italie. Cependant, la route d'Allemagne parut moins dangereuse aux Iniguistes. Ils hâtèrent leur départ. Leur brigade, qui s'était augmentée de trois nouvelles recrues, le Provençal Codure, le Savoyard Le Jay, le Picard Broët, les deux derniers déjà prêtres, se réunit à Meaux vers le 15 novembre et gagna la Lorraine.

Puis ils pénétrèrent en Allemagne ; ils traversèrent Bâle et Constance et, après cinquante jours de voyage, le 8 janvier, ils arrivèrent à Venise. Ils allaient à pied, vêtus d'un habit long, coiffés d'un chapeau à larges bords, le bourdon à la main, le rosaire autour du cou, un sac sur l'épaule. Nos paysans devinaient aux manières de ces hommes pieux et simples des personnages d'importance, et, du seuil de leurs chaumières ou par-dessus les haies, ils les suivaient du regard en hochant la tête et disaient : « I vont à ré-

1. Henri Lemonnier, *Paris menacé* (*Revue de Paris*, 1er janvier 1915).

former quaque pays. » Le matin, ils célébraient la
messe et communiaient. Sur la route, ils s'entretenaient des objets de leurs méditations, et chantaient des psaumes. Le soir, quand ils entraient
fourbus à l'auberge, ils se mettaient en oraison.
Chaque jour leur apportait une nouvelle raison de
remercier Dieu. Près de Nancy, ils furent arrêtés
par des soldats français qui ne reconnurent point
les Espagnols et les laissèrent continuer leur pèlerinage. Leur esprit était sans cesse tourné vers le
surnaturel. Un guide, qui leur parut mystérieux,
les conduisit, dans le crépuscule du matin, par des
chemins étranges, hors d'une ville où on les avait
menacés. Ils marchaient, l'âme heureuse, sous la
pluie, sous la neige, sous la bise des montagnes.
Quand, au Carême suivant, ils s'éloignèrent de
Venise et descendirent vers Rome, toujours à pied,
les pluies avaient fait déborder les rivières, et ils
cheminèrent souvent et longuement avec de l'eau
jusqu'à la ceinture. A côté des auberges et des
granges où ils couchaient, trempés jusqu'aux os,
tout le confortable de la vie leur souriait naguère
dans leur pauvre chambre d'écolier. Mais il fallait
que François s'entraînât ainsi, afin que ses pieds
pussent le porter jusqu'au bout du monde.

En même temps, il faisait ses débuts dans l'apostolat. Les Iniguistes n'avaient pas quitté la France
qu'ils rencontraient les hérétiques. Les églises,
d'où l'on avait déménagé les objets du culte,
n'étaient plus que des maisons de prières froides

et nues. Une vieille femme, ayant connu à leurs rosaires qu'ils étaient catholiques, vint un jour leur apporter des débris de croix et de statues qu'elle conservait précieusement : ils s'agenouillèrent sur la neige et se prosternèrent devant ces reliques profanées. Ils arrivèrent dans des villages en fête qui pavoisaient pour le mariage de leur curé comme les nôtres pour le couronnement de leur rosière. Le nouveau marié rentrait dans la vie laïque au son des trompettes et l'épée au côté. A Bâle et près de Constance, des ministres luthériens, avertis de leur passage, accouraient à l'auberge, et, impatients d'en venir aux argumentations, ne leur permettaient point de souffler. A peine avaient-ils déposé leur sac et leur bourdon, la controverse commençait. Ils ne l'avaient pas cherchée ; mais ils ne s'y dérobaient point.

Il nous semble les voir dans une salle pareille à celle de *L'Ourse Noire*, que les disputes de Luther et de Carlostadt ont rendue si fameuse. D'un côté, ces jeunes hommes déjà émaciés par les jeûnes, épuisés par la marche, gardant sous leurs longs habits crottés leur politesse élégante ; le fougueux Bobadilla est le seul peut-être à s'en départir quelquefois. De l'autre, ces pasteurs allemands bien en chair, suivis des fortes têtes de leur paroisse, et qui provoquent l'adversaire comme les lutteurs tendent le caleçon. L'aubergiste, les servantes immobiles, les buveurs qui ont reposé leurs brocs sur les tables, les voisins pressés à la porte, des enfants entre leurs jambes, assistent à la joute où l'anarchie sentimentale du génie germanique reçoit les traits vifs et directs du génie latin. Les heures passent. L'ombre descend sur les figures. Le théologien d'Allemagne s'arrête, non parce qu'il se sent battu, mais parce qu'il a faim. On reprendra la discussion après souper. Et pourquoi ne souperait-on pas ensemble ? Le tombeur de papistes s'est détendu. Une grosse jovialité l'épanouit à l'idée de la soupe fumante. Il veut les emmener chez lui, les avoir à sa table, leur montrer ses livres et ses enfants, *libros et liberos*. Il rit. Vous entendez son rire. Nos voyageurs déclinent poliment l'invitation. Le théologien est allé souper. Il revient alourdi, l'estomac mécontent, le front mauvais. La réserve de ces étrangers, leur refus de trinquer avec lui, lui semblent incompréhensibles et vexatoires. La controverse repart, plus impérieuse du côté de nos jeunes hommes, plus essoufflée et plus aigre du côté de l'Allemand. Il n'est pas de force à lutter contre ces intelligences souples, rapides et qu'ont aiguisées les écoles de Paris. Mais, dès qu'il se sent broncher, il se rattrape par des insultes et des menaces. La brutalité de l'animal germanique fait crever le masque du théologien. « Qu'ils déguerpissent, ou, demain, la prison ! » Il sort de l'auberge, la tête en avant, emportant sa tempête dans les plis de son manteau et entraînant ses acolytes. François se rappellera sans doute ces scènes des hôtelleries allemandes, quand plus tard au Japon son arrivée dans les maisons de thé et dans les auberges rassemblera autour de lui les notables et les bonzes. Mais, sauf de rares exceptions, ils ne ressembleront guère à ces cuistres chez qui la familiarité a quelque chose de plus grossier que les injures.

En Italie, il apprit à mendier, et, ce qui est plus désagréable, mais ce qui était encore plus utile, à braver le ridicule que vous donne une langue mal connue et mal parlée, quand vous vous adressez à la foule, si peu indulgente aux fautes d'accent et aux mots défigurés. On le vit dans les marchés italiens, lui, le savant maître ès arts, la robe retroussée jusqu'aux genoux, quêtant des marchandes de légumes une pomme ou un chou qu'il recevait avec humilité. Il s'en allait aussi sur les places agitant sa main et son chapeau et criant : « Venez ouïr la parole de Dieu ! » Quand il avait réuni quelques badauds, il commençait à leur parler de Jésus. On riait de son mauvais italien. « Quelque fou, je pense ! » murmuraient les bourgeois qui haussaient les épaules et s'éloignaient. Mais, peu à peu, le timbre de sa voix, son émotion, ces mouvements du cœur, qui refoulent toutes les défiances et qui rejettent des deux côtés du chemin toutes les moqueries, lui frayaient un passage jusqu'au for intime de ses auditeurs. C'est ainsi qu'il s'imposera aux insulaires des Moluques et aux *samuraï* du Japon.

Il fit enfin son stage d'infirmier, ou, comme on

dira plus tard dans la Compagnie, son *expériment*. Dès leur entrée à Venise, les Iniguistes s'étaient partagés entre les deux hôpitaux des *Saints Jean et Paul* et des *Incurables*. Ils ne prirent guère le temps de visiter cette ville de marbre et d'or, la plus patricienne et la plus voluptueuse de l'Europe, où les marchands occupaient des maisons plus riches qu'ailleurs les palais des princes et des rois ; où, sur les murs des innombrables églises, les peintres ne semblaient chercher dans les scènes de l'Évangile et dans les martyres, qu'une occasion d'exalter la force ou la beauté de la chair humaine ; où le luxe était tel que les pauvres morts eux-mêmes, pour peu qu'ils appartinssent à la noblesse, s'en allaient splendidement habillés de drap d'or. Pendant que les fêtes, noces ou funérailles, s'enchaînaient aux fêtes, les compagnons d'Ignace balayaient les ordures, servaient les misérables, découvraient les ulcères, se penchaient sur les odeurs de l'agonie.

François pensa y défaillir. Un jour, aux *Incurables*, un homme qui lui rappela certainement son ancien maître de Sainte-Barbe, car la maladie dont il souffrait était la même, le pria de lui gratter le dos. Devant ses plaies purulentes, l'horreur de ce mal, qui, jadis, l'avait détourné des mauvais lieux, le ressaisit. Mais il eut encore plus peur de céder aux lâchetés de la nature. Il ramassa du pus sur son doigt et l'avala. Ainsi son ardeur d'apôtre triomphait d'une appréhension, que l'instinct de la jeunesse, qui passe pour le plus irrésistible, n'avait pu vaincre en lui, alors que l'incertitude devait la rendre moins vive et l'attrait du plaisir plus légère. Nous avons connu des gens si follement enivrés de leur santé que, par une sorte de bravade, et pour impressionner leur entourage, ils commettaient des actes moins offensants, mais du même ordre. Leur courage n'était que vanité, et leur vanité n'inspirait que du dégoût. Ici, l'homme veut simplement dompter sa chair et, une fois pour toutes, l'immuniser contre les répulsions qui l'attendent. Il ne défie ni la vie ni la mort : il défie ses faiblesses naturelles les plus tenaces, fermement résolu à ne plus avoir à s'en défier. La nuit suivante, François rêva qu'il ne parvenait pas à se débarrasser des âcretés de sa gorge. Cependant il en fut quitte pour un cauchemar. « Et s'ils boivent quelque chose de mortel, avait dit le Christ à ses apôtres, ils n'en ressentiront aucun mal. » Mais comme il dut regretter, plus d'une fois, que les lèpres du corps ne fussent pas plus dures à affronter que les lèpres de l'esprit ! Il est plus facile aux saints de s'endurcir aux premières qu'aux autres. A travers les ulcères qui dévorent les membres, ils voient l'âme se purifier ; et le parfum qui en émane leur bouche le nez aux miasmes de la chair. Mais ni la beauté des formes, ni la fraîcheur des carnations, ni le beau sang généreux qui circule dans les veines, ni les parures, ne leur ferment les yeux aux abcès inaccessibles de l'âme ; et ils n'en prennent jamais leur parti.

Voyages, controverses, mendicité, prêches publics, soins des hôpitaux, ainsi François s'instruisait, sans le savoir, à l'apostolat des Indes.

Après un séjour d'environ trois mois à Venise, les Iniguistes s'acheminèrent vers Rome, sans Ignace qui craignait que la calomnie ne l'y eût précédé. Ils désiraient solliciter du Pape l'autorisation de se rendre en Terre Sainte ; et ceux d'entre eux qui n'étaient pas encore prêtres, de recevoir les ordres sacrés. Sur la recommandation du délégué de Charles-Quint, Pierre Ortiz, Paul III, qui aimait pendant ses repas les belles discussions théologiques, les mit aux prises avec ses meilleurs théologiens. Lainez et Salmeron enchantèrent le Pontife. Il leur accorda ce qu'ils lui demandaient ; et, sans leur dire qu'on était à la veille d'une guerre entre Venise et Soliman, il ne leur cacha point que leur voyage de Jérusalem lui semblait fort problématique.

Ils apportèrent ces nouvelles à Venise ; et, le 24 juin 1537, Ignace, François et leurs compagnons furent ordonnés par le nonce du Pape. Ils se préparèrent pendant quarante jours à la célébration du saint sacrifice. François les passa en compagnie de Salmeron à Montselice, près de Padoue, sous le toit d'une hutte solitaire. Ce fut à Vicence qu'il dit sa première messe en pleurant de joie. Ce fut là aussi qu'Ignace les réunit tous dans le vieux couvent abandonné de San

Petro in Vanello. Que feraient-ils maintenant que la guerre des Vénitiens et des Turcs leur enlevait tout espoir d'atteindre la Ville Sainte ? Ils convinrent de se disperser provisoirement dans les villes italiennes, d'y recruter de nouveaux associés et d'y remplir leur ministère, et « considérant, dit Polanco, qu'ils ne voulaient servir d'autre chef que Jésus, il leur sembla qu'ils devaient prendre son nom et que leur association devait s'appeler *Compagnie de Jésus.* » Ils hésitaient encore sur leur but ; mais désormais le monde saurait comment les nommer. Ainsi, la première fois que le nom de Compagnie de Jésus fut prononcé, il le fut entre des murs en ruines, dans une misérable pièce où ces hommes couchaient sur un peu de paille comme s'ils s'étaient partagé la crèche de Bethléem. La pluie tombait par les crevasses du toit. La lumière entrait par les trous des fenêtres, lorsqu'on avait ôté les briques qui les bouchaient pendant la nuit. Mais l'Eglise elle-même avait fait ses premiers pas parmi les tombeaux ; et les grandes œuvres chrétiennes plongent vigoureusement leurs racines dans la misère qu'elles viennent consoler ou dans la mort dont elles triomphent.

Ils avaient choisi de préférence les villes d'Universités. Le séjour de Bologne fut dévolu à François et à Bobadilla. Jusque-là, la figure de François, comme apôtre, ne se détachait pas nettement du petit groupe des Iniguistes. Sauf l'épisode de l'Hôpital des Incurables, aucun incident ne le met en évidence. Il n'a pas été de ceux qui ont le plus brillé devant le Pape. Il a marché, mendié, prié, prêché comme ses compagnons. Mais à Bologne, son originalité se dégage ; et il se pourrait que la présence de Bobadilla, d'une complexion si rude à côté de la sienne, y eût été pour quelque chose. Près de lui, François parut ce qu'il était, ce qu'il allait être tous les jours davantage : un ami fervent et persuasif des âmes, un maître d'humilité qui enseigne par l'exemple. « Il parlait peu, nous dit un témoin ; mais sa parole était d'une efficacité merveilleuse. » Ce que son tempérament gardait d'âpre et d'impérieux se tournait surtout contre lui-même. Il était doux, comme les ceintures de mortifications sont lisses, avec les pointes en dedans. Il versait des larmes devant l'autel ; il avait des ravissements et des extases. Et en même temps il savait si bien amollir ou fortifier les cœurs que ceux qui s'entretenaient avec lui emportaient le souvenir qu'ils avaient approché un Saint.

Mais les succès de son ministère dans cette ville de science et de plaisir, — « ô bon sang bolonais ! » s'écriait jadis Boccace, — les pauvres secourus et beaucoup de riches ramenés chaque dimanche à la sainte table, ne satisfaisaient pas son ambition. Au delà de Jérusalem devenue inabordable il entrevoyait l'Afrique, les Indes, des limbes immenses. Les esclaves éthiopiens qu'il avait rencontrés à

Venise, derrière ces sénateurs plus somptueux que
des évêques, venaient hanter son sommeil. Mais
ils ne marchaient point derrière lui. Une nuit, il
rêva qu'il en portait un sur son dos ; et, les reins
brisés, il se réveilla en criant : « *Mas ! Mas !* Plus
encore ! Plus encore ! » Il eût voulu porter jusqu'au
Christ tout un monde. En Italie, surtout à Venise
et aussi à Bologne, il n'avait entendu parler que
des Portugais dont les progrès dépossédaient
chaque jour la République Sérénissime de son
monopole des épices, des aromates, des pierres
précieuses et des perles. L'Égypte et l'Arabie semblaient rentrer sous les eaux, depuis que Vasco de
Gama avait doublé le cap de Bonne-Espérance,
découvert les trésors de Calicut et affranchi le
poivre et la cannelle des droits excessifs dont les
sultans les frappaient avant de les livrer aux Vénitiens. L'imagination des apôtres s'élançait sur les
nouvelles routes que le commerce avait prises.
Dans ses conversations, François revenait souvent
à la question des Indes et avouait qu'il brûlait du
désir de convertir les Infidèles. Cependant la fièvre
quarte épuisait son organisme que plus de quinze
mois de labeur avaient anémié. Quand Ignace le
rappela à Rome, vers Pâques, en 1538, ses compagnons crurent voir son cadavre.

A ce moment, la Compagnie naissante eut à
subir un grave assaut. L'apparition sur la scène
de Rome de ce petit groupe d'hommes, qui osaient
s'approprier un nom donné par saint Paul à l'Église

tout entière, avait indisposé les autres Ordres et
soulevé bien des animosités, que ne calmèrent ni
leur zèle pour les œuvres de miséricorde, ni la
vogue de leurs catéchismes et de leurs prédications.
On travailla à les discréditer. On ramassa toutes
les calomnies qui avaient traîné dans les villes où
ils avaient passé. On en expédia d'Alcala et de
Paris ; il en arriva même de Bologne, où les mœurs
de François étaient visées, comme si un confesseur
était responsable des folies d'une de ses nombreuses
pénitentes. En réalité, on n'en voulait qu'à Ignace,
car cet homme avait le don de susciter des oppo-
sitions farouches. C'était l'anéantissement de tout
ce qu'il méditait, de tout ce qu'il avait déjà fait,
si, en l'absence du Pape, qui était alors à Nice, il
ne portait l'affaire devant le Légat et le gouverneur de Rome et s'il n'obtenait, à sa décharge,
une sentence solennelle. Il l'obtint aussi éclatante
qu'il pouvait la désirer ; mais il se garda bien
d'abuser de sa victoire et de poursuivre ses accu-
sateurs au delà de leur simple confusion.

Cet orage, en purifiant l'air autour de lui, le
rapprocha de son but. Entre autres griefs, on lui
avait amèrement reproché sa prétention de fonder
un Ordre nouveau. On en avait assez, des Ordres,
ou, pour mieux dire, on en avait trop. Une com-
mission, instituée par le Pape, avait récemment
dénoncé le relâchement scandaleux d'un grand
nombre de couvents d'hommes et concluait à leur
extinction. Mais précisément le lustre de la persé-

cution encourageait la jeune Compagnie à briguer une reconnaissance officielle, où l'opinion publique ne verrait qu'une consécration de la justice qui lui avait été rendue. Ignace et ses compagnons délibérèrent longuement, et, pour que leur travail d'apostolat n'eût point à en pâtir, ils prirent les heures de délibérations sur le temps de leur sommeil. Ils étaient alors installés au pied de l'*Ara Cæli*, près de la tour *del Melangolo*, dans une maison qu'on disait hantée. Agréable détail pour ceux qui les ont toujours soupçonnés de sombres maléfices ! Pendant trois mois, chaque nuit, ils étudièrent et discutèrent les articles dont se composa la première ébauche des *Constitutions*, qu'ils mirent presque dix ans à élaborer. Ils avaient l'ambition de fonder dans Rome une œuvre qui participât de l'éternité romaine ; et leur pensée, dirigée par Ignace, embrassait déjà les siècles à venir. Paul III, moins hostile aux Ordres religieux que ses cardinaux, comprit l'opportunité de cette institution et le secours qu'elle apporterait aux défenseurs de la tradition catholique contre l'hérésie. Le 3 septembre 1539, il bénit, il loua, il approuva. Restait à convaincre les cardinaux récalcitrants. La Bulle *Regimini militantes Ecclesiæ*, qui confirmait la Compagnie de Jésus, ne fut promulguée qu'un an après, le 27 septembre 1540. Rome n'a pas la lenteur oisive, mais la lenteur prudente. Aucune école de patience ne lui est comparable.

François s'était rétabli. Pendant que le Pape envoyait Lainez, Le Fèvre, Rodriguez et Broët réformer un couvent de Sienne et prêcher à Parme, et que Bobadilla dans Naples parlait plus haut que les Napolitains, Ignace gardait près de lui la moitié de son âme. Nous ignorons quel fut son rôle personnel au milieu de tous ces événements. Nous savons seulement qu'il correspondait avec les absents et qu'il prêchait à l'ancienne église de Saint-Louis-des-Français. C'était un peu comme s'il nous appartenait encore. D'ailleurs, on n'oubliait pas, à Sainte-Barbe, le *Pèlerin* et ses amis. Jacques de Gouvea les avait signalés au roi de Portugal, et, en même temps, leur avait écrit pour leur demander si, le cas échéant, ils accepteraient une mission dans l'Inde, car Jean III, toujours préoccupé d'évangéliser ses conquêtes, ne cessait d'épier toutes les bonnes volontés qui pouvaient poindre à l'horizon. Le Père Le Fèvre répondit, au nom de la Compagnie, qu'ils étaient liés envers le Pape et que c'était au Pape de décider des besoins de la Chrétienté, mais que, pour eux, qui s'étaient proposés de convertir les Infidèles, ils iraient avec joie partout où ils seraient appelés. Aussitôt que cette réponse lui fut communiquée, Jean III recommanda à son ambassadeur près du Souverain Pontife, Pedro de Mascarenhas, de s'assurer par lui-même si ces nouveaux religieux étaient bien les clercs lettrés et les hommes de bonne vie qu'on lui avait dépeints, et, s'ils l'étaient, de les faire venir le plus tôt possible à Lisbonne, où lui, le Roi, se chargerait de réaliser leurs saints désirs. Le 10 mars 1540, Pedro de Mascarenhas transmettait au Pape et à Ignace les vœux de son monarque.

C'est ici que, si je ne me trompe, se joua dans le cœur d'Ignace, et entre François et lui, un de ces petits drames silencieux où l'homme achève de mourir aux affections du monde. La Compagnie comptait à peine vingt membres qui tous ou presque tous avaient leur tâche. Ignace n'en pouvait mettre que deux à la disposition du roi de Portugal, dont l'un, Rodriguez, était tout désigné par sa qualité de Portugais. Qui serait l'autre ? Il n'ignorait pas le grand désir de François. On savait que son âme courait aux royaumes des Idolâtres. Mais Ignace l'aimait et ne se résignait pas à une séparation qui, sans doute, serait définitive. Pour François, dès que la question du départ fut posée, l'obéissance et le respect filial lui fermèrent la bouche. Le fils spirituel ressemblait aux fils charnels qui acceptent plus volontiers que leurs pères les longs voyages d'où ils risquent de ne point revenir. Ignace n'était point homme à donner le pas à ses préférences sur les intérêts de la Compagnie. Seulement, même quand on est Loyola, on peut s'abuser et les confondre. La santé de François paraissait incertaine : il n'était pas sage d'aventurer sous des climats meurtriers un apôtre valétudinaire. D'autre part, ces peuples, dont on ne se formait qu'une idée confuse et médiocre, avaient-ils besoin qu'on leur envoyât un esprit aussi fin ? Ce n'était point qu'Ignace les méprisât : un chrétien ne méprise jamais des âmes, et il avait rêvé de baptiser avec son sang les Infidèles de la Palestine. Mais il ne s'agissait plus de son sang ; il s'agissait de celui de François. Il était très sincère. Dans la discussion des articles de la Société, il avait été d'avis qu'on ne refusât point d'admettre à l'œuvre des conversions d'Infidèles de pauvres théologiens qui seraient de braves gens et qui en sauraient toujours assez pour enseigner leurs prières aux Indiens et aux nègres. Grave erreur que François lui-même partageait. A dire vrai, parmi ses compagnons, il n'y avait aucun pauvre théologien ; mais le vigoureux Bobadilla était d'une intelligence moins affinée. Son caractère absolu avait fait naître quelques difficultés au cours des délibérations de la Compagnie, où d'abord les résolutions devaient être prises à l'unanimité et où l'on fut obligé de décider que l'avis d'un seul opposant ne saurait prévaloir contre l'avis de tous. Peut-être n'était-on pas fâché de le voir s'éloigner ; et l'on pensait que cet homme énergique aurait plus d'empire sur l'esprit des païens. Bref, Ignace choisit Bobadilla.

C'était la ruine des espérances de François, et voulue par Ignace. On imagine de quel silence était chargé le regard de ces deux hommes, quand ils se rencontraient. Le départ pressait. Rodriguez

s'était déjà embarqué le 5 mars, à Civita Vecchia,
sur le navire qui emportait les bagages de l'Ambassadeur, et l'Ambassadeur se préparait à quitter
Rome le 15 et à gagner Lisbonne par la France et
l'Espagne. Bobadilla, rappelé à Naples, arriva dans
un état pitoyable, cassé en deux par une bienheureuse sciatique. On ne pouvait songer à le transporter à travers les Alpes et les Pyrénées. Ignace
sentit une volonté plus puissante que ses secrètes
inclinations. Il était malade, au lit. Il manda
François : « Maître François, lui dit-il, vous savez
que nous avions choisi pour la mission des Indes
maître Bobadilla. Son infirmité l'empêche de
partir. L'Ambassadeur ne peut attendre qu'il gué-
risse. Voilà qui est pour vous. » Le sacrifice était
consommé. Mais François, le cœur inondé d'allégresse, s'écria : « Eh bien, en avant, me voici ! »
Ah ! le beau cri qui dut faire tressaillir, sous ses
paupières baissées, les anciennes images chevaleresques et guerrières qui sommeillaient encore
dans l'esprit d'Ignace ! C'est le : *Paraissez, Navar-
rois, Maures et Castillans !...* de l'héritier des Azpilcueta et des Aznarès.

Ses préparatifs furent vite faits. Il n'avait d'ailleurs que vingt-quatre heures pour les faire. Il
raccommoda à la hâte de vieux caleçons et une
vieille soutane, prit son crucifix, son bréviaire et
un autre livre, un gros livre in-18, imprimé à
Cologne en 1531, de Marcus Marulus, l'*Institution
de la Vie religieuse par des exemples tirés de l'An-*

cien et du Nouveau Testament. Ce fut tout son portemanteau. Maigres bagages ; mais eux, du moins, ils revinrent en partie. Le Bréviaire est à Nantes ; le crucifix et le *Marulus* à Madrid, dans la sacristie de la Chapelle Royale. Le *Marulus* a encore ses marges vierges. « Les Jésuites, observe le Père Cros, n'écrivent rien sur leurs livres. »

Enfin, nous sommes seuls avec François. Il nous semble qu'il sera davantage à nous. Ses lettres nous introduiront un peu plus dans sa familiarité, je ne dis pas dans son intimité, car il est très rare qu'on pénètre dans l'intimité d'un saint, et surtout d'un saint qui fut un homme d'action. Il se donne à tous, et ce qu'il garde pour lui, Dieu seul le sait. Ce voyage de trois mois en compagnie de Pedro de Mascarenhas, qui s'était fait le pénitent d'Ignace, fut un des plus heureux de sa vie. Il éprouvait bien, en se détachant d'Ignace, une tristesse, dont l'effusion va presque jusqu'aux larmes. « Je crois qu'en cette vie, lui écrivait-il de Bologne, ce n'est plus que par des lettres que nous nous reverrons. Nous revoir *facie ad faciem,* avec force embrassements, ce sera pour l'autre vie : tant que durera ce peu qui nous reste de la présente, visitons-nous donc fréquemment par lettres : ainsi ferai-je. » Quand il passa à Parme, où il espérait trouver Le Fèvre, — qui, justement, ce jour-là, était à Brescia, — il ressentit une contrariété mélancolique. Lorsqu'il franchit les Pyrénées, il regretta sans doute que l'Ambassadeur n'ait pas suivi la route de Roncevaux et de Pampelune et qu'il ne lui ait pas été permis de jeter un dernier coup d'œil sur le paysage de son enfance et d'embrasser ceux de sa famille qui y vivaient encore [1]. Mais ces ennuis se perdaient dans la joie de toucher bientôt à l'objet de ses rêves. Et puis, il recevait partout tant de marques d'affection et de respect! Les Bolonais ne l'avaient point oublié : ils avaient assiégé l'église où il disait sa messe. La terre occidentale se faisait plus douce pour les pieds de celui qui allait la quitter. Il se dérobait tant qu'il pouvait aux prévenances de l'Ambassadeur ; mais il n'avait pas à craindre de s'abandonner un peu au plaisir d'être aimé. Et il était infiniment aimable : toujours empressé à donner un coup de main, serviteur des valets, pansant le cheval et soignant le cavalier, devisant avec l'un et avec l'autre, toujours là quand il y avait une âme à secourir, et toujours gai.

A défaut des témoignages, ses lettres seules nous indiqueraient le tour charmant de son esprit et la nuance de gaieté prime-sautière qui se mêlait à l'expression de ses pensées les plus sérieuses. Un

1. Il eut du moins le plaisir d'être reçu au manoir des Loyola où Ignace était né. Ce n'était point un château féodal comme celui de Xavier : c'était une sorte de forteresse carrée, encore intacte aujourd'hui et enclose dans le grand séminaire que l'on a bâti. Les étages supérieurs en briques rouges reposent sur un énorme soubassement de pierre sombre plus haut qu'eux et percé de meurtrières. Mais la vallée d'Iraurgui, au fond de laquelle il s'élève, a une beauté large et sereine que n'a point l'âpre paysage de Xavier.

écuyer de l'Ambassadeur, qui avait eu, pendant son séjour à Rome, l'intention d'entrer au couvent, faillit se noyer dans le courant d'une grosse rivière. François nous raconte l'incident :

Pendant qu'il allait ainsi sur l'eau, certes, il aurait mieux aimé être dans le monastère. Il avait un vif regret de tous ses retardements, et, en ce moment, il aurait voulu de tout son cœur avoir accompli ses desseins. Lorsque je pus m'entretenir avec lui, il me dit : « Rien, pendant que j'allais ainsi sur l'eau à ma perte, sans espoir de salut, ne me causait autant de peine que d'avoir si longtemps vécu sans me préparer à la mort. » Il en demeurait si épouvanté qu'on eût dit qu'il revenait de l'autre monde et qu'il en avait senti les tortures à la façon saisissante dont il en parlait. Il disait : « Qui ne se prépare pas à la mort n'a pas, même au moment de mourir, le cœur de penser à Dieu. » Ce que ce bon homme disait, ce n'était pas pour l'avoir lu ou entendu dire, mais pour y être passé et le savoir d'expérience.

Ce n'est presque rien ; mais un ou deux mots : *il aurait mieux aimé être dans le monastère ; — pour y être passé et le savoir d'expérience*, amènent le sourire sur les lèvres. Nous avons là le ton de sa causerie, et sa manière délicate et légère d'envelopper la leçon grave.

Ils arrivèrent en juin à Lisbonne. Rodriguez attendait François, en proie à une fièvre quarte, que « leurs deux joies réunies eurent la force d'expulser ». Quelques jours après, le Roi et la Reine les reçurent. Ils les interrogèrent sur leur genre de vie : ils leur demandèrent comment ils s'étaient connus ; ils s'intéressèrent à leurs tribulations de

Rome et désirèrent lire la sentence rendue en leur faveur. A la fin de l'entretien, ils appelèrent leur fils et leur fille, les seuls des neuf enfants que Dieu leur avait laissés. Le Roi dit ensuite à l'Ambassadeur : « Quand il devrait m'en coûter cher, je serais heureux d'avoir ici tous les hommes de cette Compagnie. »

Il se rendait compte, en effet, qu'il n'aurait jamais assez d'apôtres pour contre-balancer, dans son royaume, l'influence délétère de ses conquêtes. Lisbonne, devenue la reine des épices et la courtière des pays fabuleux, regorgeait de richesses. Elle avait capté le commerce des Indes. Sa forteresse de Sokotora fermait la Mer Rouge aux trafiquants arabes. Elle tenait les grands entrepôts d'Ormuz et de Malacca. Ses croisières promenaient le massacre et l'incendie partout où les autres navires marchands essayaient de se faufiler. Chaque année, les galions du Roi remplissaient le Trésor. Ses maisons de commerce gagnaient cent cinquante pour cent. L'Europe venait s'approvisionner chez elle, et l'Asie lui rendre des hommages. On croisait, dans ses rues montantes et sur les bords du Tage, des princes cynghalais, des rois hindous, des Africains et même des prélats nègres, des gens de toute couleur et de tout plumage. Elle n'avait pas la beauté de Venise, ni surtout le culte de la beauté. Comparée à la république patricienne, elle n'était qu'une parvenue, au luxe insolent, aux jouissances épaisses, mais magnifiquement assise devant l'Océan libre. Les Juifs qui ne s'étaient pas exilés, et qu'une absurde politique avait contraints de recevoir le baptême, la travaillaient sourdement ; et le Saint-Office, que ses rois, jaloux des rois d'Espagne, avaient établi malgré les remontrances de Rome, peuplait les cachots sans amender les mœurs.

François et Rodriguez se mirent à l'œuvre. Ils répandaient la pratique des *Exercices spirituels,* confessaient, prêchaient, et, comme dans les villes italiennes, exhortaient au fréquent usage de la Pénitence et de l'Eucharistie. L'attrait de la nouveauté, leur distinction d'esprit et leur ascétisme provoquèrent un de ces mouvements religieux souvent plus superficiels que profonds. Une lettre de Rodriguez à Ignace et les lettres de François respirent le succès. « C'est chose admirable à voir que la piété de ce peuple et comme il va épris d'amour pour Dieu Notre-Seigneur, dit Rodriguez. Tel plus que duc s'ouvre à nous en des entretiens intimes, comme s'il se confessait ; et ainsi font les frères du Roi. » Je n'aime guère ce *Tel plus que duc :* la périphrase se rengorge en baissant les yeux et en pinçant les lèvres. François est toujours plus simple, plus direct. Ses périphrases à lui, quand il en emploie, ne sont que d'aimables sourires. Il constate aussi l'efficacité de leurs prédications. « La Cour est si bien réformée, qu'elle tient plus d'un monastère que d'une cour. » Le Roi, de plus en plus désireux de s'attacher la

Compagnie, avait décidé qu'il lui fonderait une maison et lui bâtirait un collège. De nombreux prêtres y postulaient leur admission. L'Inquisiteur avait ouvert à François et à son compagnon les portes des cachots. C'était entre leurs mains qu'on remettait un savant rabbin conduit à Lisbonne par son intention de se convertir.

D'autre part, François visitait les gens qui revenaient de l'Asie portugaise ; et les renseignements qu'on lui donnait excitaient son enthousiasme. Le Vice-Roi, qui devait les prendre sur son navire et qui avait déjà passé de longues années là-bas, lui parlait « d'une certaine île de l'Inde, où ne vivent que des infidèles sans mélange de Maures et de Juifs, et où ils auraient un grand fruit assuré. Il ne doutait pas que le Roi de cette île et tous ses sujets ne se fissent chrétiens ». Cette île ressemble à la mine d'or qui doit exister quelque part et que garantissent les agents de colonisation. « Le Vice-Roi est un grand homme de bien ajoutait François : on le tient pour tel ici, et il est là-bas aimé de tous. » En réalité, ce don Martin Alphonse de Sousa n'était qu'un forban. Mais François le jugeait d'après les espérances qu'il concevait à l'entendre. D'autres lui disaient : « Si aux Indes, comme ici, vous procédez par des voies à tel point écartées de toute ombre d'avarice, nul doute qu'en peu d'années, lorsqu'on aura vu et reconnu que vous cherchez uniquement le salut des âmes, vous n'ayez converti à la foi de Jésus-Christ deux ou trois royaumes d'infidèles. » Ces paroles, plus précises et plus sages, laissent supposer que les premières Missions avaient déjà besoin d'être réformées. François se mit en quête de prêtres qui voulussent l'accompagner pour le seul service de Dieu, et que nul ne pût soupçonner « de poursuivre moins le spirituel que le temporel ». Ils n'étaient pas faciles à trouver. De fait, il n'en emmena que deux : l'un, un jeune prêtre de Camerino, qui ne sera jamais nommé que *Micer Paul*, et qui, la veille du jour où Rodriguez quittait Rome, s'était offert à Ignace ; l'autre, un brave homme zélé, mais très obtus, malgré quelques études à l'Université de Paris, Mansilhas. François comptait sur l'aide de Dieu pour le faire ordonner aux Indes, à titre de pauvreté volontaire et de très suffisante simplicité, *sufficientissimæ simplicitatis*.

Et voici maintenant que Jean III hésitait à laisser partir ces hommes rares que la Providence lui avait envoyés. Il pensa que le bien de son royaume importait encore plus que celui des rois de Ceylan ou des sultans de Ternate et que le meilleur moyen qu'on eût de les amener à la connaissance de la vraie foi était peut-être de n'expédier chez eux que de solides chrétiens façonnés par des mains aussi pieuses et aussi fermes. Le rêve de François allait mourir sur le rivage. Les hésitations du Roi furent portées jusqu'à Rome, qui ne voulut rien décider. Mais Ignace vint discrètement au secours de son ami dont il devinait les inquié tudes. Il proposa que Rodriguez restât au Portugal et que François, déjà élevé par le Pape à la dignité de nonce apostolique, partît. Le Roi se rallia à cette idée. Il chargea don Antonio Ataïde, son favori, de s'enquérir près de François de ce qui lui serait nécessaire pour le voyage. Cet Ataïde, premier comte de Castanheira, était un personnage fastueux et dur, celui-là même dont Camoens aima la sœur et qui le fit exiler à Santarem, parce que le jeune homme était pauvre[1]. François n'accepta qu'une soutane de laine en prévision des froids du Cap de Bonne-Espérance, et il refusa un serviteur. « Il le faut pour votre dignité, lui dit le comte. Vous ne pouvez pas laver votre linge ni vous occuper du pot-au-feu. » François lui répondit : « Señor, cette jalousie d'une prétendue dignité, ce zèle pour accomplir de prétendus devoirs, ont mis la chrétienté dans le déplorable état où nous la voyons. Pour moi, j'entends laver mon linge, m'occuper du pot-au-feu et servir encore les autres : à quoi j'espère ne perdre aucune autorité. » Son père eût été heureux de

---

1. Peu s'en fallut que le plus grand poète du Portugal ne rencontrât à l'aurore de sa vie l'explorateur spirituel des pays qu'il devait visiter et chanter. Il était alors tout jeune étudiant à l'Université de Coïmbre, où il s'intoxiquait de mythologie et faisait ses premiers vers. Et précisément Charles-Quint venait de prêter à cette Université le Dr Navarro, parent de François. Mais l'apôtre n'eut ni le temps ni peut-être le désir de se rendre à Coïmbre. Il se contenta d'échanger avec son glorieux parent quelques lettres fort intéressantes, car on y trouve l'écho de cette rumeur de curiosité qui suivait les premiers Jésuites.

l'entendre : il parlait comme les *Ordonnances de Santa Maria de Xavier*.

Un des tableaux les plus brillants des *Lusiades* est celui du départ de Vasco de Gama. Tout est prêt, vaisseaux, matelots et soldats. Ceux qui vont s'éloigner n'ont plus qu'à préparer leur âme aux périls de la mer. Ils entrent dans l'église de Bethléem qui s'élève sur le rivage et qui regarde les flots. Ils adorent l'Être souverain ; ils le prient de les porter, sans orage, aux régions de l'Aurore et de bénir des armes qui ne seront employées que pour sa gloire. Parents, amis, tout un peuple couvre la plage, et les moines qui les accompagnent chantent des cantiques. Depuis Gama, le cérémonial du départ de la flotte n'avait pas plus changé que la face incertaine de l'Océan. On dit que les religieux de Bethléem apportèrent une chaire au milieu de la plage et que François y prêcha. On dit aussi que, pendant qu'il célébrait sa dernière messe, deux gentilshommes se battaient en duel, près de l'église. Dès qu'il eut quitté l'autel, il courut vers le blessé qui perdait son sang, s'agenouilla et le confessa. Mais, quand il lui demanda de pardonner à son ennemi, le jeune homme secoua la tête et répondit qu'il aimait mieux aller en enfer. Et François lui dit : « Ne pardonneriez-vous pas si Dieu vous accordait la vie ? » Le malheureux, qui se croyait déjà mort, demeura un instant interdit, puis il murmura : « Oui, je pardonnerais. » — « Vous guérirez donc », dit François.

Cet homme savait trouver les paroles qui délient les âmes.

On était au 7 avril 1541. Il était né ce jour-là même, trente-six ans plus tôt. Pour la seconde fois, il entrait dans l'inconnu.

CHAPITRE IV

L'INDE PORTUGAISE

Quand François s'embarquait de Lisbonne, il touchait à la maturité de l'âge. Pourtant le jeune missionnaire qui sort du séminaire pour monter sur le paquebot ne nourrit pas plus d'illusions. On voudrait l'avertir. Celui qui de nos jours ne serait renseigné sur les peuples de l'Extrême-Orient que par le dernier boy d'un navire anglais en connaîtrait plus que lui. Depuis quarante ans que les Portugais écument ces routes nouvelles, ils n'en ont rapporté que de l'or et des idées superficielles ou fausses. Leurs navigateurs ont observé les courants de Guinée et de Mozambique ; ils commencent à fixer la loi des moussons ; Jean de Castro, cette année même, tracera le *Routier de la Mer Rouge* et s'assurera enfin que les eaux n'en ont point la couleur écarlate que leur prêtait la carte catalane du xiv° siècle. Mais que savaient-ils des mœurs, des religions, des âmes de l'énorme continent dont ils avaient saisi quelques franges de sable et de pierre ? Derrière leurs vieux ennemis, les Arabes, qu'ils y ont retrouvés, ils se heurtent aux plus anciennes civilisations du monde et n'ont

pas l'air de s'en douter. Ils sont portés à mépriser
ce qu'ils ne comprennent pas, et, sauf leurs intérêts immédiats, ils ne comprennent presque rien.
Mieux eût valu pour l'apôtre une ignorance complète que les lueurs mensongères et les demi-véri-
tés dont ils prévenaient son imagination. Mieux eût
valu surtout qu'il n'apportât pas l'Évangile en
compagnie de gens, nés chrétiens, qui en étaient
les vivants démentis.

La traversée était pénible et terriblement hasardeuse. Au commencement du xvii⁰ siècle, un voyageur français, Pyrard de Laval, visitant dans le
palais du Vice-Roi de Goa une salle spacieuse où
étaient peints tous les vaisseaux partis de Lisbonne, s'effrayait du nombre des naufrages. Ces
grosses caraques aux quatre ponts, que leur château d'avant et leur château d'arrière gonflaient
au-dessus des flots, ne résistaient guère à plus de
deux ou trois voyages. Quand elles ne sombraient
pas, la mort les délestait d'une partie de leurs
passagers ; et le reste arrivait en si mauvais état
que, chaque fois qu'elles entraient au port de Goa,
les hôpitaux de la ville se remplissaient. Les voyageurs du xvi⁰ et du xvii⁰ siècle nous ont énuméré
leurs épreuves et leurs périls : l'incommodité des
cabines ; la mauvaise qualité des vivres ; le manque
d'eau douce ; l'été torride et un froid presque
hivernal tombant tour à tour sur des épaules qui
portaient souvent toute leur garde-robe; des
bonaces de cinquante et soixante jours qui vous

immobilisaient sous un ciel équatorial, « dont les flammes attirées par les narines saisissaient le cerveau et le faisaient bouillir en dedans ; » les trombes marines ; les corsaires ; l'ivrognerie qui endormait l'homme du gouvernail et son « page » près de la lanterne éteinte et de la boussole obscure ; les récifs dont la pensée hantait les regards attachés à ces eaux mystérieuses ; les apparitions fantastiques qui frôlaient les flancs du navire dans ces parages où Camoëns évoque le spectre formidable d'Adamastor et où, plus tard, Mocquet, garde du Cabinet des Singularités de S. M. Louis XIII, vit de ses yeux surgir un monstre « de forme étrange et d'émerveillable grandeur, » une rondache devant la tête et une selle sur le dos.

Mais les alertes, l'épouvante, le scorbut, les contagions de ce cloaque errant et ballotté, si des gens pouvaient les affronter par amour du lucre, il était naturel qu'un prêtre les endurât pour l'amour de Dieu. Et il était naturel que ce prêtre, cet apôtre, malade lui-même, soignât les malades, raffermît les courages, prodiguât autour de lui les secours de son ministère. Ce ne sont point les misères matérielles d'une traversée exceptionnellement longue et dure, ni le mal de mer dont il souffrit pendant deux mois, qui arrachèrent à François, d'ordinaire si réservé, cette phrase dans sa première lettre à Ignace, datée de Mozambique, le 1er janvier 1542 : « La nature des peines et des labeurs à embrasser était telle que, pour le monde entier, je n'aurais pas osé les affronter une journée seulement. »

Sauf les marins, qui étaient en général de braves gens, la caraque était bondée de soldats, la plupart enrôlés par force, d'aventuriers recrutés dans la basse pègre de Lisbonne, et d'esclaves. Tous ces gueux sentaient le fauve ; et les plus sales passions fermentaient sur le pont. Quant aux officiers de l'État-major et au Vice-Roi, les mêmes mirages de jouissances les hallucinaient. François se taira sur ces tristes spectacles comme sur les dessous de la politique portugaise. Il ne faut chercher dans ses lettres ni la peinture des hommes ni la description des pays. Cette absence de couleur n'est pas seulement l'effet d'une discrétion prudente. Son esprit, tourné vers le monde des âmes, n'y voit que rarement se refléter les décors de l'univers. Lorsqu'il abordera au promontoire où se dresse la ville musulmane de Mélinde et qu'il apercevra la croix de pierre du cimetière des Portugais, aucun paysage de l'Asie ne lui donnera une pareille secousse d'étonnement et de joie. J'ai sous les yeux un vieux plan de Goa, avec ses forêts plantées en quinconces ; mais, sur le quai, le cartographe, soucieux du détail topique, a dessiné deux petits éléphants, la trompe en l'air, presque aussi hauts que les églises, et surmontés de leurs minuscules cornacs : ces petits éléphants, vous ne les verrez jamais passer dans les lettres de François. Et vous n'y rencontrerez pas plus les

Éthiopiens, ivres du vin de palme, qui, à Mozambique, échangeaient l'or, l'ambre gris et l'ivoire contre des patenôtres de verre ou des toiles de coton, ni ces pauvres Éthiopiennes dont les Portugais se jouaient si cruellement, ni ces sirènes au groin de pourceau que les nègres harponnaient sur la mer et qui étaient, dit-on, leurs Éthiopiennes. Mais, de temps en temps, une phrase, un mot trahira, malgré lui, sa fatigue et ses dégoûts : « Pour le monde entier, je n'aurais pas osé les affronter un seul jour ! » Et plus tard, à Goa, on l'entendit répéter en soupirant : « Oh ! ce *Santiago !* » C'était le nom de la caraque qui l'avait amené à Mozambique et qui se perdit quelques mois après. On a voulu voir dans ses soupirs le pressentiment de ce naufrage : j'y verrais plutôt la hantise qu'il avait gardée des horreurs de sa première traversée.

La flotte, retardée par les calmes équatoriaux, n'avait touché Mozambique qu'en septembre 1541 ; et les vents contraires l'y retinrent six mois. Les Portugais s'étaient répandus sur cette île d'Arabes et de Cafres, où le Portugal avait élevé une forteresse. François élut domicile à l'hôpital. Il couchait dans un lit de camp fait de cordages entrelacés ; et encore le cédait-il souvent à un malade. Il y fut pris d'une fièvre contagieuse, qui lui causa de violents délires. On remarqua qu'au plus fort de ses divagations, il retrouvait sa lucidité, dès qu'on lui parlait de choses spirituelles. Les cimes

pures continuent de réfléchir le soleil au-dessus
de l'exhalaison des marécages. Quand il se réta-
blit, il ne quitta point l'hôpital : c'était là qu'on
respirait le moins de miasmes.

Deux petits vaisseaux étaient arrivés des Indes
sous la conduite d'un certain Suarez de Mello,
surnommé le Gallego. Cet homme s'était enfui de
Goa, où il avait encouru une condamnation à mort,
et venait offrir à Alphonse de Sousa, moyennant sa
grâce, des révélations sensationnelles contre le
Vice-Roi dont les pouvoirs allaient expirer, Étienne
de Gama, un des plus honnêtes gouverneurs qu'ait
eus l'Asie portugaise. Le plaisir d'un vice-roi, en
prenant son poste, n'eût pas été complet s'il n'avait
perdu de réputation son prédécesseur. Le pirate
obtint sa grâce ; et l'on commença à machiner un
réquisitoire contre celui qui représentait encore
dans l'Inde l'autorité royale. François n'avait point
à s'immiscer dans des affaires qui ne regardaient
pas l'Église. Mais quels dangers pour la propagande catholique de lier partie avec un gouvernement déjà si corrompu ! Hélas ! on était
embarqué. Il essaya du moins de ne pas se trouver mêlé au conflit possible entre les deux vice-
rois ; et il manifesta le désir de demeurer à l'hôpital de Mozambique, un vrai cimetière. Sousa
ne le lui permit pas. Mansilhas et Micer Paul
restèrent près des malades ; et François suivit
le Vice-Roi, qui avait décidé de devancer sa flotte
et qui, monté sur un navire que Gama avait en-

voyé aux nouvelles, leva l'ancre, accompagné de son pirate.

Après une escale de quelques jours au port de Mélinde, où, un passager étant mort à point, les Portugais lui firent des funérailles destinées à frapper d'admiration les Infidèles, on atteignit l'île de Sokotora. Cette île, riche en aloès et en encens, avait une renommée analogue à celle des Phéaciens d'Homère. Marco Polo en considérait les habitants comme les plus habiles enchanteurs du monde, et l'historien portugais Barros attribuait à leurs femmes le pouvoir de lier ou de déchaîner les tempêtes. Mais tous leurs sortilèges les défendaient mal des incursions des Arabes, et ces pauvres gens ne se glorifiaient que de descendre des chrétiens de saint Thomas. Ils avaient même oublié qu'ils comptaient peut-être parmi leurs aïeux des colons macédoniens envoyés par Alexandre, sur le conseil d'Aristote. Ils ne remontaient dans leur passé que jusqu'à l'apôtre. Leur christianisme s'était effrité en petites pratiques dont ils ne comprenaient pas plus le sens que celui des *Alleluia* qu'ils chantaient. François fut pour eux comme si saint Thomas revenait. Il rassembla autour de lui ces enfants égarés du Christ, caressa d'une main très tendre leur pieuse ignorance, leur distribua le baptême et pria le Vice-Roi de le laisser quelque temps chez eux. Pour la seconde fois, le Vice-Roi refusa. Il ne voulait point se séparer d'un homme dont la sainteté lui semblait être une garantie contre les naufrages. Plus François se rapproche de son but, plus il désire allonger les escales de ce voyage interminable ; et dès qu'il y aura touché, il se hâtera d'en repartir. On méconnaîtrait le tragique de sa vie intérieure, si l'on perdait de vue que ses épreuves les plus crucifiantes lui vinrent des hommes de sa race et de sa foi.

De Sokotora, le navire mit le cap sur Goa, à travers ces mers sillonnées de vaisseaux arabes, dont les chargements répandaient une odeur de musc et où s'entassaient les pèlerins pour le Tombeau du Prophète, avec leurs femmes voilées derrière des galeries de bambou. On n'en rencontra point ; et l'on entra, les mains nettes de pillage, au port de Goa, le 6 mai 1542, vers minuit. Sousa envoya aussitôt à Gama la nouvelle de son arrivée, en des termes qui manquaient de courtoisie. Il était de règle que deux vice-rois ne pouvaient se trouver en même temps dans les murs de Goa. Celui qui venait s'arrêtait à la forteresse de Pangin, que baignait l'eau profonde de la rivière à mi-chemin de la barre et de la ville ; et, quand il faisait son entrée au son des canons, celui qui allait partir l'y avait déjà remplacé. Alphonse de Sousa eut beau fouiller dans l'administration de son prédécesseur : il ne releva aucune charge contre lui. Son pirate l'avait volé. Il n'en fut que plus irrité et s'appliqua à lui rendre le voyage de retour aussi inconfortable que possible.

Cependant François avait foulé la terre de ses rêves. Cinq mois après son débarquement, le 20 septembre 1542, il écrivait à Ignace et aux Pères de Rome : « Goa est une belle ville, peuplée de chrétiens ; elle a une magnifique cathédrale, beaucoup d'autres églises et un couvent de Franciscains. Les chanoines de la cathédrale et les religieux du couvent sont nombreux. Béni soit Dieu que le nom de Jésus-Christ soit ainsi glorifié sur une terre si lointaine et au milieu des Infidèles ! » Ces quelques mots ne nous donnent guère l'idée de l'étrange ville où François commença son apostolat.

Prise et reprise sur les Mores du temps d'Albuquerque, l'île de Goa, tout près du continent, était formée par deux larges rivières qui la séparaient au Nord de la Péninsule des Bardes, au Sud de la terre de Salsette. La ville, sans être encore comparable à Lisbonne, avait déjà assez grand air. On y comptait cinquante églises à la fin du siècle, des palais, des arsenaux, des hôpitaux, de belles rues. La plus belle, la *Rua Drecha* ou Rue Droite, avec ses étalages de lapidaires et d'orfèvres et ses sonneries d'or sur le comptoir des banques, allait du palais du Vice-Roi à l'église de la Sainte-Miséricorde, dont le portrait était orné d'une figure en bosse d'Albuquerque. Les marchés étaient nombreux. Dans la matinée, on fréquentait surtout celui des esclaves. On y vendait des filles de toutes les contrées de l'Inde, depuis trente-deux sous six deniers jusqu'à trente *pardaos*[1], ce qui n'était pas très cher, vu que la plupart d'entre elles savaient jouer des instruments, broder, coudre et faire des confitures. Quand le soleil se couchait, un autre marché commençait près de la place du Pilori où l'on achetait principalement des marchandises acquises par larcin, des armes et des hardes. Dans chaque carrefour, les femmes indigènes fricassaient et rôtissaient des poissons. Ces odeurs de cuisine et le relent des poireaux verts qui se dégageait du corps échauffé des portefaix nègres se mariaient dans l'air aux senteurs des aromates et au parfum de santal qui suit les Hindous.

Mais les âmes, plus diverses encore, composaient à cette première ville de l'Inde européanisée une extraordinaire atmosphère morale. Le commerce était tenu par les Mores, anciens conquérants. Les artisans et les ouvriers étaient presque tous des Hindous. Il n'y avait pas beaucoup de Brahmes, les plus riches et les plus importants s'étant retirés à Calicut. En revanche, les parias, pour qui les *Frangui*, c'est-à-dire les Européens, étaient un peu des frères, n'avaient aucun motif de s'éloigner. Une nouvelle classe s'était formée : les métis. Quand Albuquerque avait été chassé de Goa, il avait enlevé un grand nombre de femmes qu'il avait ramenées dans la ville reconquise, puis baptisées et mariées avec ses soldats. Les Portugais

---

1. Le *pardao* valait de deux à trois francs.

avaient pris goût à ce genre d'établissement qui leur assurait de l'argent et des terres. Les femmes aussi. Le gouvernement fut débordé de demandes : et le roi du Portugal dut limiter le privilège d'épouser une Hindoue aux hommes qui avaient rendu des services. C'était fort élastique, et les unions se multiplièrent. On espérait ainsi travailler pour la foi et pour la colonisation. En réalité, on ne faisait qu'une population hybride qui participait des faiblesses et des vices de l'Europe et de l'Asie. On a tout dit sur l'orgueil des Brahmes et sur la fierté des Portugais, mais il y avait un être encore plus fier et plus orgueilleux : le petit-fils d'un Portugais et d'un Brahme. Au-dessus des métis se plaçaient les Portugais nés à Goa de parents portugais, et au-dessus d'eux les Portugais du Portugal.

Le Cap de Bonne-Espérance les avait tous anoblis, même ceux qui, deux ou trois mois plus tôt, gardaient les pourceaux dans les champs lusitaniens. Il ne sortaient qu'à cheval ou en palanquin. Leurs chevaux de Perse et d'Arabie, plus petits que ceux d'Espagne, avaient été domptés par les écuyers du Dekkan. Ils les caparaçonnaient de soie et de pierreries. Les étriers étaient dorés, les brides enrichies de joyaux et de sonnettes d'argent. On mettait des boucles d'or jusqu'aux crochets de leur trousse-queue. Ils se faisaient escorter de petits pages et de Cafres raflés à Mozambique, sombres estafiers armés d'épées pendant le jour et, la nuit, de piques et de hallebardes. La soie était si commune que les vrais hommes de qualité préféraient la serge. Les soldats, qui débarquaient couverts de vermine, louaient à neuf ou dix un logis et un esclave, et ils achetaient un costume qu'ils revêtaient à tour de rôle. Aussi ne paraissaient-ils dehors qu'en grands seigneurs et avec un domestique qui leur tenait le parasol. Leurs goûts naturels et la politique étaient d'accord. Il fallait à tout prix assurer le prestige du vainqueur, et le faste est toujours plus commode que la vertu. C'était pour la même raison qu'aux grands jours de fête ils ne venaient jamais saluer en corps le Vice-Roi : les Musulmans et les Hindous auraient pu les dénombrer. Mais, répandus dans la ville et chacun d'eux faisant plus d'embarras qu'une troupe armée, ils imprimaient aux vaincus une terreur salutaire.

On pense bien que les femmes ne se laissaient pas distancer. Elles exagéraient les modes du Portugal : robes de brocart, de soie et d'argent, et autant de perles et de pierreries que les chevaux. Mais elles avaient remplacé le masque par des couches de fard, et elles étaient montées sur de si hauts patins que leurs suivantes devaient les soutenir dans les quelques pas qu'elles faisaient de leur porte à leur palanquin et de leur palanquin à l'église. Elles se rendaient aux offices précédées d'esclaves qui portaient leur siège en bois doré, leurs oreillers, leur sac de velours, leur éventail et un tapis. La messe se disait au milieu des conversations, des rires, des plaisanteries, des disputes. Mais, au Saint-Sacrement, tous levaient la main, criaient miséricorde et se baillaient trois ou quatre coups sur la poitrine. Rentrés chez eux, dans leurs maisons en pierres rougeâtres, à un seul étage, où l'on montait par un double perron et qu'ombrageaient des jardins de palmes, ils se relâchaient de leur ostentation. Les hommes mettaient bas leurs beaux habits et s'assemblaient sous leurs vérandas en chemise et en caleçons. Pendant que leurs esclaves les éventaient, leur grattaient les pieds et en ôtaient les cirons, ils arrêtaient les passants pour faire la causette, ils appelaient les bateleurs et les montreurs de serpents. Les femmes, déshabillées dans leur jupe claire et fine, chantaient, jouaient, mâchaient du bétel et demeuraient de longues heures à leurs jalousies en forme de cages peintes, d'où elles voyaient tout sans être vues.

Sous ce luxe, et malgré cette mollesse, les passions faisaient rage et autant l'avarice que la volupté. Le mélange des races provoque toujours l'individu à ne prendre des nouvelles mœurs qui s'étalent autour de lui que les plus favorables au développement de ses mauvais instincts. Les Portugais n'imitaient pas toujours la décence extérieure des Hindous et des Musulmans, mais ils leur avaient emprunté la manière forte dont usent les tyrans polygames et jaloux. On se chuchotait à l'oreille

des histoires bizarres. Les médecins n'étaient ni
curieux ni savants. Pour eux, toute mort était
naturelle, même quand le cou portait la trace des
mains qui l'avaient un peu trop serré ; et tel bar-
bier, qui venait de saigner une femme, ne se
retournait jamais pour voir si, derrière lui, le
mari ou l'amant déliait les compresses. De leur
côté, les femmes, et surtout les métisses, puisaient
à pleines mains dans le riche arsenal pharmaceu-
tique de l'Inde. Elles connaissaient les philtres
qui endorment, excitent ou tuent. On fermait les
yeux sur bien des assassinats, et on souriait aux
vols. Non seulement le baptême ne mettait pas l'indigène à l'abri du conquérant, mais il l'exposait
aux rancunes des autres indigènes restés païens
qui payaient à ce conquérant le droit de le molester.
Les Goanais battaient monnaie de tout et même de
ses sentiments les plus respectables. Par exemple,
ils avaient remarqué l'horreur que lui causait le
meurtre des bêtes ; et l'on voyait souvent un rustre
empanaché qui faisait semblant de vouloir tuer un
oiseau pour que l'Hindou lui achetât cette petite
parcelle de vie sacrée. Nous imaginons aisément
ce qu'avaient pu faire dans des villes, où les dieux
des pagodes avaient des prunelles de pierreries et
les filles des temples les mains et les pieds chargés
de bagues, ces aventuriers ivres de soleil et d'impunité. Cinquante ans après le passage de François, le traitement des esclaves soulevait encore le
cœur des voyageurs français qui s'égaraient jus-

qu'à Goa. Les femmes renchérissaient sur leurs maris, car la jalousie les rendait ingénieuses à varier les tortures. Mocquet nous raconte d'affreux supplices dont il a été témoin. Mais il n'a rien écrit de plus terrible pour ces maîtres sans pitié que ce mot appliqué à leurs bastonnades : « Ils comptent les coups avec leur rosaire. »

On comprend qu'un étranger, qui assistait à de pareils spectacles, se détournât avec sympathie sur les pauvres Yogui aux longs cheveux qui contemplaient, immobiles et nus, leur feu de bouse sèche dont ils prenaient la cendre pour se saupoudrer la tête et les épaules, ou sur ces Brahmes paisibles qui s'en allaient le long des rues, regardant où ils posaient leurs sandales de bois, toujours attentifs à éviter les souillures. On comprend aussi que les villes hindoues et musulmanes que nos compatriotes ont pu visiter, comme Calicut, leur aient semblé, par contraste, des séjours de justice et de probité. Il est vrai qu'ils savaient très peu ce qui se passait derrière cette façade orientale ; que nous sommes toujours plus sévères dans ces pays excentriques pour les Européens qui nous les gâtent ; et qu'aux yeux du voyageur qui écrit ses souvenirs, les honnêtes gens sont moins voyants et moins pittoresques que les autres. Cependant, leurs impressions concordent avec les plaintes des missionnaires. Mais, quand on lit les récits de ceux qui, cent ou cent cinquante ans plus tard, connurent le Batavia des Hollandais, on y retrouve les mêmes scandales : mêmes débauches de luxe, mêmes dames parées comme des châsses et que leurs servantes soutiennent pour passer d'une chambre à l'autre, même inhumanité envers les esclaves, mêmes exactions, même déséquilibrement des âmes, qui prouve qu'elles ont besoin, comme les corps, de s'acclimater à ces pays de feu. Et les Goanais nous paraissent moins noirs, car il ne faut pas oublier qu'il y eut parmi eux de très nobles figures et que, s'ils péchaient fortement, ils se repentaient parfois aussi fortement.

Ni le soleil de l'Inde, ni l'ardeur des concupiscences n'avaient tari dans tous les cœurs la charité chrétienne. On donnait de l'argent aux églises, aux hôpitaux, aux fondations pieuses, et, n'eût-ce été que pour gagner des indulgences, cette générosité montrait du moins qu'ils éprouvaient le besoin de se racheter. Leur première conquête avait eu des airs de croisade ; et, tout en travaillant à s'enrichir, ils gardaient toujours un vague désir de travailler au salut des âmes païennes. Dès l'année 1500, les Franciscains avaient repris la route des Indes où leurs frères du XIIIe et du XIVe siècle avaient laissé leurs os. Je ne donnerai pas, d'après le Père Da Soledade, le chiffre des rois, reines et princes du sang qu'ils avaient convertis, des pagodes qu'ils avaient renversées, des sectes qu'ils avaient détruites, car ce chiffre est trop beau et augmenterait dans des proportions trop mélancoliques celui des défections. La vérité

est que ni ces religieux, malgré leur ferveur, ni
les prêtres séculiers, souvent mal recrutés, n'étaient
capables de soutenir l'ambition apostolique du roi
de Portugal. Ils voyaient très peu clair dans la
masse obscure des peuples hindous. De l'Inde ou
plutôt des Indes, qui continuaient de vivre leur
vie mystérieuse et anarchique sous les dominations
superficielles des Arabes et du Grand Mogol,
lequel était un Turc, ils ne connaissaient que ce
qu'ils en apercevaient de leurs escales et de leurs
comptoirs.

Lorsque les compagnons de Vasco de Gama
étaient entrés à Calicut persuadés, sur la foi d'anciennes traditions, que l'Inde était peuplée de
chrétiens, une foule immense les conduisit au
plus grand temple ; et le vieil historien des Indes,
Castanheda, raconte qu'ils firent leurs oraisons
devant des peintures de saints couronnés de dia-
dèmes, dont quelques-uns avaient des dents si
longues qu'elles leur sortaient bien un bon pouce
de la bouche, et particulièrement devant une
image où ils crurent reconnaître la Sainte Vierge.
Mais l'un d'eux, Jean de Saa, ému de leur laideur,
fut saisi d'inquiétude, et, se mettant à genoux, dit :
« Si cela est un diable, je n'entends toutefois
adorer que le vrai Dieu. » Le capitaine l'entendit
et se retourna vers lui en riant. On n'avait pas
tardé à démasquer le démon dans ces faux dieux.
L'Inde était devenue aux yeux des Portugais le
vaste Empire de Satan. C'était lui qui se faisait

adorer au fond des pagodes sous la forme d'une
idole à la tête de veau, au milieu de filles qui dan-
saient toutes les nuits en tenant des lampes allu-
mées. C'était à lui qu'on dressait des autels où
venaient boire les serpents. Il déchaînait des sab-
bats dont les initiés accomplissaient tous les
crimes contre nature que flétrit le Lévitique. Et,
selon son habitude d'abêtir les créatures qu'il
avilit et de mêler la dérision à la dépravation, il
leur apprenait à tracer sur leur front, ce front
humain qui se lève naturellement vers le ciel, les
signes de la plus honteuse impudicité.

Toutes les impuretés du paganisme, qu'avaient
dénoncées les Pères de l'Église, vivaient, crois-
saient, multipliaient sur cette terre brûlante.
Lorsque l'historien anglais Whiteway, ancien
fonctionnaire de l'Inde, nous déclare que les Hindous étaient plus civilisés que les Portugais, de
quels Hindous parle-t-il? Les Vichnouistes étaient-
ils plus chastes que les Goanais, et les féroces
Sivaïstes moins cruels? Les adorateurs de Kali,
les sectateurs de la *Main gauche*, ne poussaient-ils
pas plus loin que tous les autres peuples la passion, le délire des rites obscènes et sauvages? De
temps en temps, des voix s'élevaient à Goa contre
les iniquités. Mais, depuis mille ans, aucune voix
ne s'était élevée dans l'Inde contre le mépris igno-
minieux des parias. Et même quand l'Inquisition
fonctionna chez les Goanais, les bûchers qu'elle
alluma ne consumèrent pas autant de victimes en

un siècle que ceux du Malabar n'en dévoraient en un an. Quel monstrueux chaos de peuples que cet énorme pays qui portait indifféremment d'abjects sauvages et de grands artistes, des barbares et des métaphysiciens, et, comme le dit un autre Anglais, sir Alfred Lyall, quelle jungle de superstitions depuis celles qui interdisaient le meurtre d'une mouche jusqu'à celles qui se délectaient dans les sacrifices humains ! Demandez-vous seulement ce que pouvaient penser les gens d'Europe quand ils voyaient des Hindous suivre leur vache, un vase de cuivre à la main, et attendre le moment de recueillir son urine pour s'en laver la tête et le visage.

Mais les gens d'Europe ne se disaient pas que la vue de leurs usages familiers causait à ces Hindous d'aussi violentes répulsions. Ils ne se disaient point que le Brahme ne distinguait pas entre les Portugais nourris de viande et les parias mangeurs de charognes, et que ces beaux guerriers, chaussés de cuir et fièrement cambrés dans leurs buffleteries, lui apparaissaient hideusement revêtus de cadavres. Le gouvernement portugais, en s'installant dans l'île de Goa, avait été obligé de reconnaître les communautés de villages qui lui payaient les mêmes tributs qu'à leurs anciens maîtres. On ne pouvait obtenir la soumission des indigènes qu'à la condition de respecter leurs traditions. De même, le christianisme n'avait quelque chance de s'insinuer dans les âmes que s'il trouvait le moyen de s'accommoder d'institutions civiles dont l'origine était évidemment religieuse, mais que le temps avait fini par laïciser. Les Portugais avaient bien donné le nom de castes aux différentes classes sociales des Hindous ; seulement ce mot ne représentait pas pour eux ce qu'aujourd'hui il représente pour nous. Ils n'avaient pas mesuré la distance infranchissable qui sépare un Brahme d'un sudra, un sudra d'un paria. Les castes hindoues ne leur paraissaient être que des mondes comme ceux dont se compose la société européenne, mais un peu plus fermés. Pourquoi l'Évangile ne réunirait-il point parias et Brahmes comme jadis esclaves et patriciens ? Ils ne songeaient pas que la notion d'égalité, que propage la doctrine chrétienne, tendait dans l'Inde non seulement à une révolution politique et sociale, mais à un bouleversement si intime de l'être humain qu'il en devenait presque physiologique. On avait vu à Rome des affranchis ramper jusqu'aux plus hautes dignités et là respirer un encens que des patriciens brûlaient en leur honneur. On voyait tous les jours en Europe des parvenus anoblis ; et la richesse forçait toutes les portes. Mais jamais un paria ne s'était approché d'un trône ; jamais il ne souillait même le seuil d'un Brahme. Jamais le sudra enrichi n'avait acquis le quart de la considération qui allait au Brahme réduit à la mendicité. Le vice-roi le plus superbe de Goa ne trouvait point mauvais que son confesseur eût confessé avant lui des Cafres et que la main qui lui donnait l'hostie l'eût donnée à ces malheureux esclaves que l'on traînait à l'église les fers aux pieds. Mais un missionnaire qui avait touché à un paria participait de sa dégradation aux yeux des Brahmes, et son haleine même viciait l'air autour d'eux.

Que, depuis des centaines et des centaines d'années, cette caste de pharisiens se soit imposée aux autres sans exercer le pouvoir, sans disposer de la police, sans détenir la richesse, par le seul prestige du sang et de l'esprit ; qu'elle ait poursuivi son chemin à travers les âges, entourée d'une vénération qui n'obtenait d'elle que des regards méprisants ; qu'elle ait gardé sous des dominations étrangères et sur des millions d'êtres, qu'elle ne protégeait pas, une autorité si absolue que ces millions d'êtres considéraient ses privilèges comme un trésor aussi intangible que la vie de leurs vaches et aussi sacré que leurs dieux : c'est assurément un des phénomènes les plus déconcertants de l'histoire. L'apathie des Hindous aide à le comprendre, mais surtout les vertus de cette caste ou son perpétuel souci de paraître vertueuse, la dignité de son maintien, l'obéissance rigoureuse à ses traditions. L'abbé Dubois, au commencement du XIXe siècle, remarquait qu'au contraire des Chrétiens qui croient à leur religion et ne l'observent pas, les Brahmes ne croyaient pas à la leur et l'observaient. Une si constante hypocrisie, qui suppose un dévouement infatigable de l'individu à l'intérêt permanent d'une collectivité, peut se décorer du nom de vertu sociale.

Du reste, tout n'était pas hypocrisie chez les Brahmes. Si la ruse et l'art de mentir entraient dans leur éducation, et s'ils abusaient de la crédulité des autres castes jusqu'à leur faire croire qu'à la lecture de leurs Livres Saints la tête de quiconque n'était point né Brahme se fendrait en deux, les prescriptions et les austérités qui les préparaient à jouer leur rôle de demi-dieux constituaient une si rude servitude qu'on a admiré l'héroïsme des missionnaires qui, plus tard, pour se rapprocher d'eux, s'y soumirent. Ceux qui ont connu l'Inde tombent d'accord que cette division des Hindous en castes les a retenus sur le bord de la plus abominable des anarchies. Dans ce pays dont le climat détend les ressorts de l'âme, elle assignait à chacun sa place et son emploi, l'y enchaînait et lui faisait de ses chaînes son unique support. Les gens qu'elle avait abandonnés à leurs instincts, les parias, qui vraiment vivaient en hommes libres, se vautraient dans l'ignominie. Au contraire, les Brahmes, toujours exposés à commettre une infraction, et dont l'existence était un continuel esclavage, se maintenaient à un niveau moral relativement assez élevé. Et, de même que leur corps avait gardé une grande beauté de formes, leur âme rayonnait encore par moments des premières clartés divines. Enfin toutes ces castes avaient ceci de bon que l'intolérance n'y dominait qu'à l'intérieur et qu'une si parfaite tolérance régnait autour de chacune d'elles, que les pratiques les plus extravagantes n'attiraient à leurs fidèles ni mépris ni haine. On peut penser que les missionnaires, sans vaisseaux armés ni conquistadors derrière eux, auraient formé à la longue avec leurs chrétiens, et en respectant les bienséances, une nouvelle caste qui se fût étendue. Il n'était pas permis d'espérer plus. Mais voilà ce que personne ne dit à François de Xavier.

Il ne se remit jamais, je crois, des premières impressions dont l'accabla la ville de Goa, et il ne l'aima jamais. Sa première visite avait été pour l'évêque, Fray Juan de Albuquerque. Il s'agenouilla et lui présenta le bref du Pape qui le nommait nonce apostolique. « J'userai de mes pouvoirs, lui dit-il, quand et comme il plaira à Votre Seigneurie, pas davantage. » A quoi l'évêque, touché de sa modestie, répondit : « Usez de tous les pouvoirs que vous a conférés Sa Sainteté. » Il ne pouvait répondre autrement ; mais la déférence de François l'avait rassuré. C'était un brave homme, d'intelligence moyenne, et d'autant plus jaloux de son autorité qu'il était moins capable de la défendre. Il n'était arrivé que depuis quatre ans, n'avait aucune expérience de l'Inde et se laissait conduire par son vicaire général Michel Vaz, un prêtre de mœurs pures et d'esprit tranchant, plus préoccupé de refréner les Portugais de Goa que d'évangéliser les Hindous. Il avait aussi près de lui un Franciscain relevé de ses vœux, Diogo de Borba, que le Roi avait envoyé à titre de théologien prédicateur. J'ignore ce qu'il valait comme théologien ; mais on avait besoin d'un homme pratique, dévoué, désintéressé ; et il l'était. Sur son initiative appuyée par les personnages les plus considérables de la ville et par le notaire de la matricule Cosme Anès, on avait fondé le collège ou séminaire de Sainte-Foi, et on y avait réuni une soixantaine de jeunes Hindous. Ces trois hommes firent à François le meilleur accueil : l'évêque très satisfait de son humble attitude, Michel Vaz heureux du renfort que lui envoyait la Providence dans ce prêtre éminent, Diogo de Borba ravi à l'idée que son collège passerait aux Jésuites et prospérerait entre leurs mains.

François se mit à l'œuvre. Cinq mois après, il adressait à Ignace et aux Pères de Rome sa première lettre depuis Mozambique. Décousue, vide, cette lettre, sans les noms géographiques et les termes d'infidèles et de païens, pourrait aussi bien avoir été écrite de n'importe quel endroit du monde. Quelques mots sur la ville de Goa qui paraissent interpolés, car il revient aussitôt à Mélinde et à Sokotora, puis une anecdote insignifiante au sujet de la haine que les habitants de Sokotora ont vouée aux Musulmans, puis l'emploi de ses journées à Goa : il loge à l'hôpital ; il y administre les sacrements d'eucharistie et de pénitence ; il confesse les prisonniers ; il catéchise les enfants ; le dimanche et les jours de fête, il va dire la messe chez les lépreux qu'il communie et dont il a gagné l'affection ; l'après-midi, instruction au peuple dans la chapelle de Notre-Dame et explication des articles du Symbole pour les indigènes. Enfin il part. Le gouverneur l'envoie à deux cents lieues, au cap Comorin. Il se demande comment il procédera avec les païens et les mahométans ; et il espère que les Pères de Rome le lui feront savoir pour l'amour de Jésus-Christ. Il veut dire qu'il attend de leurs prières un secours providentiel, car les Pères de Rome seraient bien embarrassés de le conseiller dans l'ignorance où il les laisse de tout ce qui se passe aux Indes. Une seconde lettre particulière à Ignace ne nous en apprend pas davantage. Elle n'a trait qu'à la fondation du collège et à certains désirs du gouverneur qu'il recommande tout particulièrement aux prières d'Ignace, afin que ce Martin de Sousa, « dont les qualités et les mérites l'ont conquis », ait la sagesse et la force de bien administrer ces immenses pays de l'Inde et « traverse les biens temporels sans perdre les éternels ». Ces derniers étaient déjà fort aventurés ! Je ne vois dans l'aridité incolore de ces deux lettres, qui trahissent la déception, qu'un seul élan du cœur : « Je pars content : fatigues d'une longue navigation, prendre sur soi les péchés d'autrui quand on a bien assez du poids des siens, séjourner au milieu des païens, subir les ardeurs du soleil brûlant et tout cela pour Dieu, voilà sûrement de grandes consolations, matière de joies célestes, car enfin la vie bienheureuse pour les amis de la croix de Jésus-Christ, c'est, je pense, une vie semée de telles croix. »

Les témoins sont plus précis. Grâce à eux, nous pouvons le suivre, vêtu d'une pauvre soutane de coton très lâche et qu'en marchant il relève légèrement de ses deux mains, à travers la foule chatoyante des Goanais. Il se rend des infectes prisons, « les plus ordes et les plus sales du monde », disait Pyrard qui en avait tâté, à l'hôpital et de l'hôpital à l'église. Mais il s'arrête souvent. Il aime à interroger les passants et surtout les matelots, les soldats, les domestiques, les esclaves. Il n'y a pas dans toute l'Inde d'homme qui soit moins Brahme que lui. Il ne redoute aucune promiscuité. Tous chemins lui sont bons pour arriver aux âmes. On l'a vu attablé devant un jeu de dés en compagnie de vauriens. Il jouait contre le diable. Il mendie de porte en porte pour les malades et pour les prisonniers. Il se fait inviter inopinément chez des gens dont il sait l'irrégularité scandaleuse de leur intérieur ; il tient à connaître la maîtresse du logis, et, s'il y en a plusieurs, il ne doute point que ce soient les sœurs de son hôte. L'hôte est gêné : son souper lui paraît moins bon et ses gargoulettes moins fraîches. François ne veut pas sentir cette gêne et la prolonge avec une ingénuité impitoyable jusqu'au moment où quelques paroles adroites et fermes soulagent sa victime et la décident à épurer sa famille. Mais ces comédies évangéliques, où François se montrait un émule d'Ignace, plus familier et d'un tour d'esprit plus malicieux et plus tendre, personne ne les a mieux racontées que le Père du Jarric, au début du XVIIe siècle, dans son *Histoire des Choses Mémorables advenues ès Indes Orientales*. La page est délicieuse :

Il avait une singulière grâce et dextérité à manier les hommes, mêmement ceux qu'il trouvait embourbés ès sales et déshonnêtes plaisirs. Il tâchait de se mettre en la bonne grâce de celui qu'il désirait aider à sortir de ce bourbier, le saluant quand il le rencontrait avec une chère joyeuse et agréable, et lui faisant beaucoup de caresses pour s'insinuer peu à peu dans son amitié. Puis, quand il jugeait qu'il était bien affectionné en son endroit, il s'invitait à dîner ou à souper chez lui, et quelquefois le prenait à l'impourvu de manière que l'autre était contraint, voulût-il ou non, de le recevoir. Étant assis à table, il priait son hôte de faire venir là ses enfants pour leur dire quelques mots d'instruction s'ils étaient grandelets, ou, s'ils étaient encore petits, pour les voir tant seulement. Quelquefois, il les prenait entre ses bras, même s'ils étaient fort petits et leur faisait tout plein de caresses. Puis il remerciait Dieu de ce qu'il avait donné des enfants à son hôte pour lui succéder un jour et priait la divine bonté de leur faire la grâce d'être un jour gens de bien. Après cela, il demandait où était la mère des enfants, laquelle celui qui l'avait invité était contraint de faire venir à son instance et prière. Étant venue là, le Père la saluait fort modestement, lui demandant d'où elle était, si elle était chrétienne et depuis quand, ou choses semblables. Puis, s'il y avait en elle quelque grâce ou beauté naturelle, il l'en louait devant son maître, disant qu'elle semblait être Portugaise et que les enfants qu'il avait eus d'elle méritaient bien d'être estimés Portugais. « Qu'est-ce donc, disait-il,

qui empêche que vous vous mariiez ensemble ? Quelle plus
belle et plus honnête femme sauriez-vous désirer ? Si vous
me croyez, vous l'épouserez tant pour obvier à l'infamie de
vos enfants qu'au déshonneur de cette pauvre créature ; car
en cela vous montrerez si vous l'aimez ou non. » Ces propos
ne tombaient pas d'ordinaire en terre ; ainsi advenait souvent que là même, et en la présence du Père, ils s'épou-
saient...

Il mettait ainsi un peu d'ordre dans la cité ; et
comme à Lisbonne, il renouvelait chez les Chrétiens assoupis le désir des sacrements. Les pauvres
et les indigènes baptisés se pressaient à ses prédications ; et toute la foule accourait dès qu'elle
entendait sa clochette dans les rues et dans les
carrefours et son appel : « Fidèles chrétiens, amis
de Jésus-Christ, envoyez vos fils et vos filles, vos
hommes et vos femmes esclaves, à la sainte doctrine, pour l'amour de Dieu ! » Il y eut vraiment,
pendant quelque temps, quelque chose de changé
à Goa. Il avait réveillé le clergé portugais. Les
exercices du catéchisme, dont il avait donné le
modèle à la chapelle de Notre-Dame, étaient maintenant pratiqués dans toutes les églises. Mais la
façon d'agir de François était si originale qu'on
pouvait appréhender que l'efficacité n'en diminuât
avec la nouveauté. Les cœurs se seraient peu à peu
prémunis contre les surprises et les pièges que
leur tendait ce voleur de plaisirs. D'autre part, il
n'était pas venu dans l'Inde pour diriger le collège
de Sainte-Foi. Son titre de nonce apostolique et sa
vocation d'apôtre lui commandaient de parcourir

l'immense diocèse de Goa, le plus immense de la Chrétienté, puisqu'il s'étendait d'Ormuz et de Mascate jusqu'aux îles Moluques. Toutes ensemble, les possessions des Portugais, qui, hormis à Goa, n'excédaient pas les limites de leurs forteresses, auraient tenu dans une de nos provinces ; mais elles étaient disséminées sur des milliers de lieues. Le nonce devait les visiter et, sur chacun de ces points, allumer ou rallumer un foyer de lumière.

Nous ne sommes donc point surpris que François ne soit pas demeuré à Goa. Mais nous le sommes un peu qu'il n'y soit pas resté le temps de se familiariser avec la langue des pays où il se rendait. Son départ a quelque chose de précipité. Il avait laissé à Mozambique Paul de Camerino et Mansilhas. D'un jour à l'autre, la flotte allait arriver. Il ne les attend pas. Et pourtant ils auraient eu besoin de ses conseils. Dès maintenant, il faut s'y résigner : durant les dix années où nous le verrons passer de Goa à Cochin, de Cochin à Tuticorin, de Tuticorin à Malacca, de Malacca aux Moluques, des Moluques à Goa, puis au Japon, puis encore à Goa, puis en Chine, et où il traitera les Océans comme il eût fait du lac de Genève, nous serons plus d'une fois réduits aux conjectures sur les mobiles qui ont décidé de ses départs. Derrière lui, aux rivages, d'où son ombre nimbée s'élance et court les mers, nous soupçonnerons bien des rivalités et des complications qu'il ne nous a pas avouées.

Il s'éloignait donc de Goa au bout de cinq mois. Il emportait, en guise de bagage, les uns disent un parasol, les autres du cuir pour se faire de nouvelles gamaches quand les siennes seraient usées. Peut-être l'exemple contagieux de la magnificence goanaise le poussa-t-il à emporter l'un et l'autre. Et il n'était accompagné que de trois clercs indigènes dont il n'eut point à se louer.

CHAPITRE V

LES PREMIÈRES SEMAILLES

François descendit la côte occidentale de l'Inde.
Il longea les lagunes du Malabar, où l'étrange
ville de Calicut s'était ouverte aux premiers navigateurs portugais, puis refermée ; il passa devant
Cochin, d'où les vaisseaux retournaient en Europe
chargés de cannelle et d'épices jusqu'au mitan
du mât, et devant le royaume de Travancore. Enfin
il débarqua au cap Comorin, chez les pêcheurs de
perles, les Paravers.

Les Paravers avaient été, huit ans auparavant,
évangélisés par Michel Vaz : ils l'avaient oublié.
Mais leur reconnaissance était provisoirement
acquise à Sousa qui, du temps qu'il guerroyait
dans l'Inde avant d'y retourner comme vice-roi,
les avait délivrés de la flibuste maure. Ils formaient une caste qui ne se considérait point
comme inférieure. Leur métier, si dangereux à
cause des requins, procurait à beaucoup d'entre
eux l'aisance, à quelques-uns la richesse. Sans
doute partageaient-ils les privilèges de tous les
pêcheurs qui pouvaient donner de l'eau à des gens
d'une caste plus élevée, leur pétrir du pain, et

goûter aux aliments interdits sans en garder la
souillure. Ils avaient le droit de boire de l'arack et
du toddy ou jus de palmier; et ils ne s'en privaient
point; leurs femmes non plus. Ils étaient épar-
pillés sur vingt à trente lieues de côtes en face des
rivages de Ceylan, mêlés aux autres castes, mais
sous l'autorité d'un roi qui résidait dans une pail-
lotte de Tuticorin et de qui dépendaient les chefs
de leurs villages. En 1838, ce Roi, dont la royauté
avait survécu à des dynasties plus puissantes, portait comme un manteau à traîne le nom de Don
Gaspar Antonio da Cruz vas Correyo. A l'époque
de François, on n'était pas encore si Portugais
chez les Paravers; mais on y était prévenu en
faveur des Portugais. Et l'on y avait de toute éternité les défauts des Hindous : l'amour du mensonge, la ruse, la couardise et la vanité, une vanité
qui se communique de caste en caste comme l'eau,
dont on lave les dalles sacrées du temple, tombe
de marche en marche jusqu'au bas de l'escalier.

La côte de la Pêcherie est basse, sablonneuse,
hérissée de cocotiers, mortellement chaude, même
quand la mousson du Nord-Est descend du golfe
de Bengale et l'arrose de ses ondées. Un pays
implacable! Le touriste en supporte un instant
l'inhospitalité par égard pour l'exotisme. Il s'assied
au pied d'un arbre. Là-bas, derrière des palmiers
en éventail, quelques paillottes soulèvent leurs
murs de terre. Devant une porte, un homme nu
se verse sur la tête l'eau d'un vase de cuivre qu'un

rais de soleil fait resplendir. Des colporteurs se hâtent d'un pas rythmique, leurs deux paniers en balance. Des vieillards à barbe grise, le torse nu, cheminent, enveloppés jusqu'au-dessous du genou d'une étoffe jaune, blanche ou rose. La barbe grise convient à ces visages d'une couleur de pain d'épices : elle ne les vieillit point ; elle les éclaircit et atténue l'expression un peu farouche que leur donne le blanc trop vif de l'œil autour des prunelles sombres. Parfois un maigre mendiant s'avance en haillons comme un spectre de famine recouvert de toiles d'araignées. Les enfants entièrement nus jouent sur l'herbe courte avec une souplesse féline. Les petites filles ont souvent la grâce des statuettes de bronze. Mais les femmes, en général lourdes et tassées, semblent se traîner comme des esclaves sous les cercles d'or qui distendent le lobe de leurs oreilles et qui surchargent leurs poignets et leurs chevilles. La simple bande de toile dont elles sont vêtues forme une étroite jupe, qui tombe par devant jusqu'à leurs pieds et qui, relevée par derrière, découvre leurs jarrets. Les plus élégantes le sont moins encore que ces Brahmes qui vont le front haut, les regards au-dessus de toutes les têtes, éventant leur menton d'une feuille de palmier.

Tous ces êtres passent sans bruit. La plupart sont pieds nus : les sandales des autres ne s'entendent point. Le sable ne crie que sous les roues des petites charrettes attelées de zébus. La marche

épuise vite l'Européen. Des villages d'une vingtaine de chaumières se succèdent. On arrive à une
ville qui n'est qu'une agglomération de villages,
mais populeux et bruyants. Les marchands accroupis au milieu de leurs épices, les pâtissiers
au milieu des mouches lancent leurs appels. Le
cuivre retentit sous le marteau du ciseleur, et le
fer sur l'enclume du forgeron. Les porteurs de
palanquin crient. Des files de chameaux et des
éléphants refoulent la multitude ondoyante. Et
que de prêtres ! Que de pèlerins ! Nous sommes
dans une des régions les plus superstitieuses et les
plus miraculeuses de l'Inde. Un des cinq plus
grands sanctuaires, dédié à Siva, celui dont on
rapporte une céleste béatitude, s'élève à Rames-
varam sur le chapelet de récifs qui relie Ceylan à
la péninsule. Les temples et les monastères écra-
sent les faubourgs avec leurs coupoles, leurs portes
pyramidales, leurs escaliers de granit usés par des
millions de pieds nus et qui mènent à des dieux
et à des monstres barbouillés de cinabre. Mais
partout, on rencontre de petits pagotins qui res-
sembleraient à nos chapelles rustiques si, à travers leurs barreaux, n'apparaissait la figure ani-
male d'un dieu. La nuit, les gens ont peur.
L'Hindou redoute les ténèbres qui s'abattent si
rapidement sur lui. Les nuits de l'Inde ont parfois
une splendeur de pierreries et souvent une noir-
ceur d'encre.

C'est dans cette contrée que François erra pen-

dant plus de deux ans. Sa vie fut plus dure que
celle d'aucun des missionnaires qui vinrent après
lui et dont pourtant les labeurs nous remplissent
d'admiration. Il allait à pied sans faire cas des
rayons du soleil. Il se nourrissait d'un peu de riz
qu'il cuisait lui-même et qu'il assaisonnait d'eau
de poivre, d'un peu de poisson quelquefois, et, les
jours de gala, il buvait un peu de lait aigre-doux.
Il couchait dans de misérables paillottes dont l'air
nauséabond sentait le rat et la chauve-souris, au
milieu des serpents. Ses vêtements étaient rongés
par les fourmis blanches qui dévorent tout, les
morts et les hardes des vivants. Il était exposé
aux piqûres des moustiques, plus redoutables que
les rats et les serpents, car ils sont toujours
d'attaque et tuent votre sommeil. Il dormait à
peine deux heures par nuit. Et il avait de pires
souffrances, et la pire de toutes était celle de ne
pouvoir s'exprimer. Cet amour des âmes qui lui
gonflait le cœur ne trouvait point de mots ou n'en
trouvait que d'étrangers aux hommes vers qui ses
bras se tendaient. Les clercs indigènes qui l'accom-
pagnaient ne parlaient pas le malabar. Il y a, dans
la longue lettre qu'il écrivit quatorze mois plus
tard et où il raconte ses labeurs, un passage d'une
exquise tristesse. « La langue de ce pays, dit-il,
est le malabar ; la mienne, le basque. » On s'est
demandé pourquoi il n'avait pas mis le castillan
ou le portugais. Mais il sourit en écrivant ces
mots, et d'un sourire mélancolique. Il ne serait

pas plus dénué devant les Hindous, s'il n'avait jamais parlé d'autre langue que celle de son village natal. Son ignorance le replace dans la condition d'un petit enfant. Il faut qu'il refasse son éducation, qu'il réapprenne à assembler des syllables ; et, tout naturellement, le souvenir de sa langue basque lui revient à la mémoire.

Il réunit plusieurs habitants qui comprenaient quelques mots de Frangui ; et, non sans beaucoup de mal, on traduisit les prières, qu'il se récita jusqu'à ce qu'il les sût par cœur. Il devait en être de ces traductions comme de celle du premier catéchisme, où les missionnaires indianistes relevèrent plus tard des contresens effarants. Le mot de gloire céleste y était rendu par un terme qui signifiait un état passager de bonheur et de volupté sur les bords du Gange. « D'où il est arrivé, dira au XVIIe siècle le Père de Nobili, qu'un poète païen, ayant, à la prière des chrétiens, composé un poème à la louange de ce paradis, ne manqua pas d'y placer des troupes de concubines, et, comme aucun de nos Pères ne comprend les vers tamouls, ce poème est resté en grand honneur sur toute la côte de la Pêcherie. » Une foule d'expressions n'étaient usitées que dans les castes les plus viles ; d'autres étaient absolument barbares, comme celle de *misei*, employée pour désigner la messe et qui voulait dire en tamoul les moustaches. Enfin la question : *Veux-tu embrasser la religion chrétienne ?* se traduisait par *Veux-tu entrer dans la caste desFrangui ?* ou, si vous aimez mieux : *Veux-tu entrer dans la caste des gens impurs ?* C'était avec ce truchement que François tentait les approches des cœurs.

Il s'installait pendant un mois dans un petit groupe de hameaux ; et, deux fois par jour, au son de sa clochette, il appelait les enfants et leurs parents. On commençait par le *Credo*. François disait les premières paroles, et tous suivaient. Le *Credo* achevé, il le répétait, lui seul, article par article. Il leur expliquait, dans un commentaire appris par cœur, que l'on est chrétien si l'on croit fermement les douze articles, et, après chacun d'eux, il leur demandait : « Le croyez-vous? » Et tous, les bras en croix sur la poitrine, répondaient : « Oui. » Et l'on passait aux dix commandements. Il leur faisait remarquer, soit en des phrases toutes préparées, soit avec l'aide d'un interprète, combien la loi du Christ est conforme à la raison naturelle. Et c'est là qu'il devait endurer le plus impatiemment son impuissance à se communiquer par la parole. Son cœur n'était plus qu'une prison douloureuse où s'agitaient des pensées muettes. A ces moments-là, son visage s'inondait de sueur. Cependant ses auditeurs, qui n'avaient jamais envisagé la possibilité de rien savoir des sciences divines, étaient stupéfaits d'apprendre tout à coup que ces sciences se réduisaient à des principes si clairs et que Dieu les avait dès l'origine déposées dans leur âme. Cette connaissance de leur propre richesse les remplissait d'autant de joie qu'Adam et Ève le furent de confusion quand ils connurent qu'ils étaient nus. Alors il reprenait le premier article du *Credo;* et tous avec lui suppliaient Jésus et la Vierge de leur faire la grâce d'y croire ; et ainsi des douze articles. Puis ils reprenaient le premier commandement ; et tous avec lui suppliaient Jésus et Marie de leur faire la grâce de pouvoir l'observer ; et ainsi des dix commandements. Méthode admirable par sa simplicité et sa patience, et parce qu'elle convenait à l'humeur des Orientaux, si sensibles au charme des litanies.

Ce n'était qu'une partie de sa tâche. Les prières terminées, on l'interrogeait ; on ne se lassait point de lui poser des questions, les mêmes dont on fatigue encore le missionnaire, car les hommes se transmettent leur ignorance et leurs curiosités. Votre pays est-il bien éloigné? Avez-vous vu le Pape? Comment est-il fait, et de quelle caste? Y a-t-il des païens en Europe? Y a-t-il des hommes noirs? « Quand on leur répond que non, écrivait le Père Garnier en 1839, ils se mettent la main devant la bouche, se regardent et rient d'étonnement. » François était harcelé. Puis il y avait les malades. On venait le chercher. Chez les Hindous, dès que la mort approchait, on apportait au moribond, pour le purifier, de l'eau lustrale et de la bouse de vache, et l'on récitait sur lui la formule du prêtre ou *gourou.* Il fallait substituer à cette purification matérielle celle dont la source est en nous-mêmes. Il accourait, le cœur compatissant, avec son crucifix et son rosaire. Une douceur inconnue pénétrait sous ces toits de chaume. Les malades renaissaient. Aussi nul ne s'alitait qu'il ne voulût avoir le Père près de sa natte. Et François n'en pouvait plus. Heureusement il avait toujours une escorte d'enfants. Là où la nubilité est si précoce, l'intelligence devance les années. Je ne crois pas qu'il y ait nulle part d'enfants plus intelligents que dans ces pays d'Orient où le nombre des hommes imbéciles est plus grand qu'ailleurs. François chérissait les petits propagateurs de la foi chrétienne, si ardents à renverser les idoles : ils étaient le monde de demain, l'Inde nouvelle illuminée par le Christ. Il remettait à ces jeunes « centurions » son crucifix et son rosaire et les envoyait près de ceux qui souffraient, si bien que ce rosaire et ce crucifix, on ne les voyait presque jamais suspendus à son cou, tant ils voyageaient de cabane en cabane. Et il prenait garde de ne point éveiller les susceptibilités jalouses. On s'enviait l'honneur de le recevoir ; et toutes les rivalités, qui déchirent les hommes et leur obscurcissent la vérité, jouaient leur rôle dans ces villages comme sur les grands théâtres du monde. Enfin, il y avait les morts à ensevelir.

En a-t-il ressuscité ? Sa route d'apôtre a-t-elle été jalonnée de miracles ? Les témoins du procès en canonisation en ont affirmé beaucoup. Nous n'avons point le droit de mettre leur sincérité en doute ; nous ne sommes pas non plus d'humeur à chercher des explications naturelles aux faits qui leur parurent surnaturels. C'est un jeu trop facile. Quand on nous rapporte, par exemple, qu'une prière et un attouchement de lui guérirent des gens de la morsure d'un cobra, nous pourrons toujours nous demander si le serpent n'avait pas mordu une autre victime depuis trop peu de temps pour que le poison se fût reformé dans sa dent et si les signes d'empoisonnement que présentait le malade ne provenaient pas uniquement de son effroi. Peu de miracles résistent à une critique qui se donne des apparences de profondeur à force de conjectures. Pour lui, non seulement il n'a jamais fait la moindre allusion à ses dons de thaumaturge, mais il les a niés avec une vivacité qui, du reste, en prouverait l'existence, car le vrai thaumaturge ensevelit dans un silence de pudeur les miracles qui s'opèrent par son entremise et dont il est lui-même plus effrayé que ravi.

Malheureusement, les hagiographes n'ont pas observé sa discrétion. Ils étouffent leur saint sous une végétation de petits miracles qui nous cachent sa figure, et plus encore, ses souffrances et la sainte stérilité de ses efforts. On raconte d'un célèbre marabout qu'étant dans un misérable état il arriva un soir au bord du Tigre. Comme il désirait traverser le fleuve, les deux rives se rapprochèrent jusqu'à se toucher. Mais il pria Dieu d'éloigner de lui la tentation : « Non, s'écria-t-il, je n'abuserai pas de mon crédit auprès du Seigneur pour économiser un liard ! » Et il traversa le Tigre sur le bac du passeur. Les saints pourraient reprocher souvent à leurs biographes d'avoir été trop économes de leurs liards. Et j'en veux presque à ceux qui, sur la foi de quelques témoins étonnés que François se fît comprendre des indigènes d'une île malaise, lui accordèrent le don des langues, ne fût-ce que par intermittence, quand il ressort de sa correspondance qu'il souffrit toujours de ne pas l'avoir et même d'éprouver tant de difficultés à les apprendre[1]. D'ailleurs, pendant ses dix années d'apostolat, sauf quelques Asiatiques qui connaissent le portugais, il n'a jamais confessé aucun indigène. Sa tâche eût été bien aplanie s'il avait eu le don de son prédécesseur saint Thomas ; et les conversions qu'il a faites paraîtraient moins surprenantes. Pourquoi lui retirer un mérite en lui prêtant une faveur divine ? Il tient à tous les clous de sa croix. Ils sont tous joyaux pour lui. Et puis la question est moins de savoir si les miracles qu'on

---

1. Le 21 août 1544, vingt-deux mois après avoir abordé à la côte de la Pêcherie, il écrivait : « Je vais parmi ce peuple sans interprète. Antoine étant malade : d'où vous pouvez voir la vie que je mène et les sermons que je puis faire. Les interprètes ne m'entendent pas, et je les entends moins encore : jugez par là de mes entretiens avec ce peuple. Je baptise les nouveau-nés et ceux à qui ce sacrement peut être administré : je n'ai pour cela aucun besoin d'interprète. Les pauvres eux aussi sans interprète me donnent à entendre leurs nécessités : à les voir seulement, sans interprète, je les comprends. » On ne saurait être plus affirmatif. Mais que de mélancolie dans ces quelques lignes et dans cette répétition du mot *interprète* !

lui attribue sont indiscutables que de savoir pourquoi on y crut. On y crut parce que sa vie était un
perpétuel miracle ; et il ne venait à l'esprit d'aucun
de ceux qui l'approchaient que cet homme ne fût
pas un homme de Dieu, tant il était pur, dévoué
aux âmes, tendre envers les malheureux et
modeste.

Le soir, les pieds brûlants d'avoir foulé le sable,
la bouche sèche d'avoir récité tant de prières, les
mains lasses d'avoir tant baptisé, il se retirait en
lui-même où il trouvait Dieu, la Vierge, les saints
et les anges. Il reprenait haleine en leur rendant
compte de sa journée. Autour de lui les pauvres
hommes dormaient, mais des milliers d'êtres se
réveillaient et se mettaient en chasse, depuis les
tigres jusqu'aux reptiles et aux scorpions. Les
chacals vagissaient. Il ne les entendait pas. Les
chauves-souris effleuraient son front de leurs
grandes ailes. Il ne les sentait pas. Des myriades
de mouches à feu promenaient leurs petites lampes
d'émeraude dans les ténèbres. Il ne les voyait pas,
car ses yeux s'ouvraient à une lumière dont les
lucioles de l'Inde ne peuvent pas plus donner
l'idée que la splendeur du soleil. Et, bien qu'il fût
déchaux, ni les rats venimeux, ni les scorpions,
ni les serpents ne le mordirent jamais.

On dit qu'à Manapad, il avait coutume d'aller
sommeiller et prier dans une grotte creusée par les
flots. Il restait là jusqu'à l'heure matinale où la
face du soleil surgit sur la mer. Là-bas, pas très

loin, l'île de Ceylan qu'il devinait lui faisait battre le cœur. Les chercheurs d'aromates et de pierres précieuses n'ont jamais sondé l'horizon incandescent, où pâlit cette terre promise, d'un regard plus passionné. Mais, en remontant avec le soleil vers les villages, il se disait qu'il était bien seul et que ses bras étaient trop faibles pour embrasser tous ces mondes et pour les tirer hors de l'idolâtrie. Comme le moissonneur solitaire qui du haut de la colline contemplerait d'immenses moissons, — elles vont pourrir debout si Dieu ne lui envoie pas des aides, — il se sentait défaillir de tristesse. Alors, il songeait à retourner en Europe, à parcourir les Universités et principalement celle de Paris, et là, en pleine Sorbonne, à grands cris, comme un homme hors de sens, il dirait à ces docteurs si riches de science, mais si indifférents au salut des âmes, combien d'âmes, par leur négligence, étaient frustrées de la gloire. Si, tout en étudiant les Lettres, ils s'étudiaient aussi à considérer le compte que Dieu leur en demandera, ne s'écrieraient-ils pas : « Seigneur, me voici. Qu'ordonnez-vous ? Envoyez-moi où il vous plaira et, s'il le faut, jusqu'aux Indes ! » Et, à l'heure de la mort, ils seraient fondés à compter sur la miséricorde divine : « Seigneur, vous m'aviez remis cinq talens ; j'en ai gagné cinq autres : les voici ! » Mais il se rappelait tristement les ambitions de ces jeunes étudiants qu'il avait partagées jadis. « Je veux devenir savant pour acquérir un bénéfice, une dignité d'église :

arrivé là, j'entends y servir Dieu. » Ils ont si grand'-
peur que Dieu ne veuille pas ce qu'ils veulent !
Ils commencent par prendre leurs sûretés contre
Dieu. Cependant des millions de Gentils se feraient
chrétiens, si les ouvriers ne manquaient pas. Et,
en agitant ces pensées, il regagnait la ville ou le
village caché sous la verdure. Les femmes rapportaient du puits leur cruche d'eau fraîche avec leur
petit enfant à califourchon sur leurs hanches ; et
sa clochette tintait comme celle du chevrier dans
les rues encore désertes et déjà ensoleillées des
petites cités espagnoles.

Le nombre grandissant des conversions l'auto-
risait à croire qu'il suffirait de disperser à travers
les Indes un collège de jeunes prêtres pour vider
les pagodes. Tout de même les Brahmes l'inquié-
taient, ces Brahmes qu'il rencontrait partout et
dont il avouait n'avoir converti qu'un seul depuis
son arrivée. Il les juge sans indulgence : « Ces
gens-là ne disent jamais la vérité ; ils s'ingénient
à fabriquer des mensonges avec finesse. Ils trom-
pent les peuples simples et ignorants. Ils leur affirment que les idoles exigent telles et telles offrandes :
ce sont les offrandes qu'il leur faut, à eux, pour
entretenir leurs femmes et leurs enfants. » Il a
très bien vu le charlatanisme des Brahmes, comme
plus tard celui des Bonzes. Mais il n'a point soupçonné le système philosophique qui justifiait ce
charlatanisme ou, du moins, le dépouillait d'une
partie de sa cynique insolence. Je suis très loin de

révérer un métaphysicien dans chaque Brahme ou
dans chaque Bonze ; mais tous nos prêtres, et ceux
de Goa par exemple, n'étaient point des théologiens. Du défaut d'intelligence et d'instruction que
nous constatons chez la plupart des Bonzes et des
Brahmes, il serait dangereux de conclure à la
vanité philosophique de leur religion ou de la
réduire à une parade de saltimbanques. François
et beaucoup de missionnaires se sont formé des
religions asiatiques, si l'on en excepte le caractère
démoniaque, la même image superficielle et cari-
caturale que nos Encyclopédistes de toutes les religions. Ils leur ont fourni des armes. Ils ne comprenaient pas l'âme orientale pour qui les contradictions ne sont point signes d'erreur, ni les mensonges le contraire de la vérité ; ils n'admettaient
pas que nos démonstrations par l'absurde pussent
ne pas convaincre les Hindous et les supercheries
dévoilées de leurs prêtres ne pas les confondre.
Ils restaient en somme désarmés devant eux. Le
mot de Chateaubriand sur saint Augustin « qu'il
poursuivait les sectes païennes leurs livres à la
main » ne s'applique point à François ni aux premiers apôtres des Indes. C'est à un de leurs successeurs, au Père de Nobili, un des hommes les
plus extraordinaires de la Compagnie de Jésus,
débarqué soixante ans après eux sur ce coin de
terre, que revient l'honneur d'avoir hardiment
pénétré dans les arcanes du Brahmanisme. Il se
fit Brahme parmi les Brahmes ; et il établit forte-

ment que ce n'était qu'en les gagnant et en s'appuyant sur eux que le Christianisme avait quelque chance de se répandre par-dessus les barrières. François, trompé par les préjugés des Portugais et par la facilité relative de son premier apostolat, ne devina pas la nécessité du travail intellectuel qu'exigeait l'évangélisation des Hindous. Quand il rêve d'appeler à son secours les étudiants et les maîtres de la Sorbonne, ce n'est point qu'il espère de leur science et de leur goût pour la science un éclaircissement des obscurités où se dérobe l'âme de l'Inde : il n'attend d'eux qu'une charité comme la sienne.

Ses rencontres avec la caste maudite ne réformèrent point son opinion. Il nous en raconte une, et, aux détails qu'il nous donne et dont il est d'ordinaire si ménager, on sent qu'elle a marqué dans ses souvenirs. Un jour qu'il passait devant un monastère, nous dit-il, les Brahmes vinrent le voir. L'expression est bien vague. On imagine plutôt qu'ils le prièrent d'entrer et le reçurent dans leur cour. « Dites-moi, leur demanda-t-il, que vous ordonnent vos dieux pour aller au ciel? » Ils se concertèrent et décidèrent que le plus âgé lui répondrait.

Le vieux, qui avait plus de quatre-vingts ans, me pria d'exposer d'abord ce qu'ordonnait le dieu des Chrétiens. Mais, pénétrant sa finesse, je refusai de parler avant lui. Il fut donc obligé de mettre à jour son ignorance : « Nos dieux, dit-il, pour que nous allions où ils sont, nous commandent deux choses : la première, de ne pas tuer les vaches et de

les adorer, eux, en elles ; la seconde, de faire des aumônes
aux Brahmes des pagodes. » Ce qu'ayant entendu, et attristé
de voir que la puissance des démons allait jusqu'à se faire
adorer d'eux, au mépris de Dieu, je me dressai, disant aux
Brahmes de rester assis ; et, de toute ma voix, je récitai
en leur langue le *Credo* et les *Commandements*, et, après
chaque Commandement, je m'arrêtai un peu pour l'expliquer ; puis, en leur langue, je les admonestai... Mon exhor-
tation achevée, ils se levèrent et me firent de grandes
caresses. « Vraiment, disaient-ils, le dieu des Chrétiens est
le vrai Dieu, puisque ses Commandements sont si conformes
à la raison naturelle. » Ils me demandèrent si l'âme meurt
avec le corps comme l'âme des brutes. Dieu Notre-Seigneur
m'inspira de leur répondre de telle sorte que mes arguments
se trouvèrent adaptés à leur capacité : ils entendirent clairement l'immortalité de l'âme et témoignèrent en ressentir
une vive satisfaction. Il faut se garder avec ces pauvres intelligences de recourir aux subtiles considérations de nos docteurs scolastiques. Ils me demandèrent ensuite : « Quand
l'homme meurt, par où s'en va son âme ? » Et encore :
« Quand il dort et quand il rêve qu'il est avec ses amis (ainsi
m'arrive t-il très souvent d'être avec vous, frères bien-
aimés !) l'âme va-t-elle en effet ailleurs et cesse-t-elle d'être
unie au corps ? » Ils me prièrent aussi de leur dire si Dieu
est blanc ou noir. Il leur semble en effet qu'entre ces
diverses couleurs des hommes, Dieu doive faire son choix.
Eux, ils n'hésitent pas à dire qu'il est noir, et ils trouvent
cette couleur belle parce qu'il n'y a dans le pays que des
noirs. De là vient que presque toutes leurs idoles sont
noires. Encore les trempent-ils très souvent dans l'huile, de
sorte qu'elles ont une odeur infecte et sont laides à faire
peur. Je répondis de manière à les satisfaire et je conclus :
« Faites-vous donc chrétiens, puisque vous connaissez la
vérité. » Ils répondirent comme beaucoup parmi nous :
« Que dira-t-on si nous changeons à ce point et d'état et de
vie ? » Sans compter la tentation où les met la pensée qu'une
fois chrétiens, ils manqueraient du nécessaire.

La scène est impressionnante. Dans cette cour

entourée de portiques, où les colonnes évidées
soutiennent toute une ménagerie divine peinte et
sculptée, où les chauves-souris, suspendues par
leurs griffes au bec de proie des dieux, immobiles,
la tête enveloppée de leur membrane comme d'un
manteau, attendent que le crépuscule des longues
galeries s'assombrisse, la vision de ce prêtre
maigre et minable, dressé, le crucifix à la main, au
milieu des Brahmes élégamment drapés de mousseline blanche, le front marqué du trident symbo-
lique, serait digne d'inspirer un grand peintre.
Mais qu'il prenne garde : sur les beaux visages de
ces Hindous, il faut que son pinceau sache diver-
sifier les expressions et mêler aux curiosités atten-
tives les gravités dédaigneuses et la malice et la
sournoiserie. Ils ne sont pas tous assis ; les plus
jeunes, appuyés aux colonnes, regardent l'étranger
avec leurs yeux de femme perverse et leur sourire
ambigu. L'emblème rouge et blanc de la force
génératrice qui s'épanouit à leur front relève leur
langueur d'une insolence de défi.

François ne nous dit pas qu'il était accompagné
d'un interprète. Mais il l'était. Et que valait cet
interprète ? Ce n'était pas un Brahme. Un Brahme
n'eût point consenti à paraître au milieu de ses
pairs dans un rôle qui l'eût exposé à leur mépris.
Il appartenait donc à une caste inférieure, et, si
chrétien qu'il fût, il n'en gardait pas moins le respect de la caste souveraine. Par conséquent, il
atténuait tout ce que les paroles de l'apôtre avaient

de vif et d'impérieux, et d'autre part, pour le flatter
et l'honorer, il ne lui transmettait, dans les paroles
des Brahmes, que ce qui pouvait ressembler à une
adhésion polie. Les interprètes sont de terribles
conciliateurs. Que les Brahmes aient admis l'immortalité de l'âme, nous n'en sommes point surpris ; mais ils n'ont pas dit comment ils l'entendaient, et la distinction qu'ils auraient faite entre
l'homme et la bête nous paraît assez étrange et
bien plus occidentale qu'orientale. François, convaincu qu'il n'avait en face de lui que des gens
aussi peu lettrés que ses Paravers, ne s'est point
mis en frais d'explications théologiques que, du
reste, son interprète eût été incapable de rendre.

Et il est arrivé ce qui arrive toujours en pareil
cas : l'entretien s'est abaissé à des curiosités que
nous estimons puériles, parce que nous en sommes
l'objet, sans songer que la plupart des nôtres le
sont tout autant. Quand ils lui ont demandé par
où s'en allait l'âme, ils voulaient simplement
savoir si c'est l'habitude en Occident, comme dans
l'Inde, de briser le crâne du mort afin de la mettre
en liberté. Leur question sur la couleur de Dieu
n'était naïve qu'en ce sens qu'ils auraient pu
deviner, à la blancheur de notre teint, comment
nous nous le représentions. Et François, pour qui
les divinités hindoues sont aussi hideuses que pour
les anciens voyageurs ces montagnes et ces pré-
cipices dont nous admirons aujourd'hui la beauté
grandiose et mélancolique. François semble

oublier que nous avons des statues de bronze et des Vierges Noires. Enfin, il est impossible de voir dans leurs dernières paroles autre chose qu'une fin de non-recevoir enveloppée de courtoisie. Lorsque l'apôtre les quitta, ils portèrent probablement sur lui un jugement analogue à celui qu'il emportait d'eux : une pauvre intelligence avec des lueurs.

Cependant, François rencontra, dans une localité de la côte qu'il ne nomme pas, un Brahme qui lui parut « un peu instruit. » On disait qu'il avait étudié dans des écoles célèbres, probablement à Maduré. « Je trouvai le moyen, raconte-t-il, d'avoir des entrevues avec lui. Il me confia, en grand secret, que la première chose que les maîtres exigent de leurs écoliers, c'est le serment de ne jamais révéler certaines doctrines qui leur seront enseignées. Par amitié, le Brahme me fit connaître, toujours en grand secret, ces choses qu'ils doivent tenir cachées. En voici une : Vous ne direz pas qu'il y a un seul Dieu créateur du ciel et de la terre, lequel est dans les cieux; mais vous l'adorerez, lui, et non les idoles, qui sont des démons. » L'abbé Dubois rapporte une formule à peu près semblable que le Brahme prononçait devant son fils en l'investissant du cordon brahmanique : « Souviens-toi, mon fils, qu'il n'y a qu'un seul Dieu, maître souverain et principe de toutes choses, que tout Brahme doit l'adorer en secret; mais sache aussi que c'est un mystère qui ne doit jamais être révélé au stupide vulgaire : si tu le faisais, il t'arriverait de grands malheurs. » Il n'est point question d'idoles qui seraient des démons, et pour cause : l'abbé Dubois connaît l'Inde, et François l'ignore. Les idoles n'étaient pas des démons aux yeux des Hindous, ou plutôt les Hindous ne concevaient point les démons comme des ennemis de Dieu. Du reste, l'abbé Dubois nous avertit que cette formule d'initiation est souvent obscure et peu intelligible, au moins pour l'adolescent qui la reçoit. Et l'on peut douter que lui-même il l'entende très bien, tant l'idée d'un Dieu personnel est le plus souvent étrangère à l'esprit panthéistique des Hindous. François était dupe de vagues analogies et de traductions inexactes. Son Brahme lui dit aussi que ces sages docteurs observaient le dimanche. « Chose à peine croyable ! » s'écrie-t-il. Même genre d'erreurs : la semaine hindoue est identique à la nôtre ; mais le dimanche n'est, pas plus que les autres jours, consacré à la prière. Enfin, il apprit, avec un étonnement qui nous prouve combien l'ignorance des Portugais était profonde, que les Brahmes possédaient « quelques livres » où étaient renfermés « des commandements conformes à la loi naturelle ».

Ses relations avec ce Brahme se terminèrent sur une scène curieuse. Le Brahme, après lui avoir confié ainsi les secrets de sa religion, le pria de lui révéler à son tour les mystères de la loi du Christ et lui promit de ne les découvrir à personne. Mais François lui répondit : « Je ne vous les dirai que vous ne m'ayez, au contraire, promis de les proclamer ! » Dans la paillote obscure où s'échangent difficilement leurs pensées, ces deux hommes représentent les esprits religieux de deux mondes. L'un, venu de nuit comme Nicodème, est persuadé que la vérité n'est que le privilège d'une initiation mystérieuse et qu'elle a besoin de la pénombre pour éployer ses ailes; l'autre est convaincu qu'elle appartient de droit à tous et qu'elle craint si peu la lumière que, là où elle passe, l'ombre devient lumière.

La lettre de François, qui nous donne tous ces détails, la quatrième qu'il écrivait depuis son départ de Lisbonne et la première vraiment intéressante, inaugure un genre épistolaire nouveau, celui des *Lettres Édifiantes*. Elle produisit une forte impression en Europe ; elle détermina même des conversions. Désormais les missionnaires prendront l'habitude d'écrire ces lettres où d'innombrables lecteurs trouveront, avec le récit des progrès de l'Évangile, un aperçu de la vie des apôtres et un tableau vivant des pays lointains. Elles formeront un des plus riches trésors de notre littérature de voyages; et elles exerceront une très grande influence sur la pensée et l'imagination occidentales. Mais on ne les lira pas toujours comme elles furent écrites et comme leur titre et François de Xavier, qui en avait donné les premiers modèles. voulaient qu'elles le fussent. Ce sont avant tout des œuvres d'édification. Elles se taisent sur les peines intimes du missionnaire, sur ses démêlés avec les autorités civiles ou religieuses, sur ses découragements inévitables, sur les scandales fréquents des convertis, sur certaines corruptions des peuples à convertir. Elles sont volontairement optimistes. Faute de les avoir mises au point, Rousseau idéalisera les sauvages, et Voltaire les Chinois. Ils étaient gens crédules, et, sans qu'on s'en doutât, trop faciles à édifier. Les Jésuites ne se flattaient pas plus d'être des historiens complets, que nos soldats des tranchées quand ils écrivaient des lettres qui faisaient le tour des journaux et où respirait tant de confiance et d'héroïsme. Il serait tout aussi injuste de leur reprocher leurs omissions que d'accuser les autres de fourberie pour nous avoir dissimulé leurs souffrances, leurs appréhensions et l'horreur des spectacles qu'ils avaient devant les yeux.

Et cette lettre nous montre encore François à une heure presque douce et heureuse de sa vie d'apôtre. On a remarqué, dans sa conversation avec les Brahmes, ce mot charmant au sujet des voyages de l'âme pendant les rêves : « Ainsi m'arrive-t-il d'être souvent avec vous, mes frères bien-aimés ! » Il termine sur des effusions dont la mélancolie n'a rien d'amer. Son premier séjour chez les Paravers, qui lui restèrent toujours fidèles, fut l'aimable aurore d'une journée apostolique dont le midi devait être souvent aride, le couchant glorieux et le crépuscule désolé.

CHAPITRE VI

LES JOURS DURS COMMENCENT

Il ne suffisait pas de conquérir des âmes : il fallait organiser la conquête. Les catéchistes que François laissait dans les villages convertis, dépositaires des prières traduites, n'avaient aucune autorité. Il soupirait après la venue de Micer Paul et de Mansilhas. Ils avaient dû, depuis longtemps, débarquer à Goa ; et, bien qu'on sût qu'il les attendait, on ne se hâtait point de les lui envoyer. On mettra souvent beaucoup de nonchalance à lui obéir. En décembre 1543, toujours sans nouvelles, il retourna à Goa, où il trouva ses deux compagnons installés au collège de Sainte-Foi. L'Évêque avait eu besoin d'eux et les avait gardés. Une cruelle épidémie s'était abattue sur la ville. Le gouverneur avait fait taire les cloches de la cathédrale qui sonnaient trop de funérailles. Le clergé n'avait point chômé. Mais il s'était plus occupé des morts que des vivants qui sont moins commodes ; et sans doute le fléau avait encore démoralisé la population. François laissa Paul à Sainte-Foi : il prit avec lui Mansilhas, un prêtre espagnol, un prêtre indigène et un vieux soldat,

Juan de Artiaga, qui aurait fait un bon suisse à Pampelune, mais qui se montra si têtu et si brouillon que François fut obligé de le congédier. Tels étaient les tâcherons qu'il ramenait sur la côte de la Pêcherie.

La situation avait un peu changé. C'est le lendemain des conversions qui est dur pour les convertis et pour les convertisseurs. Les superstitions et les mauvaises habitudes, un instant éblouies, rouvrent les yeux et se ressaisissent dans la somnolence de la vie familière. La religion chrétienne est une lutte perpétuelle ; et toute espèce de lutte répugne au tempérament apathique de l'Hindou. Moyennant quelques rites et quelques offrandes, il ne demandait à ses dieux que de ne pas le tourmenter. Mais voici un Dieu qui empêche les gens de dormir. Ils deviennent impatients et de mauvais humeur. Mansilhas, qui comptait sur de timides néophytes, fut désappointé. Il n'était déjà pas très intelligent en Europe : que fût-ce sous le soleil de l'Inde ! Les Paravers ne tardèrent point à flairer en lui un homme très inférieur au Père Maître François. Ses brusqueries et ses colères, qui provenaient surtout de son incompréhension, compromettaient l'œuvre de l'apôtre. Mais François l'aimait. Dans l'affection qu'il lui portait, il entrait un peu de gratitude pour celui qui s'était offert de si bon cœur à l'accompagner, un peu de pitié aussi et l'attrait de la difficulté qui séduit les grandes âmes lorsqu'elles veulent utiliser même les rebuts et fertiliser même les cailloux. On retrouve presque toujours derrière les hommes exceptionnels un de ces êtres gauches, maladroits, mal venus, qu'ils traînent affectueusement dans leur orbite. Ils sont parfois forcés de les lâcher en route ; et c'est ce qui arriva en 1548. Mansilhas appelé aux Moluques refusa de recommencer une exploration en pays païen : il en avait tout son soûl. Exclu de la Compagnie, il n'en resta pas moins attaché à François. Ainsi de vieilles domestiques, qu'un coup de tête a chassées de chez leur maître, n'ont d'autre joie dans la vie que de le saluer de loin et, quand il a trépassé, de fleurir sa tombe.

Pour le moment, il était encore docile ; et François lui écrivait de Punicale, de Manapad, de Tuticorin, de Trichandur, de toutes les villes de la côte, d'où il dirigeait ses travaux, des lettres charmantes que Mansilhas nous a conservées, seule marque d'esprit qu'il ait jamais donnée. François lui prêchait la patience, la bonté. Il le consolait de ses tribulations ; il l'élevait à ses propres yeux : « Rendez toujours grâce à Dieu de vous avoir choisi pour un office aussi noble que celui que vous remplissez. » Jamais dans ces petites lettres écrites à la hâte un mot qui sente le maître. Les ordres sont donnés sous forme de prières. Mais les prières sont instantes et vous tiennent continuellement en haleine. Un jour dans ce village, le lendemain dans un autre. Que devient le petit

Mathieu ? Visitez les chrétiens de Punicale. Ceux qui enseignent les enfants s'acquittent-ils bien de leur tâche ? Hâtez-vous de bâtir une église. Mansilhas le lit et sue à grosses gouttes. François l'associe à ses inquiétudes. Bien plus, il lui confie ses tristesses. Il lui parle comme à un ami et même comme il ne parle pas à ses amis. Mansilhas est un des rares hommes qui aient entendu tomber de sa bouche des aveux de découragement.

Le succès de François chez les Paravers avait probablement décidé l'envoi d'un capitan et de quelques soldats à Tuticorin. L'apôtre les avait-il demandés ? Ce ne serait pas impossible. En tout cas, ils y seraient venus sans qu'il les demandât. Des chrétiens et des perles : double aubaine. Quand le missionnaire suivait le soldat, il n'y avait que demi-mal, ou, si l'on aime mieux, il réparait la moitié du mal que son devancier avait commis. Mais il était beaucoup plus grave que le soldat emboîtât le pas au missionnaire. Dès que les Portugais se furent embusqués à Tuticorin, les choses se gâtèrent. Le 20 mars, François écrit à Mansilhas : « Faites-moi savoir des nouvelles des chrétiens de Tuticorin et si les Portugais, qui y sont établis, leur font quelque tort. » Le lendemain, nouvelle lettre : on vient de l'informer qu'un Portugais s'est saisi d'un message du roi de Travancore et a jeté le messager en prison. Pourquoi ? Sans doute pour le rançonner. Son indignation éclate : « Je ne sais quel parti prendre :

mieux vaudrait peut-être ne plus perdre notre temps et quitter un pays où ceux qui doivent nous aider n'en ont cure et laissent tous les excès impunis... Je ne veux plus entendre les si justes plaintes de ces gens à qui l'on fait de telles injures sur leurs propres terres. » Six jours après, les Portugais volent des femmes esclaves à Punicale. Deux mois et demi plus tard, la redoutable cavalerie des Badages, caste guerrière du Maduré, fondait sur les villages de la Pêcherie, pour venger ces outrages. Le roi du Maduré et le roi de Travancore étaient souvent en guerre ; et la côte, qui dépendait tantôt de l'un, tantôt de l'autre, leur servait de champ de bataille. Mais, selon toutes probabilités, leurs démêlés n'avaient rien à voir dans cette agression, pas plus qu'en 1549, quand, les soldats portugais ayant insulté les Brahmes et souillé leurs temples, les Badages sonnèrent de nouveau le bouteselle et que leur invasion coûta la vie au jeune Père Antoine Criminale, une des plus belles figures de jésuites qui aient paru aux Indes du temps de François.

Les Paravers se dispersèrent sur les flots et dans la forêt. Mansilhas voulut gagner du pied et rejoindre le vieux guerrier, Juan de Artiaga, qui, remercié par François, était allé porter ses lumières un peu plus loin. Mais François le retint à son poste. Il accourut au cap Comorin et se tint en permanence où son troupeau était le plus menacé. Un jour, la fermeté et la noblesse de son attitude firent reculer une bande de pillards. Le tourbillon passé, il recueillait les fugitifs, et, dans l'appréhension d'un retour offensif, organisait des mesures de prudence d'autant plus nécessaires que, chez les Hindous, l'insouciance succède à la panique aussi vite que leur pagne, trempé par l'averse, sèche au soleil. Le capitan de Tuticorin, Cosme de Payva, qui tondait les chrétiens et vendait des chevaux aux Badages, n'avait même pas essayé de sauver quelques Portugais, qui furent massacrés. Mais, à son tour pris de peur, il s'était sauvé dans les îles; on avait détruit sa maison, et maintenant il jetait feu et flamme contre l'apôtre et refusait de le recevoir. « Aidez-le, écrira plus tard François à Mansilhas, aidez-le à décharger sa conscience des vols qu'il a commis sur cette côte, des maux et des meurtres que sa grande cupidité a occasionnés; donnez-lui aussi, comme ami de son honneur, le conseil de restituer l'argent qu'il accepta de ceux qui tuèrent les Portugais. C'est si vilaine chose que de vendre à prix d'argent le sang des Portugais! » Mais Cosme de Payva n'avait pas plus envie de décharger sa conscience que d'alléger ses poches. Enfin, les Badages consentirent à retourner dans leurs bourgs fortifiés. La galopade de leurs chevaux ne troubla plus les ébats nocturnes des chacals. Les Paravers rebâtirent des huttes pour les chauves-souris, pour les reptiles et pour eux.

Les défections et les petites mutineries qui se

produisirent parmi les Chrétiens blessèrent et irritèrent François. Il a vu de près la pusillanimité et l'inconstance des Hindous ; il a senti la nécessité d'être sévère à leur égard. De temps en temps aussi, l'ancien « féodal » se réveille dans l'apôtre. Je relève ce mot d'un de ses courts billets à Mansilhas : « Je ne veux pas du tout que des gens si désobéissants ou, pour mieux dire, des Chrétiens renégats jouissent des fruits *de notre mer.* » De notre mer ! Mais à qui appartenait-elle, cette mer ? Aux Portugais ou à ces pêcheurs qu'il prétendait exclure de la pêche des perles, parce qu'ils avaient abandonné une foi dont ils n'avaient encore qu'une imparfaite connaissance ? Si même le châtiment n'était point excessif, l'expression nous paraît fâcheuse, comme d'un conquérant plutôt que d'un missionnaire. Seulement ce missionnaire est excédé. Ses nerfs le trahissent. Il écrira, quelques lignes plus bas : « Je suis si ennuyé de vivre qu'il me semble meilleur de mourir pour la défense de notre Loi et Foi. » Une occasion se présenta qui lui permettait d'espérer peut-être cette mort dont sa lassitude lui donnait le goût.

Le roi de Travancore, dont l'influence avait contribué à pacifier la côte et à calmer les Badages, l'invitait à venir dans ses États. Ce rajah sortait de la caste des Naïrs très répandue à Calicut et sur le rivage occidental. On y pratiquait la polyandrie. Chaque femme y pouvait avoir trois maris qui, tous trois, nous rapporte Pyrard, s'entendaient pour la nourrir, elle et ses enfants. Quand elle mourait, on ne nous dit point que ses trois maris étaient brûlés avec elle. La polyandrie l'emportait donc en humanité sur la polygamie. Mais je crois que le rajah était polygame, car, à son avènement, on le consacrait Brahme, et d'une manière fort originale. On fondait une vache en or. Il y entrait ; et, quand il en sortait avec sa toque en drap d'or, ses colliers d'or, son écharpe d'or, son large pantalon rouge brodé d'or, ce veau d'or était presque aussi Brahme que les Brahmes issus, comme on le sait, de la bouche de Brahma. Il n'en était pas moins un pauvre petit prince qui tremblait devant ses grands vassaux et qui aurait bien voulu les mettre à la raison. Il pensa que l'appui des Portugais ne lui serait point inutile et manifesta le désir de voir l'homme dont la réputation faisait du bruit sur la côte des Paravers. Malgré les avis qu'il reçut de ne point voyager par terre, et à travers bien des dangers, François se rendit à son invitation.

Nous ignorons dans quelle ville du Sud il le rencontra. Le rajah lui accorda, avec l'ostentation coutumière des roitelets orientaux, l'autorisation d'exercer son ministère apostolique. Cela ne lui coûtait rien, et il comptait en retirer, du côté portugais, des avantages matériels. Mais le rajah s'exagérait le don d'ubiquité de la flotte portugaise et de la poignée de soldats qu'elle débarquait de temps à autre le long des côtes ; et François s'exagérait le pouvoir du rajah. Les Naïrs étaient inaccessibles à l'évangélisation ; et les Brahmes ne voyaient aucun inconvénient à ce que le prince, dont ils formaient le conseil, abandonnât au prêtre étranger des gens qui n'étaient que leurs esclaves, les Macuas, pêcheurs comme les Paravers, plus grossiers, et beaucoup plus voleurs.

Pendant un mois, François, précédé d'un édit tambouriné du prince, parcourut, de village en village, ces rivages humides et chauds, couverts d'une végétation dont l'ombre et les arômes tombent sur les épaules comme une chape de plomb. Revêtu d'un surplis, mais la soutane en lambeaux, il réunissait autour de lui les hommes et les enfants, leur apprenait à se signer, leur récitait et leur expliquait les prières, et, quand ils avaient dit : « Je crois, » les baptisait. Les hommes, rentrés chez eux, lui envoyaient leurs femmes et leurs filles. Puis on détruisait les huttes d'idoles et les idoles elle-mêmes. Le mois n'était pas écoulé qu'il avait baptisé environ dix mille personnes. Pêche miraculeuse, mais où les gros poissons n'étaient pas pris.

Ces conversions en masse n'ont d'importance sociale que si elles englobent les classes dirigeantes. Ce n'était point le cas ; et cent Brahmes convertis eussent plus fait pour la christianisation de l'Inde que cent mille Macuas. Il est vrai qu'au regard de Dieu l'âme d'un Macua a le même prix que celle d'un rajah, le rajah eût-il séjourné une

année tout entière dans le ventre d'une vache
d'or. Encore faut-il que cette âme aille à la foi
nouvelle, je ne dis pas en toute connaissance de
cause, mais seulement avec candeur. Ce n'était
pas le cas non plus. Au Nord du Travancore et à
moitié route de Cochin, les Portugais possédaient
à Coulam un fortin dont le capitan était en situation de gêner les Macuas dans leurs pêches et les
avait déjà plus d'une fois punis de s'être alliés
aux Musulmans de Calicut. La plupart virent dans
leur adhésion aux rites du Frangui une formalité
qui les mettrait à l'abri des rigueurs du Portugais.
Le petit bulletin où l'on inscrivait leur nom de
baptême leur servirait désormais de sauf-conduit.
Et la faveur dont l'étranger semblait jouir près
du prince les affranchissait de toute inquiétude.
François leur fit valoir ces avantages matériels
qu'ils comprenaient beaucoup mieux que les spirituels. On le lui a reproché. Nous sommes devenus
si chatouilleux sur les procédés de conversion !
Et surtout, ceux qui se sont détachés de la religion ont tellement peur qu'elle n'altère sa pureté !
Ils craignent toujours qu'elle ne marche sur la
terre et crient au scandale quand sur ses chemins
escarpés elle s'accroche aux intérêts humains.
Mais ces mêmes hommes, dès qu'il s'agit du
triomphe de leur philosophie politique, n'hésitent
point à suborner l'électeur et à lui promettre le
paradis dans ce monde et des bureaux de tabac
dans l'autre. Et ils sont moins désintéressés que

François, qui éprouvait autant d'allégresse à tracer le signe rédempteur sur le front des petits enfants voués à la mort, — car la mortalité infantile est terrible dans l'Inde — qu'un médecin en eût ressenti à les immuniser contre les pires maladies. Nous élèverions des statues à ce médecin-là.

L'évangélisation sommaire du Travancore est une des pages, sinon les plus glorieuses, du moins les plus surprenantes de l'apostolat de François. Ni la bienveillance du rajah, ni « la pression officielle » d'un capitan, ne parviennent à en expliquer le succès. D'autres que lui ont usé des mêmes moyens. Dans l'Inde, en Chine, en Corée, les pasteurs américains ont semé l'or, les remèdes, les promesses ; aucun d'eux pourtant n'a fait en trente ans ce que François fit en trente jours. Ils étaient riches, bien vêtus, bien logés ; ils voyageaient à cheval ou dans de belles voitures ; ils avaient derrière eux un gouvernement autrement imposant que celui du Portugal ; personne n'eût osé toucher à un cheveu de leur tête. Mais lui, seul, marchant sur ses pieds las, les traits tirés par le jeûne, à la merci d'un insolent ou d'un brutal, avec quelques phrases péniblement apprises, il étonnait, entraînait des milliers d'êtres qui pouvaient croire que c'était leur intérêt de le suivre, et qui vraiment obéissaient à la grâce dont la lumière emplissait ses yeux.

Du reste, il ne s'abusait pas sur le caractère

éphémère d'une victoire qui n'aurait de lende-
mains que si l'Europe lui envoyait des missionnaires. Sa lettre de janvier 1545 aux Pères de Rome
n'est qu'un long appel. Il y rapporte ses succès du
Travancore sans désigner le nom du pays. Il
nomme rarement les contrées qu'il visite : « Dans
un royaume où je réside... En un autre pays, à
cinquante lieues... En un autre royaume, à quarante lieues... Dans un autre pays, à cinq cents
lieues... » Veut-il produire par le vague même
qu'il laisse dans l'esprit une impression d'immensité? Il était difficile, en le lisant, de ramener à
des proportions exactes le travail qu'il accomplissait dans deux cantons du Sud de l'Inde. Et,
comme il ne parlait pas des conditions politiques
où se trouvaient les tribus converties, il augmentait encore l'effet que produisaient les nouvelles de
son apostolat. Les mots de peuple, de princes, de
rois, évoquaient des États pareils à ceux de l'Europe. Les villages de paillotes se transformaient
dans les imaginations en villes magnifiques ; leurs
habitants en hommes éclairés, ou qui ne voulaient
pas l'être, et qui savaient pourquoi : « Les païens,
qui connaissent la vérité et qui refusent de la
suivre, demeurent saisis d'admiration devant l'exposé de la loi chrétienne ; et ils rougissent de
vivre comme ceux qui ignoreraient l'existence
même de Dieu. » Les élèves de Coïmbre entendaient cette lecture et frémissaient d'enthousiasme.
Que l'Inde se faisait aimable pour les recevoir !

« Ceux qui viendront ici accroître le nombre des fidèles y trouveront toutes les faveurs et tout l'appui nécessaires. Les Portugais de ces contrées y pourvoiront autant qu'il faudra et réserveront aux nouveaux arrivants un accueil plein d'amour et de charité. » Ce sont là de bien fausses couleurs. Mais sa lettre, destinée à la publicité, tendait seulement à déterminer vers ces pays déshérités un courant de sympathie qui y portât des apôtres. D'ailleurs, ces apôtres, exposés à tant de déceptions, ne partiraient que choisis par les supérieurs qui les sentiraient capables de les surmonter. Et les supérieurs étaient avertis.

Cette lettre de François était accompagnée de deux autres lettres, l'une à Ignace, la seconde à Rodriguez. François suppliait Ignace de lui envoyer le plus d'ouvriers possible. En avez-vous qui n'aient le talent requis ni pour prêcher ni pour confesser ni pour remplir les ministères de la Compagnie ? Vite, embarquez-les. « Dans ces pays d'Infidèles, la science n'est pas nécessaire ! » Ce qui l'est, ce sont les forces corporelles et la vertu. Il faut au missionnaire une âme que nul péril de mort ne déconcerte. Mais ceux qui, sans avoir tant de force morale, ont la force physique, peuvent encore venir. On leur trouvera des contrées où ils ne risqueront rien. Quant à ceux dont la santé ne vaut pas leur courage et leur intelligence, qu'ils viennent aussi. A Goa et à Cochin, la vie leur sera douce. Tout y abonde, même les médecins. Que cette lettre est pressante, mais qu'elle renferme d'erreurs ! François est convaincu que l'instruction et l'esprit ne sont pas utiles au missionnaire. Ils ne sont inutiles à personne ; mais, s'ils ne sont pas absolument nécessaires à un curé campagnard qui sent naturellement comme ses ouailles, ils sont indispensables à l'homme qui, transporté dans un étrange milieu, est obligé d'apprendre une langue nouvelle et de comprendre des êtres si différents de lui. Il faut plus d'intelligence et de connaissances pour se mettre au niveau des sauvages ou des barbares que pour enseigner des paysans basques quand on est basque soi-même. Dans sa lettre à Rodriguez, spécialement chargé de désigner les recrues des Indes, François insistait sur les qualités de discipline et de désintéressement que réclamait l'apostolat et sur les déplorables exemples que les Portugais ménageaient aux jeunes missionnaires : « Il est tellement passé en coutume, ici, de faire ce qui ne se doit pas que nul ne s'en inquiète : tous vont par le chemin de *rapio, rapis ;* et j'admire comme ceux qui nous arrivent de par delà enrichissent ce verbe *rapio, rapis,* de modes, de temps, de participes nouveaux. » Nous voici loin des Portugais confits en charité de la lettre officielle !

Nous en sommes encore plus loin dans une lettre au Roi, dont nous ne possédons qu'une traduction latine. Sans ménagement, avec une liberté tout apostolique, François lui dévoilait les prévarications de ses administrateurs et lui représentait combien sa responsabilité était engagée dans leurs injustices et dans leurs violences. Il lui proposait comme remède d'installer à Goa un tribunal de l'Inquisition. Cette idée venait de Michel Vaz qui, sur le point de partir pour l'Europe, l'avait rencontré à Cochin et qui désirait rapporter aux Indes le titre et le pouvoir d'Inquisiteur. François l'adopta. L'évêque avait de grandes vertus, disait-il, et son esprit grandissait chaque jour. Seulement, il était affaibli par l'âge et les infirmités. Le Saint-Office suppléerait à son impuissance. Nouvelle erreur, non qu'il faille la juger du haut de nos principes modernes, ni que nous partagions des préjugés surannés sur un tribunal qui a, en somme, offert plus de garanties aux accusés qu'aucun autre tribunal de cette époque, mais précisément parce qu'à Goa, dans ce centre surchauffé de convoitises et de bon plaisir, ces garanties ne tarderaient pas à être foulées aux pieds. François fut mal inspiré. Pendant toute cette période, ses idées et ses travaux de missionnaire se ressentent d'un état de fièvre que justifient la vie qu'il mène et les ennuis qui l'assiègent.

Nous arrivons au plus cruel, à celui qui le rassasia d'amertume et le décida à s'éloigner. L'île de Ceylan a toujours eu le privilège d'exciter l'imagination des hommes. François ignorait certainement qu'elle était sacrée aux yeux des Hindous dont le prince Rama, avant d'être dieu, était venu

y rechercher sa femme, la princesse Sita ; sacrée
aux yeux des Bouddhistes comme la terre que les
pas de Gautama avaient trois fois sanctifiée et où
son culte, chassé de l'Inde, avait trouvé des
autels ; sacrée aux yeux des Musulmans qui
croyaient qu'Adam et Ève s'y consolèrent du paradis perdu. Mais, s'il l'avait su, il n'en eût été que
plus ardent à y souhaiter le triomphe de la Croix.

Les Portugais y avaient mis le pied dès 1518.
Les indigènes de Colombo avaient vu débarquer
ces êtres bottés et coiffés de fer, dont le pain qu'ils
mangeaient leur parut une pierre blanche et le vin
qu'ils buvaient du sang. L'île paradisiaque,
envahie par les Tamouls, était alors morcelée en
petites principautés qui se dévoraient. Le roi de
Cotta voulait mal de mort à celui de Kandy ; le
roi de Jafnapatam à celui de Cotta. Chacun d'eux
aspirait à la souveraineté de l'île entière ; et leurs
luttes se compliquaient des hostilités entre Musulmans, Tamouls et Cinghalais. La situation était
favorable aux Européens, et les tripotages commencèrent. Les Portugais construisirent un fortin
à Colombo, et des Franciscains se répandirent sur
la côte. Au moment où nous sommes, le roi de
Cotta, qui avait acheté l'appui du gouvernement
de Goa, voulait assurer sa succession à son petit-
fils et donner à deux de ses fils les royaumes de
Kandy et de Jafnapatam. Mais ce roi venait de
faire assassiner son fils aîné parce qu'il avait reçu
le baptême ; et, aux grandes funérailles qu'il avait

ordonnées pour dissimuler son crime, la terre, paraît-il, avait tremblé et s'était fendue en forme de croix. Ce ne sont pas les prodiges qui me semblent incroyables, c'est que le roi de Cotta ait tué son fils à cause de sa foi chrétienne, dans un temps où il avait besoin des armes portugaises; mais peut-être ce fils avait-il prémédité de le tuer, ce qui serait vraisemblable. En tout cas, ses deux autres fils, également chrétiens, arrivèrent à Goa, soit qu'ils se fussent enfuis ou que leur père les y eût envoyés, cousus d'or, pour maquignonner avec les Portugais une expédition contre le royaume de Jafnapatam. Tous deux allaient bientôt mourir de la petite vérole. Mais avant, l'affaire de Manar éclata.

Le roi de Jafnapatam succédait à son maître qu'il avait assassiné, et son frère aîné estimait qu'en sa qualité d'aîné le bénéfice de cet assassinat devait lui revenir. De la pointe septentrionale de Ceylan, où il résidait, le sauvage rajah commandait l'archipel et surveillait avec des yeux de naufrageur les îlots et les récifs qui, entre l'île et le continent, forment le pont de Rama. Ses sujets cinghalais l'exécraient. Ceux de l'îlot de Manar, ayant eu vent de l'arrivée de François chez les Paravers, envièrent un Dieu qui les délivrerait de leur tyran. Ils lui firent savoir qu'eux aussi désiraient être chrétiens, et François leur dépêcha un prêtre indigène qui cueillit leurs conversions. Le roi de Jafnapatam connaissait les Portugais et particulièrement le capitan installé en face de lui, de l'autre côté du détroit dans la petite ville de Nagapatam. Ils étaient en relations d'affaires et de bonnes affaires. Mais, s'il avait à cœur de se réserver les avantages de cette connaissance, il n'entendait point que ses sujets se missent sous une autre autorité que la sienne. En janvier 1545, les six cents convertis étaient massacrés, et leur prêtre avec eux. Dans l'alternative de renoncer à leur foi ou d'être égorgés, ils préférèrent se dérober pour toujours aux fantaisies de leur rajah.

Le frère aîné du meurtrier se dit que ce massacre pouvait lui ouvrir le chemin du trône. Il se dirigea vers Goa, et, à Cochin, il eut une entrevue avec François. Il lui promit de se faire chrétien si les Portugais lui donnaient la couronne. François eut la faiblesse de le croire. Ces grands fourbes hindous, si beaux, si souples, si naturellement majestueux dans leurs vêtements éclatants, lui en imposaient encore. Il ignorait que les fils du roi de Cotta, déjà chrétiens, et de la famille du prince assassiné, avaient des droits plus valables à cette couronne. Le sang versé à Manar lui parut une rosée sur une terre aride : avant deux ans, l'île de Ceylan serait chrétienne. Il se jeta dans un petit bateau qui courut sur les vagues jusqu'à Goa. Le Vice-Roi entendit de sa bouche la nouvelle du massacre. Il entra dans une sainte colère. Tout fut décidé en un instant : on irait châtier le coupable ; on le tuerait, on donnerait le royaume à son frère, s'il tenait sa promesse. François ne demandait pas la mort du rajah, et le Vice-Roi consentit à remettre entre ses mains le sort du vaincu. Je n'ai pas plus de confiance dans la colère de Sousa que dans les promesses d'un rajah. On accorde tout à François pour qu'il s'éloigne au plus vite. On ne lui parle pas des difficultés où cette expédition engagerait les Portugais si, en secondant l'ambition du frère de l'assassin, ils s'aliénaient le roi de Cotta et ses chrétiens de fils. Dès qu'il a le dos tourné, on reprend le jeu des intrigues qu'il avait un instant interrompu. Détrôner le roi de Jafnapatam, soit ; mais quel successeur lui choisir ? On soumettra d'abord le litige au roi de Portugal. Le roi de Cotta promettait un surplus de quatre cents quintaux de cannelle. Le frère du meurtrier jurait maintenant que toute sa cour embrasserait le christianisme avec lui. On réfléchissait devant ces surenchères. On ne réfléchit plus quand un vaisseau portugais vint donner contre la côte de Ceylan et y décharger pêle-mêle une très riche cargaison. Le roi de Jafnapatam la déclara de bonne prise et s'empara du naufrage. Désormais, le persécuteur des chrétiens pouvait dormir tranquille sur sa magnifique épave. Il tenait en respect les forces militaires du roi de Portugal. Les marchandises portugaises paieraient la rançon de son insolence et de ses tueries.

Cependant François, confiant, était retourné à Cochin. Il en repartait bientôt, touchait peut-être à Colombo et à Manar, où sévissait la peste, et débarquait à Nagapatam. Il espérait y trouver une flotte sous les armes prête à venger les martyrs. Il n'y rencontra que des gens qui le regardaient de travers et un capitan qui détournait la tête. Les Portugais voulaient bien favoriser la propagande religieuse, mais à la condition que l'intérêt de l'Église ne s'opposât pas à leurs intérêts commerciaux. Ils étaient heureux qu'elle étendît leur clientèle, mais ils n'admettaient pas qu'elle entravât leurs opérations. Un rajah, qui détenait la cargaison d'un navire, devenait un personnage sacré. Il était plus urgent de sauver ces sacs de cannelle et de poivre que de punir le meurtrier de six cents pauvres êtres qui avaient eu le tort de croire en leur Dieu. François fut révolté.

C'était un précédent déplorable ; et c'était aussi une défaite personnelle, et l'avertissement de ne plus avoir à se mêler de la politique portugaise. Il avait hâte de s'éloigner. On lui avait parlé de Malacca, où les âmes languissaient, faute de secours spirituels et, plus loin, d'un nouvel Orient qui se lèverait à la parole du Christ. Sur la foi de ces on-dit, les hommes le mèneraient au bout du monde. Il y sera bientôt. Mais Lisbonne lui a annoncé des missionnaires. Ne devrait-il pas retourner à Goa pour les recevoir ? Personne n'a laissé plus de latitude que lui à l'initiative individuelle. Il dirige de haut et de loin. Système peut-être excellent lorsque la mission est fondée ; très contestable dans le cas présent. Les nouveaux débarqués ne le verront pas, ne profiteront pas de son expérience dans des entretiens que rien ne remplace. Ils trouveront un ordre, sans plus. Jean de Beira et Antoine Criminale ne sauront qu'une chose en arrivant : qu'ils doivent accompagner les princes cinghalais, lorsque ces princes repartiront pour Ceylan ; plus tard, un ordre lui parviendra de se rendre à la Pêcherie. « Mansilhas connaît le pays et leur indiquera comment il faut procéder. » Autant dire que François les remet à la grâce de Dieu. Il ne se soucie ni de leurs aptitudes, ni de leurs forces. On les jugera à l'œuvre. Pour lui, il s'en va. Il a besoin de rentrer en lui-même, de s'isoler avec son âme blessée. Le tombeau, où l'on croit que saint Thomas repose, près de Meliapor, à mi-chemin du cap Comorin et du Bengale, l'attire invinciblement. Il s'embarqua de Nagapatam, le dimanche de la Passion. Mais la tempête le força de rebrousser chemin. Quelques jours après, accompagné d'un domestique malabar, il partait à pied. Il remonta la côte de Coromandel et atteignit la ville de Meliapor.

« Contemple un moment cette terre : elle a reçu la dépouille mortelle de l'apôtre dont la main toucha les blessures d'un Dieu. Là s'élevait jadis, à quelque distance de la mer, une cité florissante. Charmés de sa beauté, les peuples l'appelaient Meliapor. » C'est ainsi que commence l'épisode où Camoëns nous raconte la mort de saint Thomas.

Les ruines de l'ancienne ville dormaient sous les eaux. Mais une petite cité hindoue s'était reformée, et les Portugais en bâtissaient une autre. L'église et le tombeau étaient construits sur une colline basse et rocailleuse. Marco Polo nous dit qu'on y venait en pèlerinage, et les Sarrasins eux-mêmes qui tenaient saint Thomas pour un compatriote. On ne s'accordait point sur la manière dont le saint avait perdu la vie. Camoëns a choisi la légende dramatique d'une atroce vengeance des Brahmes ; mais la poésie préfère les simples lignes du vieux voyageur vénitien : « Un jour qu'il était hors de son hermitage, dans le bois, et qu'il faisait ses prières à son Seigneur Dieu, comme il avait autour de lui beaucoup de paons qui sont très communs en ce pays, il arriva qu'un idolâtre, ne voyant pas le saint, lança une flèche de son arc pour tuer un des paons qui se trouvaient là. Mais au lieu d'atteindre le paon, il frappa au côté droit saint Thomas qui aussitôt adora très doucement son Créateur et mourut. » Ce saint en prières au milieu des oiseaux magnifiques qui, dit-on, donnèrent son nom à Meliapor, cette blessure au côté qui en rappelle une autre, *mitte manum tuam in latus meum*, et cette très douce et rapide agonie ont une beauté qui nous repose des barbaries de l'Inde. Mais François vit trop dans le présent et dans l'avenir pour se plaire à ces évocations. Il ne nous parle même pas de la pierre ensanglantée par la mort de l'apôtre, et qui, durant la fête de son

martyre, pendant qu'on chantait la messe, rougissait peu à peu et suait des gouttes de sang. Le Père
du Jarric l'a vue, lui, du fond de son collège de
Toulouse.

Il demeura trois mois à San Tomé de Meliapor
chez le vicaire Gaspard Coelho. Les Portugais
n'étaient pas nombreux; mais les délices et les
voluptés, les rancunes et les inimitiés, les usures
et les contrats iniques y avaient la même vogue
que dans les autres lieux de l'Inde. « Il n'y a de
bon ici que le corps de saint Thomas, » disait
Polanco. Le passage de François assainit la petite
ville. « Les folles amours qu'on ne pouvait dis-
soudre, il les accoupla et joignit par le sacrement
de mariage. » Il réconcilia les gens ; il les amena
à des restitutions qui les enrichissaient à leurs
propres yeux ; il remit leur conscience à neuf. Le
Père Coelho s'émerveillait que, dans les moindres
détails de sa vie, on prît ainsi modèle sur les saints
apôtres. Le brave homme n'était point habitué aux
entretiens spirituels. Le cours des épices, les
brouilles entre les ménages, la chronique scandaleuse de la colonie défrayaient d'ordinaire ses conversations. Il se sentit transporté dans un autre
monde en écoutant son commensal. François ne
parlait que des choses divines, et avec la familiarité charmante, je dirais presque socratique, d'un
homme qui se meut naturellement en elles. Mais
parfois, le soir, quand les étoiles versaient sur la
véranda une lumière qui semblait une fraîcheur,

les images de sa jeunesse lui remontaient à la mémoire. Il racontait au Père Coelho son arrivée à Paris, ses années de Sainte-Barbe, les dangers de l'esprit et de la chair qu'il avait évités ; et le Père Coelho était tout oreilles.

Il y eut certainement une relation intime entre ces confidences dont François se montrait aussi avare que le sont les hommes qui excellent à confesser les autres, et quelques incidents mystérieux dont s'étonna le vicaire. Le presbytère n'était séparé que par un jardin de la chapelle de Saint-Thomas ; tout près de cette chapelle, dans le même enclos, se trouvait un réduit où l'on déposait la cire à brûler devant l'autel de la Vierge. François s'y rendait la nuit pour prier et pour se livrer à ses macérations. Le Père Coelho comprenait d'autant moins ce goût-là qu'il n'était pas homme à se mortifier au lieu de dormir et que, fort superstitieux, il croyait, on ne sait pourquoi, que les diables hantaient l'enclos de Saint-Thomas. Quand il s'aperçut des sorties nocturnes de François : « Maître François, lui dit-il, n'allez pas seul en cet endroit ; c'est un nid de diables ; ils vous battront. » François sourit, et, dorénavant, pour tranquilliser son hôte, il emmena son Malabar, qui s'étendait au seuil du réduit et ne tardait pas à ronfler. Or, une nuit, le Malabar fut réveillé par la voix de son maître qui criait : « Notre-Dame, ne viendrez-vous pas à mon aide ? » Et ces cris étaient accompagnés d'un bruit de coups. Mais le

Malabar, homme prudent, n'eut garde de bouger et ne s'inquiéta pas de savoir d'où venaient des coups qui ne tombaient pas sur lui. Le lendemain, François n'était pas à matines, et de deux jours il ne put quitter son lit. Le Malabar confia ce qu'il avait entendu au Père Coelho, qui dit au malade : « Ne vous avais-je point recommandé de ne point aller à Saint-Thomas la nuit ? » Mais François sourit et ne répondit rien. Il avait la pudeur de ses austérités. Ce n'étaient point les diables qui l'avaient flagellé, ni contre les diables qu'il appelait Notre-Dame à son secours. Honnête Gaspard Coelho, tous les diables de l'Inde diabolique lui étaient moins redoutables que les souvenirs dont il avait distrait votre veille avant de traverser d'un pas furtif les allées de votre jardin.

Un soir pourtant, un samedi soir, François lui dit : « Votre Révérence sait-elle ce qui m'est arrivé la nuit dernière ? » Et il lui conta qu'il était allé à la chapelle et qu'il y avait entendu réciter les matines, bien que toutes les portes fussent fermées, la clef en dehors. Surpris, effrayé, il était rentré dans sa chambre. « Il dit cela sans s'y arrêter, ajoute le vicaire, et il n'en parla plus. » On pense si Sa Révérence triomphait ! Et comme elle avait l'esprit un peu lourd, le soir, en se levant de table, elle clignait de l'œil et répétait les mots que le Malabar avait retenus : « Notre-Dame, ne viendrez-vous pas à mon aide ? » François souriait et se taisait ; mais il rougissait. Il rougit aussi à Goa, un jour qu'à son insu on lui avait remplacé sa soutane en lambeaux par une soutane neuve et que, l'ayant mise sans la voir, il en reçut de grands compliments. Il rougit quand Diogo de Borba, un autre jour, lui demanda si vraiment il avait ressuscité un mort. Il rougit à en devenir écarlate et il se mit à rire. On aime sur ce visage émacié ces rougeurs juvéniles. Il n'a jamais reparlé de ses nuits de Meliapor. Les tentations qui suivent les saints attendent qu'ils arrivent très las à l'étape et tombent au pied d'un arbre pour les assaillir. Dans l'enclos de Saint-Thomas, où ses fatigues demandaient une trêve, il fut assailli de prestiges. Que Notre-Dame le secourût, son sourire et sa rougeur le prouvent. « Le reste est silence. »

CHAPITRE VII

EN MALAISIE

Il s'embarqua en septembre 1545 pour Malacca.
Il ne devait revenir dans l'Inde que trois ans et
demi plus tard. Tout ce temps, il le passa à Malacca
et aux îles Moluques. Ce n'est pas la période la
plus fameuse de sa vie ; c'en est la plus pittoresque et la plus aimable. Il n'y commettra point
d'erreurs. Il ne sera pas exposé aux tracasseries
du gouvernement portugais : la longueur même
des liens qui rattachaient ces établissements lointains à la métropole de Goa les rendait bien légers
et presque insensibles. Il sera son maître, c'est-à-
dire le serviteur infatigable de l'Eglise et de Dieu.
Et il aura moins à souffrir de son inexpérience des
mœurs et de la langue, car son apostolat ne s'adres-
sera guère qu'aux Portugais et aux sauvages.
Donnez-lui un bateau portugais où les matelots
sacrent comme des diables et où les marchands
jouent aux cartes leurs femmes esclaves ; donnez-
lui une petite ville portugaise qui soit un enfer
pour les honnêtes gens et un éden pour les autres,
dont chaque maison, par ses fenêtres mi-closes,
laisse filtrer sur la route des rires ou des cris fémi-

nins, des bruits de musique, des parfums de toi-
lette et des fumets de bombance ; donnez-lui, dans
la sombre verdure, un hameau de huttes primi-
tives que garde un fétiche : et bientôt les mariniers chanteront des cantiques ; les marchands se
confesseront ; des maisons de la petite ville on
verra sortir, par la porte de derrière, les servantes
inutiles emportant leurs boîtes de fards et leurs
rebecs, et par la porte de devant le maître et la
vraie maîtresse, légitimement unis, qui se rendront
à l'église ; et les sauvages devant les débris de leur
fétiche riront.

Les navigations étaient très dures. En ce temps-
là on n'avait pas autant d'amour-propre qu'aujour-
d'hui. Aux heures critiques, l'équipage, les passagers et le capitaine pleuraient à chaudes larmes.
Ils juraient au bon Dieu, s'il les sauvait, de ne
plus jamais remettre le pied sur le pont d'un
bateau. Ils jetaient à la mer leur riche cargaison
et leurs mauvais désirs. François, lui aussi, connut
l'épouvante des gouffres entrevus aux lueurs des
éclairs. Il se confiait à la garde des anges, des
patriarches, des prophètes, des apôtres, et des
saints qui vivent dans la gloire du Paradis ; et,
parmi ces saints, il mettait en première ligne l'âme
bienheureuse du Père Le Fèvre dont il avait récemment appris le retour au ciel. Au-dessus des flots
déchaînés, où ses yeux apercevaient l'image trans-
figurée de son ancien compagnon de Sainte-Barbe,
d'autres missionnaires virent plus tard la sienne.

Mais ils n'avaient pas mangé avec lui ce pain de l'école dont le goût ne s'oublie jamais, ni avec lui causé, plaisanté, prié et dormi. Peu d'hommes ont eu la grâce de pouvoir recourir, dans de pareilles affres, au patronage céleste d'un ami de leur jeunesse. Quand nos amis à nous deviennent de grands personnages, des ministres ou des ambassadeurs, l'honneur et les faveurs que nous en retirons nous abandonnent, dès qu'il s'agit de la seule chose qui compte dans la vie, et qui est la mort. François partageait donc les craintes qui se démenaient et criaient autour de lui ; mais, à mesure qu'il priait, il éprouvait de vives consolations, et il ne demandait plus à Dieu de le sauver du naufrage que pour le réserver à d'autres tempêtes où il dût mieux le servir. Il le servait pourtant en celles-ci : sa douceur envers la rage des flots se communiquait peu à peu aux gens du bord ; et la fureur de la tourmente portait son exemple et sa parole jusqu'au fond des cœurs.

Il était très précieux aussi, quand le navire errait à l'aventure et que les pilotes découragés croyaient avoir perdu leur route. Il les remontait et leur annonçait la terre bien avant qu'ils pussent la découvrir. « Demain, nous serons à Amboine, » leur disait-il ; et, le lendemain, on voyait émerger de l'horizon monotone le fortin portugais et la ligne pâle des girofliers. Les témoignages abondent sur ce don de seconde vue qui lui dictait parfois des mots et des actes dont on ne comprenait la raison que longtemps après. Et naturellement ce n'était pas toujours pour lui une cause de joie, car tous ces dons exceptionnels sont frappés d'un lourd impôt de souffrances. Pendant les nuits sereines, il restait en prières ; et les hommes de quart avaient vraiment l'impression qu'il faisait son quart lui aussi et que le navire était en bonnes mains.

Sa réputation l'avait précédé à Malacca. Devant cette baie vaste, peu profonde et presque déserte de la péninsule malaise, où les paquebots jettent l'ancre à une lieue au moins de la côte, on ne peut guère se rendre compte aujourd'hui de ce qu'était au xvie siècle le port de Malacca. Les vaisseaux pressés y formaient une ville plus grande que la ville. Il en venait de partout, des Moluques, des Célèbes, de la Chine, du Bengale, de l'Inde, de l'Éthiopie ; et quand Albuquerque, en 1511, avait bombardé cet entrepôt d'épices et de soiries et en avait chassé le Roi, ses troupes malaises, ses régiments javanais et ses éléphants, il avait fait à sa patrie un présent qu'il ne lui restait plus qu'à mériter. Hélas ! la conquête, commencée par un saccage, se poursuivait dans les exactions et dans les plaisirs, mais sous des menaces qui ne désarmaient pas.

Les Portugais s'étaient fortifiés sur la petite hauteur qui domine le rivage. On y voit encore les épaisses murailles de l'église Notre-Dame et la porte de la citadelle qu'ils avaient bâtie avec les pierres des mosquées et les sépulcres royaux. Un rempart les défendait du côté de la mer ; un autre, du côté de la rivière qui séparait autrefois comme aujourd'hui la ville européenne de la ville asiatique. Derrière leurs bastions et leurs boulevards, à perte de vue, jusqu'aux collines lointaines, on n'apercevait qu'un océan de verdure et le désordre orageux des cocotiers. Le long de la rivière et du rivage s'entassaient les faubourgs. Des maisons de plaisance et de pauvres cabanes bordaient les chemins de terre rouge qui s'enfonçaient sous la végétation luxuriante. La campagne n'était point peuplée à cause des tigres si nombreux qui descendaient parfois, la nuit, au milieu de la ville. Les aborigènes, les Sakai, qui ne sortent point de leurs forêts, nichaient dans leurs arbres. Une fois leur échelle retirée, ces êtres pacifiques et farouches pouvaient dormir en paix. L'air, continuellement rafraîchi par les brises de la mer, ne passait pas pour malsain, bien qu'on nous parle beaucoup à cette époque de miasmes et de marécages. Cependant l'aventurier hollandais Matelief, qui, en 1606, donna de rudes assauts à Malacca, vantait la salubrité de son climat ; et ce climat n'avait pas dû changer depuis un demi-siècle, à moins que le sang qu'il y avait fait couler ne l'eût purifié.

La population flottante se composait d'Hindous, de Javanais, d'Arabes, de Chinois. Les Chinois, dont l'invasion irrésistible recouvre les villes mortes comme les villes naissantes, n'y avaient pas pris la prépondérance qu'ils ont acquise depuis. Mais, fort mécontents de l'ancienne domination malaise, ils avaient applaudi aux canons d'Albuquerque et lui avaient promis de revenir en nombre, quand il se serait emparé de la ville. Le commerçant chinois est homme de parole ; et il s'était fait l'ami des Portugais comme il est à présent celui des Anglais. Loin de la communauté chinoise, soustrait à la tyrannie de l'opinion si forte chez les Orientaux, très peu versé dans la connaissance de ses philosophes, et n'ayant guère, au milieu de toutes ses superstitions, de culte réel que celui des Ancêtres, on pouvait l'amener avec douceur et précaution à une religion dont son intelligence était capable de comprendre la générosité et qui ne s'opposait point à ses intérêts commerciaux. François compta parmi ses néophytes des Chinois assez cossus.

Quant aux Malais, la plupart s'étaient enfuis, puis ils étaient revenus, mais, pas plus que le sultan de Djohore, ils n'oubliaient le massacre de leurs frères. Ils avaient reconstruit leurs mosquées car ils étaient tous sectateurs de la Loi du Prophète ; et ils avaient repris leur vie seigneuriale de fainéantise. Ils ne s'abaissaient point à des métiers subalternes, et le plus pauvre d'entre eux n'eût point consenti à se charger d'un fardeau. C'est une race obséquieuse, mais au fond très indépendante, vaine et vindicative, prompte à jouer du poignard, plus habile à distiller du poison. Leurs beaux kriss,

dont ils doraient et empoisonnaient les lames
ondulées, symbolisaient fort bien leur âme fas-
tueuse, violente et traîtresse. Mais leur lâcheté et
la mollesse de leur vie les rendaient moins dangereux. La volupté tenait lieu de narcotique à ces
petits êtres camards, sujets aux accès de folie. La
polygamie développait encore leur naturel jaloux.
Ils gardaient étroitement leurs femmes dans leurs
cases à pilotis recouvertes de feuilles sèches et
ombragées de grands arbres. Ils sont toujours les
mêmes ; et leurs femmes, empaquetées de mousseline, ont toujours, comme eux, l'humeur fantasque.
Les soirs de clair de lune, quand les poissons
remontent à la surface brillante des eaux, elles
descendent de leurs logis, et promènent leur
insomnie le long des grèves jusqu'à la pointe du
jour. Le mahométisme répondait si bien à leur
tempérament et avait si bien épousé leurs superstitions que je ne crois pas qu'on ait jamais vu à
Malacca un Malais converti à la foi chrétienne ; ou
si on en a vu un, on ne l'aura pas revu longtemps, car le poison ou le couteau l'aura vite sup-
primé. François n'avait à espérer aucune conversion de ces jaunes aux yeux fins et cruels. Et,
s'il se mit à traduire les prières dans leur langue,
ce ne fut point pour eux, mais pour les habitants
des Célèbes, les Macassars, dont on lui avait dit
qu'ils étaient prêts à recevoir le baptême.

Il se tourna du côté des Portugais qui auraient
absorbé le temps de toute une mission. Ce n'était

point qu'ils fussent bien plus nombreux qu'à Meliapor ; mais il y avait de la troupe. Ce n'était pas non plus qu'ils fussent plus dévergondés qu'à Goa ; mais ils gardaient moins les apparences. Ils avaient déserté l'église où leurs femmes ne paraissaient qu'en carême. Quelques-uns même s'étaient faits mahométans, et aussi mauvais mahométans qu'ils avaient été mauvais chrétiens. Jaloux de leurs harems, comme les Malais, ils l'étaient également de leurs honneurs et de leurs préséances. On voyait à la forteresse une dalle de pierre où Albuquerque avait fait inscrire les noms de ceux qui s'étaient signalés à la prise de la ville ; mais de telles rivalités éclatèrent qu'il donna l'ordre qu'on la retournât et qu'on gravât sur le dos ces paroles du Psalmiste : *Lapidem quem reprobaverunt ædificatores.* (La pierre rejetée par ceux qui ont bâti.) Belle épigraphe à mettre au fronton de cette conquête portugaise !

François avait recommencé sa vie de Goa. Logé à l'hôpital, il s'en allait sonnant sa clochette, rassemblait les enfants, enseignait le catéchisme et prêchait. On était heureux de posséder un homme qui marchait accompagné de la bénédiction de Dieu. Les soldats s'arrêtaient de battre les cartes quand il approchait ; mais il les priait en souriant de jouer tout à leur aise, ce qui valait beaucoup mieux que de courir les tripots et autres lieux déshonnêtes ; et, debout derrière eux, il s'intéressait à leur partie. Il fréquentait chez l'un et chez

l'autre ; il assoupissait les discordes ; il s'ingéniait
à ramener la décence dans les maisons dont il
devenait le familier. Il était souvent invité chez
un paillard qui entretenait un joli lot de jolies
esclaves, et, chaque fois qu'il y dînait, il obtenait
de lui qu'il en renvoyât une : « Allez, allez, lui
disait-il avec bonne grâce, vous n'en avez pas
besoin de tant pour vous mener en enfer. » Il
n'était jamais dur pour les vieux pêcheurs ; mais
il devinait leurs rechutes ; et la surprise qu'en
éprouvait le coupable était le commencement de
son repentir. Témoin Juan de Eyro dont l'histoire
est une des plus charmantes de ces *Mémorables*.

Juan de Eyro, marchand portugais, avait rencontré François à Ceylan en un temps où, fatigué
de ses trafics, et sa fièvre de lucre étant tombée,
le désir lui était venu de prendre sa retraite dans
le service de Dieu. Mais François se défiait de ces
vocations d'arrière-saison ; et il les encourageait
moins vite qu'il ne baptisait les Macuas. Il lui promit de le confesser plus tard à San Tomé de
Meliapor. Juan de Eyro arriva à Meliapor, se
rendit à la demeure du Père, et sa confession dura
trois jours. Il n'en fallait pas moins pour le faire
sortir, comme il dit, de la gueule du diable. Et
sachez au surplus qu'un homme de condition dis-
tinguée, Juan Barbudo, qui n'avait pas communié
depuis quinze ans, dut se confesser, lui, pendant
quinze jours avant de recevoir le Saint-Sacrement.
Ce n'était pas une petite affaire que de récurer

les âmes de ces rudes trafiquants. Une fois confessé, Juan de Eyro s'était dépouillé de ses biens,
mais pas absolument de tous. Le diable l'attendait
là. Il retomba dans ses vices et dans l'amour du
commerce. Il acheta un bateau et secrètement prépara sa fuite. Au moment où il embarquait, un
jeune garçon accourut et lui cria : « N'êtes-vous
pas Juan de Eyro ? » — « Je le suis ! » — « Eh
bien ! le Père vous demande. » Juan regarda la
mer toute bleue, son bateau, son équipage et le
sourire de ses péchés. Il se tourna un instant les
pouces, puis il soupira et répondit : « Eh bien !
j'y vais. » François l'attendait sur le perron de la
véranda et lui dit trois fois en secouant la tête :
« Vous avez péché, Juan de Eyro. » — « C'est vrai »,
répondit-il, penaud et le dos rond. Et François
reprit : « Confession ! Confession ! » Juan entra,
se confessa et, le soir même, il vendait son navire
et distribuait aux pauvres ses derniers pardaos.
Il le suivit à Malacca. Mais le diable le tenait
encore par un petit bout de son manteau. Dans
cette cité, où les tentations foisonnaient, il accepta
une aumône qui lui permit d'y succomber ; et
François l'envoya faire pénitence sur l'îlot des
Navires, un îlot verdoyant à quelques brasses du
rivage. La Vierge et Jésus lui apparurent. Jésus
l'attirait vers sa mère ; mais la Vierge le repoussait ; et Juan comprenait très bien pourquoi. D'ailleurs, elle le lui dit. Quand il revint et se confessa,
il passa sous silence cette apparition. Tout à coup

François le regarda : « Que vous est-il arrivé dans l'île, Juan de Eyro ? » Et, comme Juan feignait l'ignorance, le Père l'étonna pour tout de bon, en lui rappelant ce qu'il avait vu dans l'îlot des Navires par les yeux de l'âme ou par les yeux de la chair, car Juan n'avait point su s'il était endormi ou éveillé.

Nous pourrions détacher du procès de canonisation bien des témoignages du même ordre et aussi d'un ordre plus élevé, comme les prédictions, les exorcismes, les guérisons subites. Mais nous essayons de saisir avant tout la physionomie particulière de François de Xavier. Quand il essuie l'écume des lèvres d'un possédé, quand la santé des malades renaît sous l'imposition de ses mains, quand il réveille une jeune fille ou un enfant qu'on allait coucher parmi les morts, quand il prophétise les malheurs de cette ville sourde aux avertissements de son prophète, sa voix et ses gestes se confondent avec la voix et les gestes de tous ceux à qui Dieu départit les effluves de sa grâce et prêta le pouvoir de percer un instant les ténèbres du futur. Dans ces minutes sublimes où Dieu agit en lui et par lui, il devient en quelque sorte impersonnel. Et il en est de ses miracles comme de tous les miracles dont l'efficacité se limite au petit groupe qui les voit et les touche. Ils n'ont jamais l'effet décisif qu'il semblerait qu'on dût en attendre. Ils ne confèrent même pas au thaumaturge un ascendant durable : ils ne lui donnent qu'une

vogue qui s'affaiblit en se prolongeant. Les
hommes les réclament avec la même avidité qu'ils
souhaitent les fortunes soudaines, la science sans
apprentissage, le succès sans labeur, les profits de
la gloire sans ses incertitudes. Mais ces beaux
fruits, qui éclosent et mûrissent en une seconde,
et à de si rares intervalles, ne les nourrissent
point. Il n'y a pas d'exemple qu'on ait réformé
une communauté humaine à coups de miracles ;
et ce n'est pas dans ses miracles qu'il faut chercher le secret du charme de François. Du reste,
les thaumaturges ne manquaient point en Asie,
et les gens qui l'entouraient étaient incapables de
distinguer le vrai miracle de ses contrefaçons.

Mais ce que ne possédait aucun marabout, aucun
yogui, aucun sorcier malais, ce qui lui attirait le
respect des indigènes et la vénération des croyants,
c'était, avec l'ardeur de sa charité, la simplicité de
son attitude, la douceur de ses manières et ce je
ne sais quoi d'impétueux, de jamais lassé, qui
donnait tant de vivacité d'esprit à sa patience. Et
puis on sentait que cet homme, si peu ménager de
son corps, aimait néanmoins la vie d'un immense
amour. Les hommes ne suivent et n'exaltent que
ceux qui ont passionnément aimé leur bien le plus
cher. Peu importe qu'on le dépense sans compter :
la prodigalité est marque d'amour. Il y a des
façons de se tuer qui rehaussent à nos yeux l'importance prodigieuse que nous attachons au
bonheur de vivre. Sur le navire qui menace de

sombrer, François s'accroche aux agrès et supplie Dieu de ne pas le rappeler avant qu'il ait subi d'autres tempêtes et encore plus d'angoisses. Chaque minute de la vie est pour lui comme une pièce d'or pour le joueur. Chaque jour qui se lève lui apporte une possibilité merveilleuse de gagner des âmes à Dieu. Il en épie l'aube du sein même de la nuit. Il ne dort pas. Il craint le sommeil qui n'est pas seulement visité de beaux songes et qui souvent ressemblerait à la mort, si la mort était le néant. Il lui dispute des heures pour les ajouter à sa vie et pour qu'elle appartienne davantage à Celui de qui relèvent toutes ses pensées. Est-ce qu'on dort au Ciel ? Et Jésus a-t-il dormi durant son agonie ? Ses voisins de Malacca venaient coller leurs yeux aux fentes de la case de bambou où il se retirait après leur avoir souhaité le bonsoir. Ils le voyaient à genoux devant une table où étaient un crucifix, un bréviaire et une croix voilée. Et, quand sa nature humaine l'emportait, il s'étendait et posait sa tête sur un gros galet noir que les flots de la mer avaient longtemps poli [1].

---

[1] Je ne puis m'empêcher de songer à ces longues méditations nocturnes de François quand je relis les *Exercices* de saint Ignace et, par exemple, la *Contemplation* de la Nativité. « *Dans cette contemplation*, dit le saint, *je verrai des yeux de l'imagination le chemin de Nazareth à Bethléem... Je verrai les personnages... Je regarderai et je considérerai ce qu'ils font, comment ils ont voyagé, comme ils souffrent, afin que le Seigneur de toutes choses naisse dans une extrême pauvreté, et qu'après tant de travaux, après avoir enduré la faim, la soif, la chaleur, le froid, les injures et les affronts, il meure sur la croix ; et tout cela pour*

Cependant, déçu par la résistance des Malais, il désirait aller vers ces îles dont on lui avait dit que la plupart des indigènes n'étaient point musulmans, n'adoraient point d'idoles et se contentaient de saluer pieusement le lever du soleil. Et il interrogeait anxieusement l'horizon. Depuis bientôt un an, un prêtre de Malacca, Vincent Viegas, était parti, avec une troupe de soldats, pour Macassar où naguère un marchand portugais avait baptisé deux princes. La cérémonie avait sans doute ressemblé à celle que nous raconte Pigafetta, le compagnon de Magellan, lorsque son capitaine baptisa le roi de Zébu. On dressa une estrade sur la place et on y planta une croix. Le Roi y monta. Il n'était vêtu que d'un pagne de coton et de ses tatouages peints ; mais il portait au cou et aux oreilles de l'or et des pierres précieuses. On l'habilla tout de blanc ; on lui versa l'eau du baptême ; et le capitaine lui assura que, parmi les avantages dont il allait jouir, il aurait celui de vaincre plus facilement ses ennemis. On ne pouvait fonder grand espoir sur de pareilles conversions. Pourtant les Portugais retrouvèrent leurs princes aussi chrétiens que le marchand les avait laissés. Et tout eût

---

moi. *Et je réfléchirai pour tirer quelque profit spirituel.* » Que de fois en effet, le soir, après ses dures journées et ses longues marches, l'apôtre n'a-t-il pas dû refaire en imagination le chemin de Nazareth à Bethléem et aussi de Nazareth à Jérusalem ! « Les exercices sont restés sa lumière et son guide » dit le Père Alexandre Brou qui développe éloquemment cette pensée dans son livre sur *La spiritualité de saint Ignace.* (Beauchesne, 1914.)

été pour le mieux si, au départ des bateaux, un des princes n'avait constaté qu'une de ses filles lui manquait. La jeune princesse s'était fait enlever par un officier portugais et refusait énergiquement de retourner à terre. On n'eut que le temps de démarrer. A cette nouvelle, François changea de projet et décida d'aller plus loin que Macassar, jusqu'aux Moluques, aux îles des Épices, où, les uns venant avec le soleil, les autres venant du couchant, Espagnols et Portugais s'étaient rencontrés vingt-quatre ans plus tôt et avaient scellé dans la colère et le meurtre le fermoir de la chaîne de rapines dont ils enserraient le monde.

Il quitta Malacca le 1ᵉʳ janvier 1546. Jusqu'en mai 1547, il voyagea d'une île à l'autre dans un archipel où l'on ne naviguait que de jour, et encore la sonde à la main. Il descendit le détroit, longea Sumatra et Java, dont l'haleine des bois de senteur se répandait le soir dans les petits havres obscurs, et, laissant à gauche Macassar et les Célèbes, il remonta vers le Nord au milieu de toutes ces îles dispersées sur la mer comme une troupe d'oiseaux après une tempête et que Camoëns appellera bientôt « les nobles filles de l'Océan ». On ne saurait trop admirer le prestige des terres qui produisent les aromates et les ingrédients de nos sauces. Il n'y a vraiment de nobles terres que celles qui supportent dans la pierre ou dans le marbre la pensée d'un peuple ou que le travail des générations a repétries. Mais les sensations du goût et de l'odorat excitent puissamment les rêves des pauvres êtres de volupté que nous sommes. C'est moins à ses propres malheurs qu'à la muscade et aux clous de girofle que Camoëns doit de nous émouvoir encore. La brûlante haleine des Moluques circule dans les vers où il les célèbre : « Non loin de Tidor apparaît Ternate avec ses volcans qui vomissent des flammes. Vois ces arbres en fleurs dont les boutons parfumés deviendront le prix du sang de tes frères. Suis dans son vol rapide l'oiseau de feu qui ne touche la terre qu'à l'instant où la vie l'abandonne. Les îles de Banda s'embellissent de leurs fruits aux riches couleurs et du plumage éclatant de leurs oiseaux dont le bec hardi arrache au muscadier sa noix odorante... » Mais François eût voulu baptiser toutes ces îles du nom qu'il donnait à la plus sauvage de toutes : il la nommait *l'Espoir en Dieu*, tant elle lui paraissait pauvre et parce que l'homme qui s'y avançait devait tout attendre du Ciel. Il y toucha les deux extrémités de la misère morale, celle qui vient d'une civilisation dépravée et celle qui naît de la nature. Il passa de l'une à l'autre dans les paysages les plus impressionnants qu'il eût jamais contemplés : des montagnes, des volcans dont les torrents de cendre jonchaient les bois de sangliers brûlés et les grèves de poissons morts, des forêts vierges, des ravins abrupts, un monde que secouent des tremblements de terre et qui a l'éclat d'une fleur, des flammes infernales et toute la splendeur du matin de la vie.

Depuis l'arrivée des Européens, ces îles avaient une histoire dont les écheveaux d'intrigues trempaient dans le sang. On s'était empoisonné, massacré, réconcilié et encore massacré autour des poivriers et des clous de girofle. Sur certains points, les indigènes, de rage, avaient incendié leurs girofliers, qui n'en avaient repoussé que plus drus. Mais ils ne pouvaient pas trop se plaindre : d'abord, ils ne valaient pas plus cher que leurs envahisseurs, puis ils avaient eu la chance de posséder, de 1536 à 1539, un trésor plus rare que leurs épices : un bon capitan, Antonio Galvano. Il succédait à un pillard effronté dont il répara les désordres et dont il fit oublier les crimes et les scandales. On oublia jusqu'au visage du notable musulman de Ternate barbouillé, sur l'ordre de ce tyranneau, avec du sang de porc. Galvano sut contenir les Portugais et toucher le cœur des Malais. Il embellit et purifia leurs villes. Il en attira un assez grand nombre à la foi du Christ; il convertit même un Arabe. Et, bien qu'il eût abattu des pagodes, les indigènes l'appelaient « le père des peuples ». Instruit, lettré, d'une probité scrupuleuse, il finit mal. Les petits rois des Moluques avaient demandé qu'on le leur laissât toute sa vie. On s'empressa de le leur enlever. Ne s'étant point enrichi, il s'endetta. De retour à Lisbonne, ses vertus le conduisirent à l'hôpital. François aurait pu l'y rencontrer, soignant les malades, du temps qu'il cherchait à se renseigner sur les Indes. On aurait dû le lui présenter. Mais la figure de ce pauvre diable d'honnête homme ne servait point d'enseigne. Quand il mourut, le suaire où on le roula fut donné par une confrérie charitable. Il laissait deux livres, une *Histoire des Moluques* aujourd'hui perdue, et un *Traité des Découvertes dans l'Inde*, où il parle de lui comme d'un étranger, mais avec une noble fierté. On eût souhaité que François reconnût d'un mot le mérite de Galvano, son devancier, qui, le premier, avait eu l'idée de fonder des séminaires dans les Indes. Peut-être ne restait-il plus aucune trace de son passage.

A Amboine, où l'apôtre s'arrêta d'abord, ce furent surtout les gens d'Europe qui l'occupèrent. Pendant qu'il y était, des vaisseaux espagnols arrivèrent, escortés de vaisseaux portugais. Deux ou trois ans plus tôt, une Armada de la Nouvelle-Espagne avait pénétré, à Ternate, dans les eaux portugaises, par suite d'avaries ou simplement par bravade. Le roi d'Espagne l'avait désavouée ; mais, pendant qu'on attendait sa réponse, Espagnols et Portugais s'étaient battus, puis alliés pour battre les indigènes ; et maintenant, ils s'en retournaient aux Indes, d'où les chefs espagnols seraient expédiés chez eux. Ils se chamaillaient toujours, et le rivage d'Amboine, où le Portugal ne possédait qu'un fortin, retentissait du tumulte de ces conquistadors efflanqués. « J'eus un grand travail spirituel », dit François. Il eut en effet beaucoup de passions à calmer, d'âmes à tranquilliser, de mourants à assister, de morts à ensevelir. Il pourvut à tout, et sa charité fut contagieuse. Le sentiment d'admiration qu'il inspirait faisait plus que ses prêches et ses catéchismes : on s'amendait un peu pour ne point le contrister. Parmi les Espagnols, il y avait un prêtre de Valence, Cosme de Torrès, qui, depuis longtemps déjà, courait le monde, une de ces natures inquiètes que les vents et les courants se passent et emportent Dieu sait où. Mais Dieu guidait l'épave et, sur la grève où elle était venue échouer, lui ménageait un port. Il vit François et reconnut son destin. Les yeux de l'apôtre, humides d'une éternelle compassion et brillants d'une éternelle espérance, lui promirent la grande aventure qu'il avait vainement cherchée. Il ne lui en dit rien. Mais, deux ans plus tard, François le retrouvera à Goa; et ils prendront ensemble le chemin du Japon.

Les Européens d'Amboine ne mirent pas plus fortement à contribution les vertus du missionnaire que ceux de Ternate. A Ternate, on était tout au bout de l'Asie portugaise, et les Portugais s'y corrompaient avec délices. Les Malais ternatins étaient tous possédés de ce que le Père Coyssart, traducteur de Tursellini, appelle une charnalité exorbitante. Il semblait que, hormis les combats, ils n'eussent d'autres fonctions que de se reproduire.

Et, comme s'ils avaient jamais été tentés de l'oublier, on dit que des tambours passaient dès la pointe du jour dans les rues des villes et des villages et les réveillaient pour leur rappeler leur raison de vivre. Ils adoraient la parure et les parfums. Les hommes portaient des turbans ornés d'oiseaux de paradis et des chausses de damas éclatantes. Les femmes, aussi camuses que leurs maris, et plus foncées que des coings, entremêlaient leurs longues chevelures de fleurs et d'aigrettes. La chemise de mousseline qui leur descendait jusqu'aux genoux laissait transparaître leurs pantalons de brocart. Elles peignaient leurs paupières et leurs dents limées, et leur haleine embaumait les clous de girofle qu'elles avaient toujours dans la bouche. La nature qui les enveloppait était l'image même de la volupté avec tout ce que la volupté a de violences, de trahisons et de mélancolie. Le cratère du volcan ne cessait de fumer. Les rivières étaient pleines de crocodiles que Galvano nous dépeint azurés et dorés. D'énormes boas donnaient la chasse aux troupes d'oies noires. La chair des écrevisses les plus succulentes vous empoisonnait. L'ombre de la forêt vous rendait malade. La vie y ressemblait à cet arbre singulier que les Portugais nommaient l'arbre triste. Il se couvrait la nuit de fleurs odorantes ; mais, au lever du soleil, elles tombaient et ses branches languissaient.

Depuis le départ de Galvano. les conquérants

s'en étaient donné à cœur joie. La Reine, à qui le
capitan laissait encore quelques-unes de ses pierreries et son parasol royal, ne comptait plus les
misères et les iniquités que son défunt mari, le
sultan Boleije, avait introduites dans son royaume
avec ces hôtes insatiables. Ses trois fils étaient
morts. On l'avait trimballée de Ternate à Goa, de
Goa à Ternate. Et maintenant qu'elle s'était à
peine réinstallée sur son trône, un usurpateur,
traîné à Goa lui aussi, et investi par le Vice-Roi,
était en route et allait décidément mettre au ran-
cart sa vieille majesté. Quand elle fut dépossédée,
ruinée, elle se fit chrétienne et bonne chrétienne,
peut-être sous l'influence de François, qui ne s'en
est pas attribué le mérite, et elle dut au moins à la
religion de ceux qui avaient causé ses malheurs
la force de les supporter et l'espérance de recevoir
une couronne trop haute pour être à leur merci.

François avait vu arriver le nouveau Sultan.
C'était un homme séduisant et perfide. Il ne disait
jamais : le Roi de Portugal, sans ajouter aussitôt :
mon Seigneur et Maître, et il cachait bien de l'ironie
dans cette expression emphatique de sa servitude.
François crut un instant le convertir. Mais, s'il
aimait ses entretiens et lui faisait force embras-
sades, il tenait à Mahomet par les cheveux de ses
cent femmes ; et c'étaient des câbles. Puis ses
voyages l'avaient rendu très philosophe. Chaque
fois que le Père abordait les questions de doctrine,
il souriait, les yeux fixés sur ses chaussures de

maroquin, et, tout en jouant avec son collier d'or :
« Chrétiens et Maures adorent le même Dieu,
répondait-il ; je ne doute point qu'ils ne finissent
par ne faire qu'un. » Cette curieuse figure ne
déparerait pas un conte ou une tragédie de Voltaire. Du reste, il ne demandait pas mieux qu'un
de ses fils fût baptisé, pourvu qu'on lui assurât le
royaume des Iles du More. Et il ne contraria en
rien l'action apostolique de François. Les Ternatins
étaient mahométans ; mais leur mahométisme
n'était pas plus solide que les toits de feuilles de
leur mosquée. Ils y avaient été convertis par de
gros commerçants mores et surtout par de petits
colporteurs qui leur écoulaient la religion du Prophète avec la mercerie et le corail de leur éven-
taire.

En quelques mois, François transforma réelle-
ment la physionomie de cette ville licencieuse.
Les femmes du pays épousées par des colons apprirent de lui qu'elles avaient une âme et que
même leurs maris en avaient une. Et ceux-ci le
leur prouvèrent en restituant aux indigènes déconcertés des biens mal acquis. Toute l'île faillit
devenir chrétienne. Les Malais ternatins étaient
charmés. « Il y avait sujet de rendre grâce à Dieu,
écrira François : sa louange était incessamment
sur les lèvres de ce peuple nouvellement appelé à
la foi. Les garçons dans les places publiques, les
filles et les femmes dans les maisons, les labou-
reurs dans les champs, les pêcheurs dans leurs

barques chantaient, au lieu de leurs chansons coutumières, de pieux cantiques. » Tous les soirs, un homme de la ville, en habit de Confrère de la Miséricorde, recommandait aux prières du peuple les âmes du Purgatoire et ceux qui vivent en péché mortel. Dans les petites cases enfouies sous la verdure, cette voix encourageait les uns à la persévérance et éveillait chez les autres une crainte bienfaisante. Lorsqu'il quitta définitivement Ternate, il voulut embarquer de nuit afin d'éviter les pleurs et les lamentations de ses amis. Précaution inutile ! Il ne put échapper à leurs adieux. Ce Ternate, tant et peut-être si justement décrié par les historiens, c'est tout de même un des rares endroits où nous sommes bien sûrs que, partant de nuit, on alluma des flambeaux et des torches pour le voir plus longtemps et non pour s'assurer qu'il partait.

Sa correspondance si décousue et si incolore, même quand il parle de Ternate, devient subitement plus précise dès qu'il pénètre chez les sauvages. Pour la première fois, il sort des régions indéterminées où les rois, les reines, les princes, leurs cours et leurs peuples semblent empruntés au répertoire des dramaturges espagnols. Pour la première fois, il tient compte de la terre et des mœurs. Évidemment son imagination a été prise. Avant d'aborder au Japon, aucune contrée ne lui a produit une impression aussi vive. Le sauvage commençait à exercer sur les hommes civilisés une attirance qui n'allait que grandir. Il représentait

pour l'homme du XVIe siècle un élargissement du
monde. Il arrivait sur la scène au moment où l'antiquité renaissait. L'imagination s'étendait à la fois
dans l'espace et le temps et découvrait les deux
pôles de l'humanité. Mais, avant que, d'une courbe
hardie, ont eût essayé de les joindre par-dessus le
christianisme, avant qu'on eût demandé à l'homme
de la nature de nous mieux faire comprendre
l'homme d'Homère et qu'on eût cherché dans la
sagesse naturelle une nouvelle justification de la
sagesse païenne, le missionnaire, comme s'il avait
prévu le coup, avait bravé pour le sauvage la
mort et, pis que la mort, la torture. Ne soyons
pas étonnés que les Jésuites, issus des Universités,
aient été de si grands missionnaires. Ils demeuraient fidèles à leur mission d'embrasser le monde
moderne et de le défendre contre tous les retours
du naturalisme et du paganisme. Ils baptiseront
les sauvages comme ils expurgeront les auteurs
profanes.

Les Moluques renfermaient toutes les espèces
de sauvages, depuis celle dont le type est plus près
du nôtre que celui des Malais et des Chinois, jusqu'au type bestial du Papou. Leur couleur allait
du jaune cannelle au noir. Il y en avait d'inoffen-
sifs ; il y en avait de féroces. C'étaient des enfants
aux Célèbes, des anthropophages à Bornéo. Il y en
avait dont l'abjection était telle que les missionnaires reculèrent, non de peur, mais de désespoir.
Ceux que vit François offraient encore quelque

prise. Il les chercha d'abord dans les montagnes d'Amboine et dans l'île voisine de Ceram. Il ne voyageait point comme les Portugais, en palanquin, aux cris assourdissants des porteurs. Il allait à pied, traversant les rivières et les marais, escaladant les ravins, se frayant un chemin dans les broussailles épineuses où des nuées de moustiques le harcelaient. On campait avant le coucher du soleil, dont la disparition est suivie si brusquement de la chute des ténèbres. On se hâtait de dresser un petit toit de feuillage. A défaut de tigres et de panthères, on avait à se défier de ceux que l'on cherchait, des Alforous, grands chasseurs de têtes. Dans certains villages une tête humaine bien coupée avait le même prix et l'a encore que jadis une chevelure chez les Iroquois ; et le jeune guerrier qui courtise une fille ne saurait lui offrir un plus beau présent de fiançailles. François les croyait cannibales. D'autres voyageurs prétendent qu'ils ne le sont pas, qu'ils jettent les corps décapités ; mais ils rapportent les têtes au village en soufflant dans leurs conques, et, avant d'être montées en trophées, on les abandonne aux enfants qui y sucent du courage.

Ceram, où il resta peu de temps, était déjà un séjour très dangereux. A Ternate, on considéra comme une folie son désir de visiter l'île du More. Les sauvages avaient la réputation d'y être plus farouches que partout ailleurs, et surtout depuis que les Mores les avaient excités contre les Portugais. Ils avaient tué deux prêtres qui s'étaient risqués chez eux. Quand ils n'égorgeaient pas les étrangers, ils mêlaient à leurs aliments des poisons infaillibles. François répondit aux objurgations de ses amis qu'il était nécessaire que les âmes de l'île du More fussent instruites et qu'il se sentait dans l'obligation de perdre la vie du corps pour assurer à son prochain la vie de l'âme. Alors ils voulurent bourrer ses poches d'antidotes. Mais il sourit et leur dit seulement que, s'ils le recommandaient à Dieu, leurs prières seraient le meilleur des contre-poisons. Et il gagna la côte redoutable.

Il s'enfonça dans l'intérieur et y vécut trois mois. Il nous a tu ses aventures qui furent souvent celles d'un coureur des bois. Ce que son corps souffrit, il nous le laisse deviner par l'énumération de ce qui manque dans ces îles et des périls qu'on y rencontre : elles n'ont ni pain, ni vin, ni troupeaux ; très peu d'eau potable ; une terre volcanique qui s'ébranle à chaque instant ; des chaleurs accablantes ; et les Mores sont aussi impitoyables que les naturels sont ingrats. Mais comme elles sont fécondes en consolations spirituelles ! « Elles semblent faites à souhait, s'écrie-t-il, pour qu'un homme, en peu d'années, y perde les yeux à force de verser des larmes de joie. » Il ne lui souvient pas d'avoir été nulle part tant et si continuellement consolé. « Et cependant on n'y marche qu'entouré d'ennemis ou d'amis peu sûrs. Pas un remède pour se défendre des maladies ; pas une de ces choses dont le secours est nécessaire pour entretenir ou protéger la vie. »

Jamais il ne fit pareille chasse aux âmes. Dès qu'ils l'apercevaient, les Alforous s'enfuyaient. Il fallait gravir des pentes à pic où frappait le soleil, et s'engager dans des jungles. On arrivait enfin à un village. Sauf la cabane sacrée où pourrissaient les trophées de guerre, les huttes étaient closes. Tout paraissait inhabité et mort. Même aujourd'hui la venue d'un étranger produit encore chez quelques-unes de ces tribus le même effet que le passage d'un spectre. Il frappait aux portes. Parfois un murmure ou un cri lui répondait ; mais personne ne lui ouvrait. Il les appelait à lui tendrement, aimablement, comme un oiseleur. Une porte s'entre-bâillait. On distinguait debout, armé d'une lance, un homme nu ; derrière lui, une femme effarouchée et des enfants aux yeux ronds. « Peu à peu, nous dit le Père du Jarric, ces barbares, alléchés par sa candeur et débonnaireté, commençaient à s'approcher de lui. Pour lors, le Père les prenait, les embrassait et leur faisait autant de caresses qu'un père à ses propres enfants. » C'est peut-être dans cette attitude, au milieu de ces peuplades dont les pieds touchent les plus bas échelons de l'humanité, que François de Xavier a laissé la plus émouvante image de lui-même. Comme sa pensée se reportait souvent aux îles du More, loin de Goa, loin des Portugais, loin de tout, mais plus près de Dieu, la nôtre y retourne souvent aussi pour le voir serrer sur son cœur les derniers des derniers enfants de la misère humaine.

Si nous en croyons de vieilles gens qui témoignèrent au Procès de canonisation, la fin de son séjour aux Moluques fut assombrie. En quittant Amboine, il prédit que dans tel ou tel village, autour de la forteresse, il y aurait des apostasies. Il ne se trompait point, et, comme le disait un dicton populaire, « les gens d'Aroda furent mauvais pour accomplir la prophétie du saint Père François ». Cependant, le bien qu'il avait fait dans ces îles dura plus longtemps que la domination portugaise ; et les croix qu'il y avait élevées survécurent aux persécutions des Musulmans, aux erreurs et aux crimes des Portugais et de leurs successeurs les Hollandais, qui trouvèrent le moyen d'être plus inhumains, car aussi pillards, mais plus disciplinés dans le pillage, ils étaient dépourvus de la générosité chevaleresque dont les Albuquerque, les Jean de Castro, les Galvano et, en somme, beaucoup d'autres s'étaient montrés capables. Si invraisemblable que cela paraisse, les Hollandais ont rendu aux Portugais le service de les faire regretter, non seulement parce qu'une nouvelle tyrannie adoucit toujours le souvenir de l'ancienne, mais parce qu'en effet les indigènes respiraient mieux sous des maîtres dont la dureté était moins une politique que l'effet des tempéraments individuels et qui, soit qu'ils obéissent à la voix de leurs apôtres ou que leur humeur cédât aux conseils de la volupté, consentaient parfois à les traiter comme leurs semblables. Les races du Midi, par leurs vertus les plus hautes comme par leurs vices les plus avoués, tendent toujours à fraterniser avec les peuples conquis. Les races du Nord, jamais. Les Hollandais n'eurent point de Xavier. Et ils eurent beau s'allier aux Musulmans pour déraciner la foi catholique, un grand nombre de pauvres Moluquois bravèrent les tourments, afin de demeurer toute l'éternité les enfants du prêtre étranger qu'ils n'avaient vu ou plutôt que leurs parents n'avaient vu qu'une heure.

CHAPITRE VIII

L'HORIZON S'ÉLARGIT

Le retour de François à Malacca fut marqué par deux incidents : l'un qui forme aujourd'hui le sujet d'un des vitraux de la cathédrale ; l'autre qui est à l'origine d'une des plus sanglantes tragédies de l'histoire des Missions.

Le premier se rapporte à une attaque nocturne tentée contre la ville par les Mores et le roi d'Achin [1]. Elle aurait pu être désastreuse ; elle ne le fut pas. Les assaillants n'enlevèrent en guise de butin que des oies, qu'ils apportèrent à leur prince pour lui prouver qu'ils avaient vraiment débarqué. On délibéra si la flotte portugaise se jetterait à leur poursuite ; et l'expédition fut décidée, dit-on, sur les instances de François. Les jours passèrent. Aucune voile ne reparaissait. On crut à une défaite qui

---

1. Le royaume d'Achin ou Atchem était situé au nord-ouest de Sumatra : aujourd'hui possession hollandaise dont le chef-lieu est Kota-Radja. Les Atchemois étaient des Malais particulièrement cruels. Leurs rois ne désarmèrent jamais contre les Portugais. Leur haine fut encore alimentée au xviie siècle par les Hollandais qui poussèrent partout en Asie les indigènes à se jeter sur les Européens catholiques, jusqu'au jour où ils durent protéger leurs conquêtes et où, leurs sauvages alliés les attaquant à leur tour, ils se montrèrent impitoyables.

mettrait Malacca en grand danger. Les sorciers malais ne se faisaient pas faute d'assurer que tous les marins portugais avaient péri jusqu'au dernier. Ils voyaient leurs cadavres au fond de la mer ; et ces beaux masques sinistres soufflaient sur la panique. Ce fut alors que, du haut de la chaire, François gourmanda la population de sa crédulité et lui annonça la victoire des Chrétiens, le jour même où le roi d'Achin était battu, et, en tout cas, bien avant que la nouvelle ait pu lui en parvenir. Il n'en parle pas dans ses lettres ; et le Père Francisco Perez, arrivé à Malacca six mois après l'événement, ne semble pas y avoir attaché l'importance excessive que lui donnèrent plus tard les hagiographes. Mais entre le récit très simple qu'il nous en fait et les dépositions qu'on recueillit au bout d'une dizaine d'années, les imaginations avaient préparé le vitrail. L'expédition prit des proportions épiques, et peu s'en fallut qu'on n'en reversât tout l'honneur sur maître François.

Mais, à ce moment, il en concevait une autre dont les conséquences allaient être plus graves. Il y a dans sa vie, comme dans celle des grands aventuriers, un fort élément de romanesque. La Providence travaille pour lui ; mais elle ne peut se manifester que par des concours de circonstances pareils à ceux dont s'alimentent les romans d'aventures. Les plus belles situations sortent d'une rencontre imprévue. Au moment où tout va finir, l'erreur d'un aubergiste, une diligence manquée, fait que tout recommence.

François avait envoyé d'Amboine, l'année précédente, à Mansilhas et à Jean de Beira l'ordre de venir aux Moluques. Il les destinait à ce séminaire de martyrs, comme il nommait les Iles du More, convaincu qu'elles seraient de toutes les terres d'évangélisation celle qui donnerait le plus de martyrs à la Société de Jésus. Il comptait sans le Japon et sans la Chine ! Mansilhas, qui s'était rebellé, avait trouvé un remplaçant ; et les deux missionnaires étaient déjà à Malacca. François put les avertir des labeurs que leur réservait leur nouveau poste. J'imagine que, lorsqu'il les conduisit au navire, il les vit s'éloigner avec une secrète envie sur cette route où, dix-sept mois plus tôt, il s'était éloigné lui-même. Son retour dans l'Inde et à Goa lui causait des appréhensions. Il aurait voulu revivre encore ses nuits de prière au milieu des Alforous, où son âme s'élançait du plus misérable état des hommes jusqu'à Jésus Notre-Seigneur, sous un ciel dont les étoiles resplendissaient comme la face des Saints. Rien ne lui rendra l'émotion qu'il ressentit à mettre ses pieds hors de tous les chemins tracés. Sainte émotion, mais où entre peut-être un peu de cette curiosité profane qui pousse l'homme à visiter toutes les beautés de la terre. Sainte émotion, mais où perce peut-être un peu de l'amour-propre du voyageur heureux de s'être avancé plus loin que les autres. Il

nous semble l'entendre : « Mon Dieu, pardonnez-
moi si cet amour-propre, cette curiosité, se sont
mélangés aux pieuses convoitises d'un cœur qui
ne bat que pour vous! Désormais, je retourne à
un monde défloré, dont je connais les aspects, les
tristesses, les dangers, où je connais tout, sauf les
nouvelles misères qu'il vous plaira de m'y envoyer...
Ce Mansilhas! Quelle ingratitude!... Je reviens sur
mes pas ; mais j'aurais souhaité d'aller au delà et
encore au delà. Je reverrai mes pêcheurs de Comorin et ceux du Travancore, et les Portugais de
Goa. Et pourtant, ils ont moins besoin de moi que
tant d'autres qui vous ignorent comme moi-même
j'ignore leur nom. La Chine a des attraits confus.
Mais aucune voix ne m'y appelle. Votre volonté ne
semble point que j'y aille. Seigneur, où m'avez-
vous préparé mon tombeau? L'Inde est vaste. Et
il y a Ceylan. O mon Dieu, donnez-moi d'y annoncer
votre parole et d'y établir votre règne. A quoi lui
servent les trésors dont elle se vante et les amants
dont elle fait la fière? Mes yeux sont pleins de
larmes à l'idée des belles îles que vous avez tirées
du sein des flots et qui languissent dans leur opu-
lence, ne sachant pas qui vous êtes, ne sachant
même pas que vous êtes! » Et, tout en songeant
ainsi, François se rend à l'église où il doit célébrer
un mariage.

Pendant qu'il officie, deux hommes sont entrés
et s'arrêtent près du seuil. L'un est Portugais ;
l'autre, qui paraît tout petit et tout menu, pour-

rait être un Malais ; mais son teint est plus foncé, ses yeux plus bridés ; il porte des vêtements sombres et un sabre dont le fourreau de laque ne ressemble pas à ceux de la Malaisie. Sa main fine serre le manche d'un éventail qu'il a passé dans sa ceinture. Son compagnon s'est penché à son oreille, et, lui indiquant le prêtre : « Voici, dit-il, celui que vous avez tant cherché. » Le petit homme jaune sourit, incline la tête et aspire un peu d'air entre ses dents. La cérémonie se termine. Les nouveaux époux sortent : l'homme, content de lui ; la femme, une métisse, toute brillante de sa vertu neuve, car, n'en doutez pas, ce mariage n'est qu'une réconciliation avec Dieu, que le Père maître François a encore opérée. S'il n'a pas marié autant de Portugais qu'il a baptisé d'indigènes, c'est que les Portugais étaient en infime minorité ; mais, relativement, il en a marié bien davantage. Il va, lui aussi, quitter l'église, quand les deux hommes s'avancent vers lui : « Est-ce vous, George Alvarez, mon cher fils ? s'écrie doucement et joyeusement François. Loué soit Dieu ! » — » Ah ! très cher Père, répond le Portugais, nous nous joignons enfin ! Si vous venez de loin, nous venons d'encore plus loin, du Japon. Mon ami, le seigneur Yagirô, un Japonais, désespérait de vous rencontrer. » Ici, le seigneur Yagirô, qui s'était tenu en arrière, s'approche, et, trois fois de suite, se courbe si bas que sa tête touche presque ses genoux. Mais François lui tend les mains et sourit à cette âme qui l'a cherché et dont il ne sait pas qu'elle lui apporte un monde. « Notre histoire sera longue, reprend Alvarez, et si vous le permettez, bien que mon ami comprenne le portugais et commence à le parler, c'est moi qui vous la conterai. »

C'était, en effet, une assez longue histoire. Depuis cinq ou six ans, les Portugais, portés par un typhon, avaient retrouvé le fameux Cipangu dont Marco Polo avait entrevu les palais, couverts d'or fin. Les indigènes les avaient accueillis avec une politesse dont ils avaient été charmés, et qu'ils ne semblent pas avoir payée de retour, car on les jugea grossiers, mais d'humeur paisible. Peu à peu, des rapports commerciaux s'établirent sur deux points importants de la grande île de Kiushu : à Funai, capitale de la province du Bungo, et dans la baie profonde de Kagoshima. Or, deux ans plus tôt, Alvarez se trouvait à Kagoshima, prêt à appareiller, quand, une nuit, un Japonais, monté dans une barque et accompagné de deux domestiques, accosta son navire. Ce Japonais, le seigneur Yagirô en personne, avait commis un mauvais coup, probablement un crime passionnel, et supplia Alvarez, qu'il connaissait, de le recevoir et de le sauver. Ce n'était point un Samuraï. Ses relations avec Alvarez nous laissent supposer qu'il appartenait à la classe des marchands ou à celle des patrons mariniers qui faisaient le cabotage sur les côtes japonaises. Mais les Portugais le considéraient comme un personnage, et il était trop poli pour les démentir. On leva l'ancre. Pendant la traversée, Alvarez l'entretint de religion et lui parla de son grand ami, le Père maître François de Xavier. Yagirô avait une intelligence supérieure à la moyenne, et, comme beaucoup de ses compatriotes, le goût passionné de la nouveauté. Le remords de son crime le tourmentait-il ? En tout cas, l'idée d'en obtenir l'absolution par le baptême ne l'étonna point. Alvarez avait du reste remarqué des analogies singulières entre le culte japonais et le culte chrétien : les femmes allaient aux temples avec de gros chapelets, et il avait ouï-dire que bien des hommes expiaient leurs fautes au fond des monastères. François ne perdait pas un mot de ce récit, et ses yeux s'abaissaient doucement sur le visage impénétrable et souriant du Japonais, qui regardait la terre.

Dès qu'on fut à Malacca, Yagirô s'était présenté au vicaire et lui avait exposé son désir de se faire chrétien avant de retourner au pays, où il avait laissé sa femme : « Vous êtes donc marié? » lui demanda le vicaire. — « Je suis marié. » — « Et vous irez rejoindre votre femme, une païenne ? » Yagirô lui avoua que c'était son intention. « Alors, reprit le vicaire, il faut que vous renonciez au baptême : je ne puis baptiser un homme qui compte vivre encore avec une femme païenne. » François interrompt : « Êtes-vous certain, mon ami Alvarez, que les choses se sont ainsi passées? » — « J'y étais, très cher Père, et je fus même assez

surpris, car je sais que vous avez souvent baptisé
des femmes dont le mari restait païen, et des
hommes dont la femme n'était pas encore chrétienne. Et je dis à mon ami : « C'est dommage
que le Père maître François ne soit pas ici : il
vous aurait baptisé, lui. » François soupire et
pense en lui-même : « Quelle pitié qu'on ait dans
les missions des prêtres aussi ignorants des lois
de l'Église ! »

Repoussé par le vicaire, Yagirô était reparti pour
la Chine, et là, il s'était embarqué sur un vaisseau
qui devait le ramener au Japon. Il n'était pas à
plus de vingt lieues de son pays, qu'une épouvan-
table tempête le força de regagner les côtes chi-
noises. Justement, un bateau portugais y était en
partance, et un de ceux qui le montaient lui assura
que, cette fois, sûrement, il rencontrerait le Père
à Malacca. « Et le voici, Maître François, Dieu ne
voulait pas qu'il rentrât chez lui sans vous avoir
vu. » — « Christ Jésus, très sainte Trinité ! murmure François, car, dans toutes ses émotions, ces
mots lui montaient naturellement aux lèvres.
Dieu vous récompense, mon ami Alvarez ! Mais
je ne vous tiens pas quitte. Vous me coucherez
par écrit tout ce que vous avez vu et observé au
Japon, afin que nous fassions connaître ce pays
au roi de Portugal et à nos chers Pères de Rome.
Et vous, mon enfant, remercions Dieu ensemble
d'avoir placé sur votre route des hommes si
dévoués au salut de votre âme. » Il lui a pris la

main, il lui caresse l'épaule. Yagirô est habitué à
des manières douces, mais régulières et froides.
Il rougit de la surprise et de la fierté que lui cause
l'effusion de cet accueil insolite. A vrai dire, il ne
comprend pas très bien qu'un homme d'aussi
haute renommée, un des bonzes les plus vénérés
parmi les bonzes de l'Occident, se comporte aussi
familièrement à l'égard d'un inconnu. En d'autres
circonstances, il aurait vu là une marque de faiblesse, un manque de dignité, et il n'en aurait
conçu qu'une plus belle opinion de lui-même et de
sa race. Mais l'homme qu'il avait en face de lui
ne ressemblait à aucun des hommes qu'il avait
encore rencontrés. Et le doux saisissement qu'il
éprouvait donnait un sens à toutes les complications de sa vie, depuis la nuit de sa fuite jusqu'au
jour où, pour la seconde fois, il avait abordé à
Malacca.

C'est ainsi que, d'après une lettre de lui et
le rapport d'Alvarez, on peut se représenter la première rencontre de François de Xavier et du Japon.
Sans l'inintelligence d'un vicaire et sans une tempête, François, qui n'avait plus que quatre ans à
vivre, n'aurait point acquis ce qui fait la moitié de
sa gloire, pour ne pas dire plus, aux yeux de la
postérité.

Pendant huit jours, Yagirô vécut à ses côtés.
L'apôtre n'avait pas encore trouvé en Asie de caté-
chumène comparable. Le Japonais assistait à ses
instructions sur la doctrine chrétienne et prenait

des notes comme jadis ses élèves du collège de
Dormans-Beauvais. Et ce que François disait en
public ne lui suffisait pas : il le questionnait sur
les points qu'il craignait d'avoir mal compris.
Songez à la joie d'un maître qui, pour la première
fois, est interrogé par un élève. Jusqu'à présent il
n'a parlé qu'à des ignorants dont la docilité était
aussi irraisonnée que leur indocilité ou à des
savants, comme les brahmes, qui, persuadés qu'il
ne savait rien, ne consentaient même pas à discuter avec lui. Et il s'est vainement adressé à leur
raison. Un instinct très sûr, — nous en avons la
preuve dans son catéchisme traduit en langue
malaise, — l'avertit de ne pas trop insister sur le
côté surnaturel de la religion. Il n'a point peur
d'offusquer l'entendement de ses auditeurs ; mais
il se propose avant tout de les ramener par la foi
à l'observation de la loi naturelle. Il semble s'être
rendu compte que le merveilleux chrétien n'était
pas assez merveilleux pour agir sur des esprits
saturés d'extravagances. Un évêque italien d'Agra
disait, au XIXe siècle : « Dès que nous parlons à
un Hindou des miracles de Jéhovah ou du Christ,
il nous oppose aussitôt les miracles bien plus sur-
prenants de Krichna qui éleva une montagne sur
son petit doigt en guise de parapluie. Il ne doute
aucunement de la réalité de nos récits ; il n'est
surpris que de leur simplicité. En pareille matière,
rien ne lui paraît trop extraordinaire. Si vous lui
racontiez que, pour dessiller les yeux des Corin-

thiens, saint Paul a fait descendre sur la terre le soleil et la lune et les a fait ensuite rebondir à leur place respective comme des ballons, il le croirait sans difficulté ; mais, à l'exemple du chevalier de la Manche, il se rappellerait aussitôt une folie plus incroyable encore de son type idéal, c'est-à-dire de Krichna. » Mais voici un néophyte qui discute, qui veut être persuadé. « Terre ! Terre ! » crièrent les matelots de Colomb qui oubliaient déjà leurs longs roulis sur des gouffres vides ; de même, François eût volontiers crié : « Raison ! Raison ! » Aucun lever d'aurore ne valait à ses yeux ce point du jour de la raison humaine.

Il y avait donc dans cet Extrême-Orient, si tranquillement enivré de mensonges, des hommes capables de s'élever par leur intelligence réfléchie à la connaissance de la vérité. « Yagirô, mon cher fils, si j'allais dans votre pays, vos compatriotes se feraient-ils chrétiens ? » Yagirô penchait la tête de côté, respirait longuement et lui répondait : « Pas tout de suite ; ils vous poseraient d'abord beaucoup de questions. Et si vos paroles les satisfaisaient, si votre vie leur paraissait conforme à vos paroles, au bout d'une expérience de six mois, le Roi, la noblesse et les gens distingués se convertiraient, car notre peuple ne se régit que par la raison. » La réponse de Yagirô, que François transmettait aux Pères de Rome, nous donne une idée avantageuse de ce Japonais. Il était assuré-

ment sincère ; et il indiquait avec finesse quelques-
uns des traits caractéristiques de ses concitoyens :
leur esprit questionneur, leur sens critique qui, du
reste, s'attaque moins aux idées qu'aux personnes,
et leur prétention aux méthodes rationnelles. Mais
il ne pouvait avertir François que leur raison ne
raisonnait pas comme la nôtre, que les syllogismes
qui nous convainquent ne les touchaient guère,
qu'Aristote nous séparait encore plus que les
Océans et qu'ils étaient encore plus des imagi-
naires que des êtres raisonnables.

Après huit jours d'entretiens qui achevèrent
d'enflammer l'apôtre, celui-ci s'embarqua pour
Cochin. Il n'avait point baptisé Yagirô ; et Yagirô
ne l'accompagna pas : en quoi l'un et l'autre riva-
lisèrent de délicatesse. François prétexta qu'il
réservait à l'évêque de Goa la joie de baptiser le
premier Japonais ; mais, au fond, il ne voulait pas
avoir l'air de blâmer ouvertement le vicaire de
Malacca qui lui avait refusé le baptême. Peut-être
aussi, en reculant cette cérémonie, désirait-il s'assurer que Yagirô ne lui échapperait point. Il était
en effet de toute importance que ce Japonais vînt
à Goa, qu'il se perfectionnât dans l'étude du christianisme et de la langue portugaise et qu'on lui
inculquât le respect des arts et des industries de
l'Europe. Quant à Yagirô, qui eût été heureux de
voyager en compagnie du Père, il fit passer avant
son plaisir son devoir de reconnaissance envers
Alvarez, et, en Japonais fidèle aux obligations

de l'intraduisible « giri », il attendit pour partir que celui qu'il considérait comme son bienfaiteur se mît en route. Il arriva à Goa cinq ou six jours avant François qui s'était arrêté à Cochin.

CHAPITRE IX

RETOUR DANS L'INDE

François revenait dans l'Inde ; mais l'espoir
d'évangéliser le Japon marchait devant lui sur les
flots. Il eut à subir pendant sa traversée une tempête qui l'effraya plus que les autres parce que la
vie, depuis qu'il avait rencontré Yagirô, lui semblait encore plus désirable. L'évêque était à Cochin,
en tournée pastorale [1]. La vue de François lui
débonda le cœur. Que de nouvelles et quelles nouvelles ! Michel Vaz ? Mort. Diogo de Borba ? Mort.
Michel Vaz avait rapporté de Lisbonne son titre
d'Inquisiteur qu'il s'était aussitôt appliqué à justifier ; et il était mort dans une forteresse de la
côte, à Chaul, empoisonné. Par qui ? On soupçonnait des Juifs ; on soupçonnait des Brahmes ; on

1. Il visitait aussi les Chrétiens de Saint-Thomas. François n'a
pas connu ces Chrétiens qui habitaient le Malabar et dont les
petites communautés, perdues dans les vallons au milieu des
sombres forêts de tecks, gardaient pieusement les vertus de la
vie chrétienne primitive. Ils avaient leurs églises en pierres rougeâtres, leurs belles cloches aux inscriptions syriaques, leur bible
que tous savaient lire. On regrette que l'Apôtre ne leur ait pas
rendu visite et n'ait pas essayé de rétablir entre eux et leurs
frères d'Europe des relations rompues depuis le Concile de Nicée.
Il y aurait été sans doute plus habile que le clergé goanais.

soupçonnait de riches Portugais ; on soupçonnait des membres du clergé ; on l'avait même soupçonné, lui, l'évêque ! Le gouvernement ne soupçonnait personne et n'avait manifesté aucun désir de connaître la vérité. Et sa mort en avait causé une autre. Diogo de Borba se trouvait chez le doyen du chapitre quand on la lui avait annoncée. Il en était sorti en poussant des cris et des gémissements et s'était mis au lit où la fièvre, en quatre jours, l'avait envoyé rejoindre l'Inquisiteur. « Ce n'est pas d'un bon chrétien de se laisser ainsi dominer par la douleur, avait dit le doyen : il devait se soumettre à la volonté de Dieu. » Le doyen s'y était soumis avec une satisfaction évidente. Ces événements étaient déjà vieux de onze mois ; mais l'évêque en tremblait encore.

Tout allait de mal en pis : concussions triomphantes, impunités scandaleuses ; les chrétiens indigènes pressurés ; les juges et les capitans toujours à vendre et à revendre. Et le vice-roi ? C'était maintenant Jean de Castro, l'ancien explorateur de la Mer-Rouge. Il avait inauguré son règne par une victoire sur les Musulmans, qui avait sauvé l'empire portugais. Au nord de Goa, à Diu, ces mécréants avaient juré de baigner dans le sang des Frangui leurs moustaches retroussées et tordues ; mais Jean de Castro les avait taillés en pièces. En avril, il était rentré à Goa, le front ceint de lauriers, traînant à sa suite des captifs enchaînés ; et de toutes les fenêtres, de tous

les balcons, pleuvaient sur lui des fleurs et des
parfums. Il avait vaincu comme un chrétien et
triomphé comme un païen. Il manquait de modestie ; et, bien qu'on n'eût rien à lui reprocher du
côté des mœurs, on aurait pu souhaiter un gouverneur plus zélé pour la religion. Le Roi, en
réponse aux lettres de François et d'après les rapports de Michel Vaz, lui avait adressé des instructions sur la répression des abus et des idolâtries ;
mais elles l'avaient mis de fort méchante humeur.
Il se plaignait de l'ingérence de l'Église dans les
affaires politiques de la colonie. Et l'on en était
toujours au même point. A Goa, les artisans païens
continuaient de ciseler leurs affreuses idoles.
A Cochin, les sorciers continuaient de mêler leurs
sorcelleries à la vente du poivre. Les nouveaux
convertis n'étaient ni soutenus ni récompensés.
Les pêcheurs travaillaient à des prix dérisoires
pour le compte des seigneurs capitans. Les Portugais vendaient, comme par le passé, des esclaves
aux Infidèles. Et les membres du clergé se déchi-
raient souvent entre eux.

François écouta les doléances de l'évêque. Elles
le confirmèrent dans sa résolution de partir au
plus vite pour le Japon ; et il écrivit deux lettres,
l'une au Roi, l'autre à Simon Rodriguez. Dans la
première, il se déclarait incapable de supporter
plus longtemps la situation que le gouvernement
de l'Inde faisait à la religion chrétienne ; et il
suppliait le prince de sévir. Trois ans auparavant

et l'année précédente encore, d'Amboine, il lui avait proposé un remède dangereux : l'Inquisition. Maintenant il lui en proposait un moins dangereux mais plus chimérique, dont Simon Rodriguez était chargé de le convaincre : « Que le Roi s'adresse à son gouverneur de l'Inde, quel qu'il soit, et lui dise : « Je ne me fie à aucun religieux, à commencer par les membres de la Compagnie de Jésus, autant qu'à vous pour étendre dans cette partie de l'Inde la foi de Jésus-Christ. Je vous commande de faire chrétienne l'île de Ceylan et d'accroître le nombre des chrétiens du cap Comorin : choisissez des religieux, donnez-leur tout pouvoir sur les membres de la Compagnie... et, si l'île de Ceylan n'est pas tout entière chrétienne, si notre foi ne se propage pas... » oh ! alors, que le Roi fasse un serment et qu'il le tienne !... « Si vous ne déchargez pas ma conscience, je jure que, dès votre retour à Lisbonne, vous serez saisi, mis aux fers, jeté en prison et que tous vos biens seront confisqués. »

On voudrait effacer ce passage des lettres de François : il n'est ni d'un apôtre, car un apôtre n'abdique pas ainsi entre les mains de l'autorité civile, ni d'un organisateur, car, si le Roi et la Compagnie l'ont envoyé dans l'Inde, c'est afin d'organiser les missions, et non pour en remettre le soin au vice-roi. Rien n'est heureux de ces conseils que lui dictent bien moins son expérience, comme il le dit, que son impatience et son irritation. On sent dans cette menace de jeter le gouverneur aux fers une sorte de réplique au récent triomphe de Jean de Castro. Et je n'aime pas plus son insistance à subordonner humblement les membres de la Compagnie aux volontés du gouverneur : elle semble leur créer une place spéciale même dans l'obéissance. Enfin le Roi n'était pas si coupable. Que pouvait-il contre les « saintes jalousies », *santos ciumes*, qui, selon l'euphémisme de François, paralysaient l'action du clergé ? En quoi était-il responsable des négligences que l'on avait apportées dans l'accomplissement de ses ordres? Et ces ordres étaient-ils tous applicables ? C'est très joli, quand on est à Lisbonne, d'exiger que les emplois importants soient réservés aux nouveaux convertis; mais, si les nouveaux convertis sont des parias, la politique et le bon sens exigent qu'on ne tienne pas compte des ordres du Roi. Le Roi ne connaissait l'Inde que par des lettres remplies de dénonciations et de contradictions; et ceux qui lui écrivaient ne voulaient connaître que leurs propres affaires. François lui-même, qui y est arrivé depuis dix ans, la connaît-il quand il parle de christianiser Ceylan en moins de temps qu'il ne faut pour qu'un courrier aille à Lisbonne et en revienne ? Quant au vice-roi, qui devait continuellement lutter contre les ennemis de l'extérieur, il était excusable de reléguer au second plan, si bon chrétien qu'il fût, les intérêts immédiats d'une religion dont l'intérêt permanent dépendait de la sauvegarde des possessions portugaises. Fâcheuse lettre qu'on pouvait interpréter comme une mise en accusation de l'homme dont le courage et la décision avaient épargné au Portugal la ruine de ses colonies.

L'air de l'Inde était décidément mauvais pour François, et le souvenir de son échec politique dans l'affaire de Manar ne l'empêcha pas de retomber aux mêmes errements. Il s'occupa d'abord de l'état des missions qu'il avait fondées. Le roi du Travancore avait changé de sentiment à l'égard des Portugais et des missionnaires ; et le Père, que François y avait envoyé, avait quitté son poste, découragé. François l'y rappela sévèrement. Au cap Comorin, Antoine Criminale et Henri Enriquez, deux hommes selon son cœur, parlaient déjà le tamoul, composaient une grammaire et un lexique, et se débattaient avec une belle opiniâtreté dans les embarras que leur créaient chaque jour les Musulmans, les Brahmes et leurs chrétiens. On était loin de la grande moisson rêvée.

Le voisinage de Ceylan raviva son ancienne blessure. Une nouvelle occasion d'y implanter la foi semblait s'offrir. A mesure que le roi de Cotta s'était éloigné des Portugais, son rival le roi de Kandy s'était rapproché d'eux. Il prétendit même avoir reçu le baptême d'un moine franciscain, mais que l'heure n'avait pas encore sonné de publier sa conversion ; et il priait, en attendant,

qu'on attachât à sa personne cinquante soldats portugais. Les soldats arrivèrent flanqués de moines.
Battu par le roi de Cotta, il lui en fallut bientôt
cinquante autres. Et tout à coup on ne fut plus
bien sûr que le monarque était chrétien. La pagode
de Kandy, qu'il avait fait maquiller en église
catholique, redevenait un temple bouddhique par-
fumé de frangipanes. Les gongs n'y sonnaient plus
la messe. On se perdait en conjectures. Les uns
croyaient à la conversion; les autres pensaient
qu'elle était imminente; d'autres estimaient que
tout n'était que comédie. Il ne devait pourtant pas
être extrêmement difficile de retrouver, s'il existait, le Franciscain qui lui avait administré le baptême. Mais nous sommes en plein imbroglio. Et
les exigences de Sa Majesté grandissaient. Elle
réclamait maintenant cent guerriers européens
pour défendre sa couronne et sa conscience.
François ne resta pas quinze jours à la Pêcherie.
Bien que, dans ses lettres, il ne nous ait pas touché
mot de son voyage à Ceylan, nous ne pouvons
douter qu'il connut, pendant quelques jours, la
cité charmante de Kandy, la ville d'or du Ramayana,
et le lac où se miraient ses palais de marbre, ses
pagodes, ses arbres aux teintes brillantes pareils
à des fleurs gigantesques et sa race, une des plus
belles, des plus indolentes et des plus fausses du
monde. Mais il ne parvint pas à résoudre l'énigme
du baptême. Il admit simplement que le Roi
vivrait en chrétien et favoriserait le christianisme

dans ses États, si le Portugal consentait à le protéger ; et, sur cet espoir, il partit en toute hàte
pour Goa, accompagné d'un ambassadeur cinghalais.

Jean de Castro se préparait à retourner au Nord,
à Baçaim, d'où il surveillerait les Musulmans et le
golfe de Cambaye. Il n'avait pas le temps ou ne
voulut pas prendre le temps d'écouter François.
L'arrivée de l'apôtre lui fut d'autant plus importune qu'il ne lui avait pas pardonné la part qu'il
avait eue dans les instructions royales, et que sa
santé défaillante lui faisait mesurer avec terreur
la tâche qui lui restait à accomplir aux jours qui
lui restaient à vivre. François ne se tint pas pour
battu. En dépit des vents contraires, il le poursuivit jusqu'à Baçaim. Il se passa là, entre eux,
une scène qui les honore autant l'un que l'autre.
On était dans la semaine sainte. François prêcha ;
et Jean de Castro, remué par sa parole, ne vit plus
en lui que l'homme qui l'aiderait à mourir. Il
avait aimé la gloire, sa patrie et Dieu. La gloire
ne l'avait pas trompé ; sa patrie lui serait reconnaissante; et voici que Dieu lui dépêchait un bon
pilote à l'heure difficile de franchir la barre. Il lui
accorda l'envoi d'une troupe au roi de Kandy, dont
l'ambassadeur fut magnifiquement traité. Cela, il
le fit moins par conviction que par lassitude, et
aussi parce qu'il lisait dans les yeux de François
une grande espérance de conquérir Ceylan et
qu'après tout, avec ces hommes inspirés, les pré-

visions humaines les plus probables ont quelquefois tort. Il ne vécut pas assez pour regretter sa
faiblesse ; et nous ignorons si François se repentit
de s'être engagé dans une affaire qui tourna à la
confusion du Portugal. Le roi de Cotta regagna la
confiance du roi de Kandy ; et tous deux tombèrent
d'accord que le Portugais était leur seul ennemi.

François n'était point de force à déjouer les
ruses des princes tamouls ou cinghalais. L'âme
hindoue se dérobait à son autorité, demeurait
fermée à sa séduction. J'en vois bien des raisons,
mais une surtout qu'il faut noter. C'est qu'au fond,
au fin fond de lui-même, malgré toute sa charité,
il n'aimait pas l'Inde, et n'aimait rien de l'Inde.
« Nation la plus ignorante que j'aie encore ren-
contrée ! écrira-t-il à Ignace. Nation très barbare,
inconstante, sensuelle, fourbe, vicieuse, déraison-
nable. » Il ne s'intéresse aux Hindous que par
volonté. Le ton change, dès qu'il parle des Japonais. Il manifeste à leur endroit une curiosité qui
descend jusqu'aux moindres détails. Il a suivi
le pinceau de Yagirô et remarque qu'il écrit de
haut en bas. « Pourquoi, lui demande-t-il, n'écrivez-
vous pas comme nous de gauche à droite ? » Et
Yagirô de lui répondre : « Et vous, pourquoi
n'écrivez-vous pas comme nous ? Puisque la tête
de l'homme est en haut et ses pieds en bas, il est
naturel que son écriture aille du haut en bas. »
François rapporte à Ignace cette belle raison. Ce
sont là de petites choses où se sent la vraie ten-

dresse. Il ne nous donnera pas un seul trait semblable sur les mœurs et les usages de l'Inde.

Jean de Castro avait encouragé son projet d'aller au Japon, mais à la condition qu'il ne s'éloignât point de Goa avant de lui avoir fermé les yeux. François y revint en avril ; et, le mois suivant, le Vice-Roi l'y rejoignait, abattu par la maladie et par la nouvelle d'un gros échec de sa flotte devant Aden, dont il avait rêvé la conquête. Il s'éteignit le 6 juin. Sa cassette ne contenait qu'une discipline dont les taches rouges prouvaient qu'elle lui avait servi, quelques pièces de monnaie, et une mèche de sa barbe. Au lendemain de la victoire de Diu, à court d'argent, il avait envoyé un de ses fils demander aux habitants de Goa vingt mille pardaos pour payer ses soldats, et il avait joint à sa demande, comme gage, cette mèche de poils. La ville lui renvoya aussitôt l'étrange nantissement avec ses actions de grâces et la somme dont il avait besoin. Les femmes n'avaient pas hésité à se dépouiller de leurs parures et de leurs pierreries. Avant de mourir, il dicta à François et à trois autres témoins un acte où il recommandait au Roi des officiers qui s'étaient distingués et le priait « pour l'amour de Dieu et en considération de l'heure où il se trouvait », de pardonner à un certain Enrique de Sousa (dont nous ignorons la faute) « eu égard à sa pauvreté personnelle et à celle de l'orpheline qu'il avait épousée ». Nos yeux se reposent sur le lit de mort de ce grand explorateur, grand capitaine, bon politique, gentilhomme chevaleresque et homme de bien qui disparaissait à quarante-huit ans, en pleine gloire et dans toute la noblesse de la pauvreté.

François attendit encore onze mois le moment de partir pour le Japon. Il retourna à la côte de la Pêcherie, il revint à Goa, il redescendit à Cochin, revint une seconde et une troisième fois à Goa. On ne voyait que son embarcation sur les flots. Il réchauffe les courages ; il excite les bonnes volontés. Les missionnaires qui reçoivent ses visites ne tarissent pas, dans leurs lettres, sur les émotions qu'ils ressentent à le voir et à l'entendre. Les instructions, qu'il leur laissera par écrit et qu'il leur répétera jusqu'à la fin de sa vie et que sans doute il leur détaillait dans ses entretiens, ont un caractère universel qui en fait encore aujourd'hui un excellent « manuel » du missionnaire.

D'abord, que le missionnaire se préoccupe de sa conscience avant de se préoccuper de la conscience des autres. « S'il n'est pas « bon » pour lui, comment le serait-il pour autrui ? » Qu'il ne s'étonne pas de rencontrer des doutes sur les Sacrements et l'Eucharistie : « Comment n'en aurait-on pas en nous voyant, nous prêtres, vivre si différents de ce que nous devons être ? » Il insiste sur la gaîté que le visage du prêtre doit refléter, sur sa douceur, sur sa modestie, sur sa bienveillance. Qu'il n'affecte aucune austérité. Mais qu'il ne se livre point ; que, dans ses relations spirituelles, il converse comme si ses amis d'aujourd'hui pouvaient être ses ennemis de demain (*Dure maxime, que les Jésuites n'ont pas inventée, et dont tout homme public appelé à diriger des hommes, et chargé d'intérêts plus considérables que les siens, a souvent, hélas ! vérifié la justesse.*) Qu'il n'accepte aucune obligation de personne afin de garder son indépendance. « Il nous en coûte de remplir notre devoir de réprimande envers ceux qui nous ont obligés. » Bien des gens déréglés rechercheront son amitié, qui ne désireront qu'en couvrir leur inconduite. On peut accepter leurs invitations, mais à condition de les sermonner. (*On sait combien de conversions lui valurent ces dîners à la table des pêcheurs.*) Il ne faut recevoir aucun présent de valeur. « S'il vous arrive des comestibles, envoyez-les aux malades, aux prisonniers et aux pauvres. » Quant aux petits cadeaux faits à la maison, il convient de ne pas les refuser, car « le refus scandalise les Portugais ». Envers le pouvoir civil, respect absolu. Ne jamais rompre avec ceux qui le représentent, quelque erreur qu'ils commettent ; le missionnaire essaiera de les ramener par son exemple et par ses entretiens ; mais il ne se chargera en aucun cas des doléances que les fidèles le prieraient de leur transmettre.

En second lieu, la prédication. « Que le missionnaire ne prêche jamais sur les questions controversées par les docteurs, mais uniquement de choses claires et de doctrine morale. » (*Excellent conseil et dont peuvent faire leur profit tous ceux qui vont parler à l'étranger, car il importe d'initier les « gentils » non à nos controverses, mais aux idées nettes et précises qui se dégagent de notre civilisation.*) Qu'il s'attache de toute sa force à remuer les passions dans l'âme des auditeurs et qu'il leur tire des larmes. (*Ici, je ne puis m'empêcher de remarquer un des traits les plus féneloniens de François de Xavier : l'apôtre des Moluques et l'auteur du* Télémaque *ont la même conception de l'éloquence et appartiennent à la même famille d'esprits : tous deux impérieux et sensibles, bons observateurs de la nature humaine avec des échappées vers l'utopie, mobiles et autoritaires.*) Que le prédicateur ne reprenne jamais du haut de la chaire des hommes importants, car, repris ainsi publiquement, loin de s'amender, ils deviennent pires.

Après la prédication, la confession. Que le confesseur n'inspire aucune crainte aux pénitents jusqu'à ce qu'ils aient achevé l'aveu de leurs péchés. « Faites léger ce qui en soi est grave. » Il y a des personnes qui n'ont jamais osé dévoiler à leurs confesseurs certains péchés, à cause de la confusion qu'elles en ressentaient. « Aidez-les : dites-leur que vous en connaissez qui en ont commis de plus grands ; s'il le faut, découvrez-leur quelques misères de votre vie passée. Parlez de miséricorde et non de désespoir. » (*Assurément ce ne sera pas la méthode des Jansénistes, du moins leur méthode*

*avouée ; mais on surprend ici, à son origine même,
celle des Jésuites si humaine, et qui date de beaucoup plus loin qu'eux, du premier confesseur qui a
connu les fausses hontes du cœur.*) Enfin, qu'il n'y
ait dans les mortifications imposées rien d'étrange,
rien qui excite les moqueries ou les risées du public.
(*On peut voir dans ce conseil une désapprobation
formelle des pénitences à grand fracas dont les
Portugais aimaient assez le spectacle.*) Et voici qui
est plus particulier à l'Inde : « Quand vous aurez
à confesser des capitaines et des marchands, faites
qu'ils vous exposent d'abord la manière dont ils
procèdent dans leurs opérations commerciales. Si
vous vous contentez de leur demander : « Avez-
vous fait quelque tort? » ils vous répondront :
« Aucun. » (*Rappelons-nous les trois jours de confession de Juan de Eyro !*)

Enfin des conseils généraux : « Ne mêlez jamais
les séculiers à vos querelles, et ne vous plaignez
jamais des indigènes devant les Portugais. (*Recommandation très louable : il ne faut pas que l'Européen puisse s'armer des paroles du missionnaire
pour mépriser ou molester des gens qu'il considère
déjà comme ses inférieurs.*) Quant aux femmes,
voyez-les seulement à l'église ou, si vous êtes
obligés d'aller chez elles, que ce soit accompagné
d'un homme de bien, et le moins souvent possible.
Elles prennent beaucoup de temps ! Si elles sont
mariées, occupez-vous surtout des maris : ils sont
moins inconstants. S'il y a discorde dans le mé-

nage, traitez avec l'homme ; et n'ayez aucune confiance dans les dévotions de celles qui prétendent qu'elles serviraient Dieu davantage en se séparant de leurs maris. Ces dévotions-là durent peu et se réalisent d'ordinaire en scandales. Ne donnez jamais tort publiquement au mari, même quand il l'aurait ; car les femmes sont endiablées. »

Ces instructions devaient être plus agréables à entendre dans le décousu d'un entretien qu'elles ne le sont à la lecture. Il a beau, quand il les rédige, les numéroter article par article : il en est comme des récits de ses lettres où l'ordre naturel est sans cesse rompu. Il n'ordonne point rigoureusement ses pensées, et c'est un défaut pour un organisateur. Il en avait d'autres. On l'admirait ; on le vénérait ; mais les plus avisés désiraient tout bas un directeur qui ne fût pas uniquement, et par intermittence, un excitateur d'énergie. Ses trois années de Malacca et des Moluques avaient paru lourdes aux nouveaux venus jetés dès leur arrivée dans d'étranges solitudes ou tombés au milieu des stériles agitations de Goa. Ceux qui avaient approché Ignace, comme l'Italien Nicolas Lancilotti, éprouvaient un peu l'impression de gens qui, après avoir travaillé sous la direction d'un homme d'État, se trouveraient tout à coup mis aux ordres d'un capitaine aventureux et inspiré. L'écho de leurs déceptions était allé jusqu'à Rome. Les lettres peu substantielles de François, ses absences prolongées, avaient surpris Ignace ;

et on peut attribuer à un étonnement, qui ne voulait pas s'exprimer, le silence qu'il garda et dont
François souffrit. Quand la flotte royale mouilla le
4 septembre 1548 au port de Goa, le courrier de
Rome distribua des lettres de lui à plusieurs missionnaires et n'apporta rien à l'apôtre.

Ces bateaux, si vides pour son cœur, lui amenaient de nouvelles recrues, et particulièrement
deux hommes qui étaient aux deux pôles de la
Société de Jésus : Gaspard Barzée et Antonio
Gomez. Barzée, Flamand des îles de Zélande,
ancien élève de Louvain, puis soldat des armées de
Charles-Quint, puis ermite au Mont-Serrat, puis
domestique d'un trésorier royal de Lisbonne, enfin
novice à Coïmbre et membre de la Compagnie,
avait l'âme d'un mystique, les audaces spontanées
des Xavier et des Loyola, le coup d'œil sûr et
prompt, une incroyable ardeur de vie. Sa profes-
sion de novice est belle comme un hymne, avec
l'accent farouche de la passion. « Je servirai le
prochain quel qu'il soit, sans exception aucune,
lépreux, pestiféré, cancéreux, tous les infirmes de
l'hôpital, quels que soient la nature et le caractère contagieux de leur mal. Je m'offre pour toute
espèce de voyage dans les contrées les plus éloi-
gnées. J'irai sous des vêtements grossiers et
déchirés. Je m'exposerai à la faim, à la soif, au
froid et au chaud, à la pluie et à la neige, à toutes
les privations et à toutes les épreuves... » Il dira
plus tard : « Je m'aide de tous les artifices que j'ai

appris dans le monde pour voir si par eux je puis autant servir Dieu que par eux je l'ai desservi. Je tâche de rire avec ceux qui rient ; je chante quelquefois avec ceux qui chantent... Si je savais qu'à me voir danser quelqu'un dût en tirer un profit spirituel, je danserais. » Pendant la traversée, qui avait été terriblement houleuse, debout près du timonier, il bénissait la tempête. Du premier coup, il se donna entièrement à François dont il n'était pas digne, disait-il, de délier la chaussure.

Quand on passe de Barzée à Gomez, on passe du tumulte de la vie et du grondement de la mer à une salle de conférences ou de théâtre. Gomez était un homme de bonne famille, dont l'intelligence avait été très remarquée au séminaire de Coïmbre, et qui s'était déjà fait au Portugal une belle réputation de prédicateur. Polanco nous dit que les gens quittaient les courses de taureaux pour aller l'entendre. Il en était devenu aussi avantageux qu'un toréador. Nul don, si l'on n'y prend garde, ne nuit plus à la modestie et au jugement que celui d'une parole facile et brillante. Simon Rodriguez, le plus pompeux et le moins sûr des compagnons d'Ignace, l'avait fait nommer par ce dernier Recteur du collège de Sainte-Foi, et munir par le Roi de pleins pouvoirs pour jeter aux fers et expédier à Lisbonne ceux qui lui sembleraient mal édifiants. La raison en était sans doute dans la conduite de François toujours absent de Goa. On lui envoyait un suppléant. Gomez arrivait,

frais émoulu du séminaire, et faisant sonner haut
ses nobles relations et ses puissants protecteurs.

Le collège de Sainte-Foi, bien bâti, possédait une
grande église et de spacieux terrains. Mais ses
fondateurs n'avaient aucune expérience pédago-
gique. Ils y avaient fourré des Hindous, des Malais,
des Cafres, des Ethiopiens, des Cinghalais, des
Chinois, des êtres bizarres dont on ne connaissait
pas le lieu d'origine, des princes, des fils de pêcheurs, des enfants achetés pour deux francs à
Baçaïm, les uns en bas âge, les autres déjà mous-
tachus et probablement mariés. Aucun spectacle
de Goa ne passait en pittoresque ce jardin d'accli-
matation de l'Eglise goanaise. Vous apercevez d'ici
les fiers élèves de l'Université de Coïmbre trans-
plantés dans cette école primaire de Babel. L'un
servait de portier; et feu Diogo de Borba, quand il
le voyait armé d'un bâton au seuil de sa loge,
croyait voir l'Ange chargé de garder, l'épée à la
main, l'entrée du Paradis terrestre; l'autre apprenait la grammaire latine aux plus intelligents de
ces cacatoès, à ceux dont Diogo disait « qu'ils
montraient déjà un talent distingué ». Quand on a
rêvé, du fond de son Académie de Coïmbre, la gloire
de combattre une armée d'infidèles et de prêcher
la loi du Christ, comme le Père maître François,
devant des centaines de Brahmes; quand on a,
comme saint Paul et comme Ignace, ceint ses reins
de vérité, revêtu la cuirasse de la justice, chaussé
le zèle de l'Evangile, saisi le bouclier de la foi, le

casque du salut et l'épée de l'Esprit, il est dur d'aboutir à une loge de concierge ou à une petite classe d'échantillons humains dépareillés. Lancilotti avait fait contre fortune bon cœur ; et l'humble et charmant Micer Paul de Camerino, une de ces âmes exquises dont le monde ne devine le parfum qu'en les foulant aux pieds, vaquait du matin au soir à tous les soins de l'administration. « Sa sollicitude suffirait à éloigner les démons ! » s'écriait Diogo : elle suffisait du moins à empêcher le coulage.

Après y avoir installé les nouveaux Jésuites, François partit pour la côte de la Pêcherie. Quand il revint à Goa, deux mois après, en novembre, il n'était bruit dans toute la ville que de l'éloquence de Gomez. On s'écrasait à ses sermons. Et l'éloquent Recteur lui exposa doctoralement ses projets : fondation d'un petit séminaire ou école préparatoire à Cochin par exemple, et transformation du collège de Sainte-Foi en un grand séminaire, en une sorte d'université de philosophie et de théologie, en un Coïmbre hindou. Il fallait en finir avec ce caravansérail où ne régnait aucune discipline et où les élèves étaient recrutés en dépit du sens commun. Nous avons une lettre de Gomez où il raconte à Simon Rodriguez la satisfaction profonde avec laquelle François l'écouta : « Je lui ai expliqué que le nerf et la force de la Compagnie, selon la pensée du Père Ignace et selon la vôtre, sont dans les collèges créés pour développer la piété et les lettres. » Que cela est bien dit ! Mais comme Antonio a manqué sa vocation ! Il était né pour professer les belles-lettres dans une petite ville et pour y prêcher le Carême. François l'écoute, moins encore que Gomez ne s'écoute lui-même, et François le juge. Gomez prend pour des marques d'assentiment flatteur le silence et la réserve de l'apôtre. Il est le seul des missionnaires que la présence de François n'intimide pas ou n'exalte pas. Devant cet homme déjà revêtu de sainteté, il ne sent aucune confusion de sa faiblesse, aucun sentiment d'émulation. Je ne serais pas surpris que François lui eût paru un peu surfait.

D'ailleurs, tout n'était pas mauvais dans ses idées ; et l'on ne pouvait rien objecter à sa critique du collège de Sainte-Foi. Mais le moins qu'on pût dire des bouleversements qu'il préméditait, c'est qu'ils étaient prématurés et qu'ils attestaient chez lui, en même temps qu'une ignorance complète et naturelle de l'Inde, une extraordinaire suffisance. Sa lettre à Simon Rodriguez sent d'une lieue le pédant. François lui exposa-t-il à son tour son opinion telle qu'il la donnait un peu plus tard à Ignace : que la chrétienté ne subsisterait dans l'Inde qu'autant que les prêtres d'Europe y demeureraient et y vivraient, et qu'il fallait renoncer à l'espoir de voir la Compagnie s'y perpétuer par les Hindous ? On a tout lieu de croire qu'il se contenta de lui recommander la prudence et la modération, soit qu'il comptât sur l'expérience pour l'assagir ou qu'il craignît de ne pouvoir persuader un avocat si disert. Il était venu à Goa se plaindre au nouveau gouverneur, le vieux Garcia de Sâ, du capitan de Comorin qui pillait et violentait les Paravers. Il repartit; et, bien que dans sa première lettre à Rodriguez, de janvier 1549, il le remerciât « de la consolation que lui avait procurée l'arrivée d'Antonio Gomez », il est permis de penser qu'il en éprouva de plus grandes et de moins mélangées d'inquiétude. Mais il ne voulait point attrister ou blesser son cher Simon Rodriguez, le plus cher de ses amis après le Père Le Fèvre.

L'heure approchait de son embarquement pour le Japon. Il était à Cochin, en train d'organiser, non un petit séminaire, mais une simple école, quand tout à coup Barzée l'y rejoignit. Barzée n'aimait point Gomez. L'impérieux Recteur avait décidé d'ouvrir un noviciat sur la côte, à Chali, tout près de la principauté de Tanor, dont le rajah jouait avec les Portugais la même comédie que les rois de Ceylan; et il avait donné l'ordre à Barzée d'aller reconnaître les lieux. Sa mission remplie, Barzée accourait avertir François et lui apportait les nouvelles de Goa. Les Pères commençaient à murmurer. Les élèves du collège, peu habitués aux façons brusques et à la sévérité d'un recteur qui les traitait comme s'ils avaient eu dix siècles de christianisme dans les veines et qui prétendait les soumettre aux mêmes règlements que leurs collègues de Coïmbre, se sauvaient par-dessus les murs ; et la peur de la férule les rejetait dans les mille bras de leurs démons. Le manque d'égards d'Antonio Gomez, qui ne daignait même plus le consulter et qui tranchait déjà du Supérieur, et ses agissements inconsidérés irritèrent d'autant plus François qu'il était à la veille d'entreprendre un long voyage dont ses amis s'efforçaient de le dissuader. On s'effrayait à l'idée qu'il s'aventurât sur des mers si lointaines, infestées de pirates et peuplées de monstres. On lui laissait entendre, et d'aucuns lui disaient sans ambages, que sa présence dans l'Inde ferait plus de bien aux missions que tout l'honneur d'une exploration nouvelle. Les maladresses de Gomez donneraient du poids à leurs arguments. Il reprit en hâte le chemin de Goa, résolu de lui substituer Barzée dans la direction du collège et de le substituer à Barzée au poste d'Ormuz.

Il allait se heurter à plus fort que lui. La faconde et l'esprit superficiel de Gomez convenaient beaucoup mieux aux Goanais que les vertus de François, et il s'était acquis parmi eux des amis influents. Un des fondateurs de Sainte-Foi, le notaire de la matricule, Cosme Anes, qui craignait d'avoir été desservi près de Sa Majesté, avait obtenu de lui qu'il ferait agir en sa faveur les puissants protecteurs qu'il avait à Lisbonne ; et il lui était aussi dévoué qu'on l'est à un homme par qui l'on espère recevoir une décoration. L'évêque, tiraillé entre son clergé d'une part et de l'autre les

Dominicains et les Franciscains, n'avait, pour se consoler de toutes ses tribulations, que les fêtes carillonnées et les sermons de Gomez. Bref, à peine François eut-il exprimé sa volonté de déplacer le recteur, que ces hauts personnages intervinrent et protestèrent. L'apôtre dut céder. Il avait touché de la main les limites de son autorité morale. On est fier d'avoir possédé des saints : leurs reliques font la fortune d'une église. Mais qu'ils sont parfois gênants, quand on les a! Nous enlever le Père Antonio Gomez, qui parle si bien, lorsque vous vous préparez à nous quitter encore? O mes chers frères, que diriez-vous si je vous annonçais que je reste?

Il ne pouvait pas rester. Chaque jour l'abreuvait d'amertume. Le vieux gouverneur venait de conclure la paix avec les Musulmans et s'opposait, par crainte de leur déplaire, à l'envoi de missionnaires dans l'île de Socotora. François n'admettait point cette prudence politique. Il essaya de parer aux querelles intestines que la présomption de Gomez menaçait d'allumer après son départ; Paul de Camerino aurait la haute main sur les Pères qui vivaient loin de Goa, et les attributions de Gomez se borneraient au gouvernement du collège. Ce n'était qu'un arrangement précaire. Mais il brûlait de s'éloigner. Sa dernière lettre au Roi est d'une âpreté saisissante : « Votre Altesse ne peut rien dans l'Inde pour y propager la foi. Elle ne peut qu'acquérir et garder des richesses temporelles.

Que Votre Altesse me pardonne de lui parler aussi clairement... L'heure du jugement approche, qui est l'heure de la mort que nul ne peut fuir, si puissant qu'il soit. Pour moi qui sais ce qui se passe ici, je n'ai aucun espoir de voir exécuter les ordres et les provisions qu'Elle enverra en faveur des chrétiens. Et c'est pourquoi je m'enfuis au Japon. Je ne veux pas perdre plus de temps que dans le passé. Que le Seigneur donne à Votre Altesse de sentir du fond de l'âme sa très sainte volonté, et qu'il Lui fasse la grâce de l'accomplir parfaitement comme Elle souhaiterait de l'avoir accompli à l'heure de sa mort, lorsqu'Elle devra rendre compte à Dieu de toute sa vie; et cette heure viendra plus vite que Votre Altesse ne le croit. Qu'Elle s'apprête. Les royaumes et les seigneuries ont une fin. Ce sera une nouveauté pour Votre Altesse et une surprise que d'en être dépossédée à l'heure de la mort et d'entrer dans d'autres seigneuries et royaumes où ce Lui sera encore une nouveauté de recevoir des ordres : et fasse Dieu que ce ne soit pas hors du paradis ! » La traduction ne rend pas les négligences abruptes du texte portugais. Qu'il écrive au Roi ou à Mansilhas, François ne se préoccupe que de sa pensée, et il répète les mêmes expressions sans plus se fatiguer de sa monotonie qu'un sonneur de glas.

Et pendant ce temps-là, que devenaient Yagirô et ses deux domestiques ? Ils étaient logés, hébergés, traités comme des princes cinghalais au col-

lège de Sainte-Foi, et même mieux que des princes.
Yagirô était admis à la table des Pères. On l'avait
baptisé en grande cérémonie. Fifres, trompettes,
timbales, sonnerie des cloches, rien n'avait
manqué. Un Père tenait le bassin, un autre les
saintes huiles, un autre le cierge. On avait pro-
cessionné dans le cloître. Et l'évêque avait jubilé.
Quel prestige donne la singularité et à quel titre
de noblesse équivaut l'avantage d'être seul de son
espèce ! Un petit mercier du faubourg Saint-Denis
tue son voisin, se sauve, s'embarque sur un
navire étranger, et, quand il débarque dans un
royaume d'Orient, se voit promu à la dignité de
prince ou d'ambassadeur. On l'entoure, on le fête,
on le choie, on l'encense. Mais non : les Orientaux
sont d'ordinaire un peu plus réservés que nous.
Les Brahmes de l'Inde ou les bonzes du Japon
n'auraient pas battu tous leurs gongs en l'honneur
du petit mercier. Disons-le à l'avantage de Yagirô :
il résista à ces vapeurs de gloire. Il édifiait toute
la maison. En six mois, il avait appris à lire et à
écrire le portugais. Il savait par cœur l'évangile
de saint Mathieu et le commentaire que lui en
avait composé Cosme de Torrès. C'était près de
lui que, pendant ses séjours à Goa, François
oubliait ses déboires et reprenait confiance. Il
l'interrogeait, il recueillait avidement ses réponses.
Était-ce possible ? Qui l'aurait cru ? Le Japon connaissait l'Enfer, le Purgatoire, le Paradis, les
anges, les saints, les pèlerinages, la confession.

les jeûnes, les cas de conscience, les sermons où
l'on pleure ! L'idée seule de ce Japon lui rend toute
sa jeunesse. Son âme s'élance sur la route houleuse avec la même allégresse que, sept ans plus
tôt, sur le chemin des Indes. Quelle puissance d'illusion ! Quel ressort incomparable ! Jamais lassé,
jamais vaincu. Ses déceptions le font rebondir plus
haut et plus loin.

CHAPITRE X

L'ARRIVÉE AU JAPON

François emmenait avec lui Yagirô, le Père Cosme de Torrès, récemment admis dans la Compagnie de Jésus, et un jeune Portugais, Juan Fernandez, qu'un coup de la grâce avait retiré du monde et jeté dans l'apostolat. Le choix de ces deux missionnaires était excellent. Cosme de Torrès avait la passion des aventures ; ses longs voyages l'avaient endurci à tous les labeurs ; et il suivait François comme l'étoile apparue au plus sombre de sa nuit. Quant à Juan Fernandez, qui, par amour de l'humilité, avait refusé l'ordination pour rester frère, il offrait à François la garantie d'une obéissance absolue ; et son éducation mondaine était un avantage quand on allait chez un peuple dont on connaissait déjà la politesse raffinée.

Partis le 25 avril, les voyageurs entrèrent au port de Malacca le dernier jour de mai 1549. Ni tempêtes, ni pirates : la mer souriait à l'entreprise. Mais François est triste, de cette tristesse qui surprend souvent les hommes les plus énergiques à la veille du dernier grand effort que

réclame la réalisation de leur rêve. L'image des
dangers où il court, et que ses amis ont encore
exagérés, a peut-être ébranlé son esprit. Et il se
mêle à ce sentiment le souvenir des reproches
qu'ils lui ont adressés et que pourraient lui adresser
les Pères de Rome : on l'a accusé de tenter Dieu.
Non ! C'est Dieu qui le pousse vers ces terres lointaines. Il est sûr de ne vouloir que ce que Dieu
veut. Et il éprouve, dans ses premières lettres, le
besoin de justifier sa conduite. On sent aussi qu'il
ne parvient pas à écarter de sa pensée les appréhensions que lui cause Gomez. En écrivant aux
missionnaires de Goa, il s'applique à prévenir tous
les froissements d'amour-propre possibles et probables entre les Pères et lui ; et, en écrivant à
Simon Rodriguez et à Ignace, il insiste sur la
nécessité de nommer un Supérieur pour les Indes,
qui ne ressemble pas à Gomez, mais qui le décharge
de son autorité, et qui le laisse aux prises avec
l'inconnu, sans autre souci que celui des vents, des
îlots et des âmes.

Malacca fit fête à son apôtre ; et il y fut satisfait du travail accompli par le Père Perez. Pourtant, il eut encore à pâtir de la mauvaise volonté
ou de l'indifférence des Portugais. Le capitan,
Pedro de Sylva, un des fils de Vasco de Gama, très
honnête homme, devait mettre un navire à sa disposition ou, du moins, lui assurer le passage sur
un bateau portugais. François s'en allait presque
en ambassade à la cour du Japon. C'était la pre-

mière fois qu'il emportait d'autres présents que son catéchisme et sa charité. « Le capitan, dit-il, nous pourvut abondamment de tout le nécessaire et nous donna, pour être offerts au roi du Japon, divers objets d'une valeur de deux cents cruzados. » Le capitan les pourvut de tout, sauf d'un navire.

Parmi les marchands portugais, les uns n'étaient pas prêts à partir ; les autres ne demandaient pas mieux que de prendre le Père et ses compagnons ; mais ils voulaient s'arrêter en Chine où, malgré l'hostilité du gouvernement chinois, ils trafiquaient sur les côtes. Cette escale l'eût retardé d'un an : il refusa. Et il se dévorait d'impatience, car les Portugais, qui étaient au Japon, avaient écrit qu'il se passait dans ces îles des choses merveilleuses. Il y avait là-bas un grand seigneur qui désirait être chrétien, et des maisons hantées dont les démons s'étaient enfuis depuis qu'on avait planté des croix tout autour. François, dont les lettres contiennent si peu d'anecdotes, recueille avidement ces racontars, qui devaient singulièrement étonner Yagirô, bien qu'en fait d'invraisemblances, les Japonais aient une tendance à ne s'étonner de rien. Enfin on mit la main sur la jonque d'un pirate chinois qui n'était connu que sous le nom de Larron (*Ladraô*), et qui consentit à le transporter au Japon. Ce pirate était marié à Malacca et y possédait quelques biens. On lui notifia que, s'il manquait à ses engagements, il perdrait ses biens et, par-dessus le marché, sa femme. Ce fut donc sous la protection du dénommé et bien nommé Voleur, que l'Europe députa son premier Ambassadeur à l'Empereur du Japon.

Et quelle jonque que celle où il monta le soir de la Saint-Jean ! Le vrai patron de la nef était un dieu chinois. Il se tenait à la poupe, dans un tabernacle, enfumé de chandelles et de bâtons d'encens. On ne faisait rien sans le consulter. On l'interrogeait sur la durée du vent, sur les tempêtes à venir, sur la marche à suivre, sur les ports où s'arrêter. Toute la journée, Ladraô remuait des sorts. Les escales succédaient aux escales. On ne profitait pas de la mousson ; et François se voyait déjà obligé d'hiverner en Chine. Il était à la merci de l'idole pansue au masque hilare. Quand elle pressait le départ, la joie renaissait dans les cœurs. Si elle annonçait du gros temps, les visages se rembrunissaient. Un jour, elle prédit à Ladraô qu'il arriverait au Japon, mais qu'il ne reviendrait pas à Malacca. Ce jour-là, le Chinois déclara qu'il n'irait pas plus loin que la Chine. La veille de la Sainte-Madeleine, la houle étant très forte, un des serviteurs de l'apôtre, le Chinois baptisé Manoel, trébucha et tomba dans la pompe du bateau que, par mégarde, on avait laissée ouverte. On le crut mort. Heureusement l'eau, dont la pompe était pleine, amortit sa chute. Il en fut quitte pour un bain et pour une blessure à la tête. Comme on le pansait, la fille de Ladraô, que celui-ci avait emmenée on ne sait pourquoi, perdit à son tour l'équilibre, et, précipitée par-dessus bord, sous les yeux de son père, contre le flanc du navire, la malheureuse se noya. Le jour et la nuit se passèrent en lamentations ; puis ce furent des sacrifices et des cérémonies sans fin devant le dieu. On tua des oiseaux. On lui offrit à boire et à manger ; et Ladraô voulut savoir pourquoi sa fille était morte. Les baguettes magiques lui répondirent qu'elle ne serait pas tombée à la mer, si Manoel était mort dans sa pompe. Les Chinois jetèrent des regards farouches sur le renégat dont le salut avait été payé du malheur de leur capitaine.

Ces sorcelleries, la vue de la jeune fille écrasée par les vagues, l'horrible dieu grimaçant qui semblait rire au hourvari des flots, tout parut infernal à François sur ce navire en perdition. L'idole, que ces Chinois encensaient, n'était plus à ses yeux un pauvre morceau de bois doré : c'était Satan en personne qui trônait parmi les éléments déchaînés comme au milieu de son empire et qui, dans chaque hommage qu'il recevait, outrageait Dieu. Le Maudit travaillait à lui soustraire les millions d'âmes qu'il courait sauver. Il connut, selon sa propre expression, « les horribles et effroyables terreurs que l'Ennemi met dans les cœurs quand Dieu le lui permet et qu'il en trouve l'occasion ». Il comprit que la seule défense à faire était de ne manifester aucun signe de couardise et d'opposer au démon « tous les dehors d'un grand courage ». Et il finit par surmonter les tentations de l'épouvante. « Je sentis que les hommes soumis à de semblables épreuves n'ont qu'à se confier éperdument en Dieu. O mes frères, comme le démon serait confus, comme il demeurerait sans force, se voyant vaincu par ceux dont un instant il fut le vainqueur ! » L'alerte avait été chaude.

Les voyageurs en eurent d'autres encore. Ladraô décida d'hiverner à Canton. Puis il feignit de se rendre à leurs prières et à leurs menaces. Mais il se dirigea vers Tchang-Tchéou ; et, malgré leurs protestations, leur traversée se fût terminée là, si une jonque ne leur eût signalé dans ce port la présence de pirates ou, plus vraisemblablement, de gendarmes que Ladraô ne désirait point rencontrer. Il remit aussitôt le cap sur Canton ; mais un vent providentiel le chassa dans la direction du Japon, et le 15 août 1549, jour de Notre-Dame, François abordait dans la grande île du Kiushu, à Kagoshima.

C'était une heure solennelle dans l'histoire de l'Asie que celle où ces trois pauvres Jésuites, et le Christ avec eux, descendirent de la jonque chinoise et foulèrent le rivage du Japon. Mais, comme de toutes les heures historiques, le son ne s'en détacha clairement que bien plus tard, dans le souvenir des hommes. Que les héros d'épopée sont heureux ! Ils rencontrent toujours sur la rive où la destinée les conduit l'ombre d'un mort ou le personnage d'un dieu qui, s'il ne leur prophétise pas l'avenir, leur expose la situation présente du peuple chez

lequel ils atterrissent. Nos trois pèlerins n'avaient
pas l'air épique, et pourtant ils amenaient derrière
eux des combats, des douleurs, des massacres, de
l'héroïsme et du merveilleux à défrayer une vaste
épopée. S'ils avaient eu la chance qu'un être fabuleux leur souhaitât la bienvenue, j'imagine que
cet être leur eût ainsi parlé :

« Vous arrivez dans un pays qui est en pleine
anarchie. Depuis des siècles, le pouvoir est tombé
de la main des Empereurs dans celle de leurs
Lieutenants ou Shoguns. Des dynasties d'usurpa-
teurs se sont superposées à la dynastie impériale,
censée éternelle et intangible. Chacune de ces
dynasties s'est usée dans ses luttes perpétuelles
contre les grands vassaux et dans l'exercice oné-
reux et énervant de sa royauté. En ce moment, les
Ashikaga touchent à leur fin. L'odeur cadavérique
qu'exhale cette illustre famille surexcite les convoitises. Le Japon est divisé en clans dont les chefs
aspirent tous à s'emparer de Kioto et du fantôme
impérial. Ces chefs, que vous les appeliez des ducs
ou des rois, accueilleront les étrangers s'ils peuvent
les utiliser dans leurs querelles, et d'autant plus
volontiers que le mouvement d'expansion européenne coïncide avec l'extension de leur commerce
et que leur anarchie favorise leur goût d'aventures.
Mais gardez-vous bien de les assimiler aux roitelets de Ceylan et aux sultans des Moluques ! La
terre volcanique du Japon ne supportera jamais
l'insolence d'un fortin portugais ou espagnol. Ils

n'accepteront et ne solliciteront de l'étranger que
l'aide qu'on attend d'un serviteur ou d'un fournis-
seur. Pour vous qui n'en avez qu'à leur âme, la
situation n'est pas mauvaise. Au milieu de ces
féroces rivalités, de ces guerres civiles, de toute
cette confusion d'intérêts et d'ambitions, la religion chrétienne peut s'introduire sans éveiller les
susceptibilités nationales. Le tumulte des factions
empêchera sa voix d'inquiéter un gouvernement
qui ne gouverne plus et ne l'empêchera pas de se
faire entendre d'un certain nombre d'âmes droites
et naturellement pieuses. Sous un ciel assombri
par des menaces qui s'épaississent de jour en jour,
elle ne portera ombrage à personne qu'aux Bonzes.
Il est vrai que ces Bonzes sont très puissants. Mais
précisément ils le sont trop. Le morcellement de
l'autorité civile les a constitués en parti politique.
Leurs sectes les plus acharnées à se combattre
s'unissent dès qu'on fait mine de porter atteinte à
leurs privilèges. Ils ne suivent que leur intérêt à
travers les dissensions ; et ils alimentent un désordre qui entretient leur force. Certaines de leurs
bonzeries se sont transformées en forteresses où
affluent les gentilshommes déclassés et les ruffians. Leur arrogance amasse des rancunes et des
haines contre eux. Et l'homme qui doit préparer
la forte centralisation de l'Empire et abattre à tout
jamais leur excès d'insolence, Nobunaga, est déjà
né. Une nouvelle religion peut donc rencontrer
chez les Daïmio, comme dans le peuple, de sourdes

sympathies, en tant qu'ennemie de ces potentats que leurs armes font craindre et leurs vices mépriser... »

C'est ainsi que se fût exprimé, avec la voix de l'histoire, cet ambassadeur que les poètes épiques députent au-devant de leurs héros. Mais les nôtres ne trouvèrent au débarqué qu'une foule de petits hommes, armés de sabres, qui écarquillèrent leurs yeux obliques et qui étaient presque aussi ignorants de l'état de leur pays que des nouveautés qu'apportaient ces étrangers.

CHAPITRE XI

KAGOSHIMA

François arrivait au Japon avec une curiosité qu'il n'avait pas encore aussi vivement ressentie et avec les plus douces préventions. De tous les ren_seignements vagues, confus, incomplets, erronés que Yagirô lui avait fournis se dégageait cependant l'impression très juste que le peuple japonais ne ressemblait point aux autres peuples de l'Extrême-Orient. La province de Satsuma, dont Kagoshima était la capitale, n'avait pas encore le renom glorieux qu'elle allait bientôt acquérir. Mais l'ambition de ses princes, les Shimadzu, grandissait. Ils guettaient le moment de s'annexer les provinces voisines : et leurs samuraï passaient déjà pour les plus fiers et les plus belliqueux de l'archipel. Quatre siècles n'épuisèrent point la sève guerrière de ce clan. Il garda, grâce à son éloignement, une indépendance relative sous la domination des Tokugawa ; et il sortit d'une ère de paix, qui dura plus de deux cent cinquante ans, aussi ardent aux combats qu'en ces temps où les premiers missionnaires le connurent et où il sentait venir son heure.

Le Kagoshima d'alors ne différait pas sensiblement du Kagoshima d'aujourd'hui. Moins les édifices de briques, c'était, au pied d'une colline, la même agglomération de bicoques et de maisonnettes en bois. En face, dans le golfe profond, s'élève l'île de Sakura dont le volcan aux fréquentes éruptions rappela sans doute à François ceux des Moluques. Paysage lumineux et ville pauvre. Nulle part au Japon la vie n'était plus sobre et le luxe plus réduit que dans cette cité, la plus méridionale de l'Empire. La civilisation japonaise s'offrit donc tout d'abord à l'apôtre par son côté le plus rude et par ses vertus les plus abruptes. Mais telle est la politesse de cette nation qu'il fut moins frappé de sa rudesse que de sa douceur.

On pense bien qu'il ne nous a pas fait part de toutes ses impressions et qu'il ne s'est pas amusé à nous décrire les petites bizarreries des coutumes japonaises. Si nous voulons savoir à quoi nous en tenir sur les étonnements de l'Européen, — qui, du reste, n'ont guère changé, — c'est au Père Valignano, Visiteur des Missions de l'Inde et du Japon, vingt-cinq ans après François, qu'il faut le demander. Son opinion est que le Japon est un monde à l'envers. Rien ne se passe chez les Japonais comme chez les Européens. La couleur blanche qui nous réjouit est pour eux signe de deuil. Nous aimons les dents blanches ; ils aiment les dents noires. Notre musique blesse leurs oreilles ; leur musique déchire les nôtres. Nos purges sont

amères ; les leurs sont très suaves. Ils ne saluent
pas comme nous ; ils ne mangent pas comme nous ;
ils ne chantent pas, ils ne dansent pas, ils ne
mettent pas le pied à l'étrier comme nous. Leurs
femmes, dont la ceinture de soie est d'ordinaire
molle et large, se serrent quand elles sont enceintes,
si bien qu'au Japon les femmes grosses paraissent
les plus minces. Valignano ne finit point d'énu-
mérer ces étrangetés qui, trois siècles plus tard,
feront les délices des touristes. Il note, ce qui
vaut mieux, leur incroyable maîtrise d'eux-mêmes
aussi bien dans les passions que dans les affaires ;
le silence qu'ils gardent sur leurs ennuis ; leur
règle de se présenter toujours, quel que soit leur
deuil, avec un visage souriant ; leur observance
minutieuse des cérémonies les plus compliquées.
Mais cette prudence, qui excède la raison, dissi-
mule, selon lui, de nombreuses hypocrisies et
couve souvent des cruautés. Il se plaint de leurs
mensonges et des trahisons qu'ils se donnent
licence de commettre « sans rien perdre de leur
honneur ». S'il n'apprécie point leurs objets d'art,
il admire la finesse de leur perception et la vivacité
de leur sens artistique. Il est extrêmement surpris
des milliers de ducats dont ils achètent un simple
rouleau de papier sur lequel est peint un oiseau de
teinte noire. Les petites tasses où l'on verse une
infusion de l'herbe nommée *tcha* (le thé), — qui
lui fait faire la grimace, — ces petites tasses,
« vous diriez des mangeoires de moineaux ! » attei-

gnent quelquefois des prix fous. On lui en a montré une, en argile, qui avait coûté environ quatorze mille ducats. Il en demeura bouche bée. « En vérité, je n'en aurais pas donné plus d'un ou deux maravédis ! »

Assurément François passa par les mêmes étonnements que le Père Valignano. Mais il ne nous en a rien dit. Ce n'est point sa manière. Il ne semble avoir été saisi d'abord que de la pauvreté des maisons et de la frugalité des habitants ; et il remercia Dieu de les avoir menés, lui et ses compagnons, dans un pays où, voulussent-ils donner au corps des superfluités, la terre même se refuserait à leur en fournir. Mais il ne voyait autour de lui que santés florissantes et longues vieillesses ; et il en conclut que, si rien ne suffit à contenter la nature, l'exemple des Japonais nous prouve qu'elle se satisfait de peu.

Il était descendu chez Yagirô que les Portugais nommaient maintenant Paul de Sainte-Foi. On voudrait savoir comment ce Yagirô, qui s'était enfui après avoir commis un meurtre, rentrait si délibérément dans sa ville. Ses parents avaient-ils dédommagé la famille de la victime ? Avait-il obtenu son pardon ? Toujours est-il que nul ne le tracassa. Sa mère, sa femme, sa fille, plusieurs membres de sa maison et plusieurs de ses amis se firent chrétiens. Ses voyages, les curieux étrangers qu'il avait amenés, sa connaissance du portugais, sa science nouvelle, le revêtaient aux yeux de son entourage,

comme aux siens, d'une importance qui devait se
traduire dans ses manières par un redoublement
de gravité. Le bruit de ses aventures lui valut une
audience du Daïmio, dont le château fort avec ses
épaisses murailles de grès et ses tours de pagode
s'élevait à quelque distance de la ville. Shimadzu
connaissait déjà un peu les *Nambanjin* ou Barbares du Sud, comme on nommait les Portugais.
Il désira savoir quels étaient leur genre de vie et
leurs ressources. Yagirô raconta ce qu'il avait vu
à Goa ; et on peut être certain qu'il ne les déprécia
pas.

Il avait apporté au prince une image de la Vierge
et de l'Enfant-Jésus. « Le duc, écrit François, en
eut tant de plaisir qu'il l'adora avec force respect
et révérences ; et il ordonna à tous les assistants
de faire de même. » Yagirô, qui raconta la scène
à François, joua sur les mots ; et François, qui la
rapportait trois mois plus tard, ne devait pas
encore bien connaître les usages japonais puisqu'il
emploie ce terme d'adorer que, toujours prêts à
crier au miracle, les anciens hagiographes prirent
dans son sens littéral et sacré. Le prince s'inclina
simplement devant l'image qu'on lui présentait
comme la politesse japonaise l'exige ; et il n'ordonna
rien du tout aux assistants qui se la passèrent et
se prosternèrent selon le cérémonial. Ils se seraient
prosternés de la même façon devant un rouleau de
papier où eût été peint un petit oiseau noir. Cependant, cette peinture de la Vierge plut tant à la

mère de Shimadzu qu'elle en demanda une copie :
on fut bien empêché de la satisfaire.

Yagirô avait sollicité du prince l'honneur pour
l'apôtre d'être reçu par lui. Admirons ici la dignité
japonaise et la leçon qu'un daïmio donnait, sans
le savoir, à ces Européens qui se jettent si facilement au cou des étrangers. Il s'écoula plus d'un
mois avant que François fût admis en sa présence.
Ce ne fut que le jour de la Saint-Michel qu'il franchit la porte étroite de la forteresse et qu'il fut
conduit, par un dédale de ponts et de galeries cou-
vertes, à travers une cité mystérieuse, devant le
prince agenouillé sur une estrade dans sa robe
traînante à fleurs d'or et d'argent, et entouré de
ses principaux hommes d'armes. Mais François ne
paraît pas avoir remarqué cette froide magnificence et ces visages impassibles qui le dévisagè-
rent. On croirait à le lire qu'il eut un entretien
avec un vice-roi des Indes. L'audience fut brève
et insignifiante : « Le prince nous fit beaucoup
d'honneur, nous disant de garder soigneusement
les livres où est écrite la loi des chrétiens et ajou-
tant que, si la loi de Jésus-Christ était vraie et
bonne, le démon aurait à la subir ou qu'il en serait
fort contristé puisqu'il perdrait une partie de son
pouvoir. » Shimadzu aurait pu se dispenser de lui
recommander de ne pas égarer ses livres chrétiens; mais, d'autre part, je doute qu'on ait bien
traduit à François sa réponse sur la défaite ou la
confusion possible du démon, car elle supposerait

chez lui un sens de la religion chrétienne tout à fait invraisemblable.

François l'avait prié de lui faciliter son voyage jusqu'à Kioto (le Myako d'alors) où il était impatient d'approcher le Roi des soixante-six royaumes du Japon ; et Shimadzu le lui avait promis, comme les Japonais promettent ce qu'ils ne tiendront pas : avec beaucoup de bonne grâce et force prétextes de retardement. La mousson empêchait la traversée ; et les guerres civiles, le passage par les provinces. Le prince ne voulait pas hasarder la vie de son hôte. L'hiver lui serait doux à Kagoshima ; et, dès le printemps, on lui procurerait un bateau qui le porterait à la ville impériale. En réalité, Shimadzu ne se souciait point de voir partir cet homme dont Yagirô lui avait vanté le crédit sur l'esprit des Portugais et dont la présence à Kagoshima y attirerait sans doute les navires du Portugal. Il désirait accroître le commerce de son port ; et, parmi les marchandises étrangères, il prisait fort les armes à feu.

En attendant, et comme si on se fût donné le mot, on entretenait François dans ses illusions sur le roi du Japon. On le lui représentait comme un ami du roi de Chine. Il disposait à son gré du sceau royal de son bon frère chinois. Un sauf-conduit de lui vous ouvrait toutes les portes du Céleste-Empire. Et François, qui espérait de Dieu l'amitié du roi de Kioto, se voyait déjà muni de ce talisman et au cœur de la Chine. Il n'est pas au Japon depuis

trois mois, et voici son imagination en route pour
Pékin ! Et l'on exaltait devant lui la grandeur et la
beauté de Kioto. C'était une ville de quatre-vingt-
dix mille maisons. Elle possédait une Université et
de grands collèges. Dans ses environs, quatre
autres Universités comptaient chacune plus de
trois mille cinq cents étudiants ; et au Nord, il y
en avait une cinquième qui les passait toutes. Il
nous les nomme ; mais les noms qu'il leur prête
ne sont que des traductions imparfaites de sons
japonais, et il nous est d'autant plus difficile de
les identifier que ces Universités n'étaient que des
bonzeries. Tout cela paraissait si beau à François
qu'il n'osait pas trop y croire ; et il y croyait encore
trop.

Mais pourquoi les gens de Kagoshima, qui
tenaient à le garder, lui faisaient-ils miroiter tant
de merveilles à trois cents lieues de leur ville ?
Pourquoi Shimadzu ne l'avertissait-il pas que le
Roi des soixante-six royaumes était aussi incon-
sistant et aussi insaisissable qu'un rayon de ce
soleil dont il descendait ? Vous avez là un des traits
du caractère des Japonais. Dût leur intérêt immé-
diat en souffrir, ils ne révéleront jamais rien à
l'étranger qui soit susceptible d'amoindrir son respect et son admiration. Ils pourront dire du mal
d'eux-mêmes par courtoisie et de leurs voisins par
conviction ; mais, dès qu'il s'agit de l'honneur
national, s'ils ne l'induisent pas volontairement
en erreur, ils se garderont bien de le détromper.

Yagirô, qui savait le portugais, aurait peut-être
été plus franc. L'usage d'une langue étrangère,
du moins aujourd'hui, en les affranchissant de
toutes les subtiles contraintes de leur idiome,
donne souvent plus de liberté à leur parole. Il
semble que leur sincérité leur fasse moins peur
quand elle rend un son qui n'est pas japonais, et
qu'on puisse avouer les misères ou les infériorités
de sa patrie, sans la trahir, dans des mots inconnus
d'elle. Mais Yagirô n'avait probablement aucune
idée des rapports du Shogun et de l'Empereur ; et
comme il ne connaissait d'autre Université que
celle de Sainte-Foi, il ne mentait point en certi-
fiant à François qu'il en existait de plus considérables dans la grande île du Nippon. Ainsi, entre
les cloisons de la petite maison japonaise, accroupi
sur des nattes, où ses jambes de quadragénaire se
fussent ankylosées s'il ne les avait pas depuis
longtemps rompues aux longs agenouillements,
l'apôtre se nourrissait de rêves encore moins subs-
tantiels que les herbages et les maigres fruits qu'on
lui servait avec mille révérences et prosternations.

L'hiver vint, un hiver très doux, mais d'une
nouveauté piquante pour un homme habitué à la
chaleur de l'Inde et des Moluques. Il faisait traduire par Yagirô un catéchisme et un exposé de
la foi des chrétiens qu'il apprenait de mémoire,
pendant que Cosme de Torrès et Juan Fernandez
s'appliquaient à l'étude du japonais. Il recevait de
nombreuses visites. Les gens du quartier se suc-

cédaient autour de son brasero. Chaque visiteur
en avait au moins pour cinq minutes de salutations. Puis c'étaient de longs silences ; puis des
questions sur son voyage, son pays, ses vêtements,
ses impressions. Il attendait patiemment le moment
d'entamer un des sujets qui formaient le fond de
ses entretiens : la Création du monde, la Venue
du Messie, les Commandements de Dieu, le Jugement Dernier. On l'écoutait, c'est-à-dire qu'on le
regardait en écoutant Yagirô. On hochait la tête ;
on prenait un air recueilli. Mais que l'expression
méditative des visages et que les bras pensivement
croisés dans leurs amples manches étaient souvent
trompeurs ! S'il y en avait bien quelques-uns qui
mordaient à l'appât de la nouveauté et dont la
raison droite et pure ressentait, à l'entendre, une
satisfaction imprévue, la plupart ne songeaient
qu'à observer l'attitude et la physionomie du bonze
occidental. D'autres étaient uniquement préoc-
cupés de contenter la petite curiosité qui les avait
amenés, et, par exemple, dans les pays d'où
venaient ces hommes singuliers, mangeait-on du
riz et buvait-on du saké ?

Il y a une vingtaine d'années, un missionnaire
avait réuni dans l'auberge d'un bourg japonais,
que les Européens n'avaient pas fréquenté, un
auditoire de petites gens et de paysans. Il leur
expliquait la doctrine chrétienne et s'adressait particulièrement à un vieux campagnard dont l'atten-
tion imperturbable avait soutenu son ardeur. Lors-

qu'il eut fini, il le vit avec joie s'incliner et lui
demander la faveur de lui poser une question :
« Parlez, mon ami, parlez ! » — « Voici, dit le
vieillard : je voudrais savoir si chez vous on se
sert d'engrais humain ? » Le catéchiste du Père,
un Japonais, allait le rabrouer ; mais notre missionnaire lui mit la main sur le bras : « Laissez ! »
fit-il. Et, se tournant vers son interlocuteur, dont
la question l'avait désenchanté, il lui donna tous
les renseignements qu'il désirait sur notre façon
d'engraisser la terre. A moins que Yagirô ne les
interceptât, nul doute que François n'eût à essuyer,
de temps en temps, de pareilles questions. Et malheureusement, il ne pouvait, comme notre missionnaire, en faire tourner la naïveté au profit de
sa cause ; car enfin, peu importe par quel biais on
gagnera tout d'abord la confiance d'un auditeur :
l'essentiel est de la gagner.

Il ne restait pas confiné dans sa maison japonaise : il allait chez les Bonzes. La province de
Satsuma est une de celles où le bouddhisme a le
moins façonné les âmes, et bien que les bonzes y
fussent encore trop nombreux, elle ne souffrit pas,
comme les provinces centrales, de leurs agitations
belliqueuses. Les Shimadzu entretenaient une
assez grande bonzerie de la secte de Zen. Cette
secte, qui est toujours en honneur parmi les
hautes classes japonaises, pratique la méditation
et y dresse ses adeptes non seulement par la ten-
sion de l'esprit, mais aussi par des attitudes

pénibles imposées au corps. Beaucoup d'étudiants, et même de jeunes filles, font aujourd'hui, sous la direction de ces bonzes, des exercices très durs qui leur apprennent à ne point s'émouvoir des vicissitudes de l'existence et à dominer leurs passions. On dit à François que l'éternel sujet où ils attachaient leur pensée était « qu'il n'y a rien » ; et il s'imagina que ces bonzes méditaient ainsi pour étouffer les remords de leur conscience. La vie qu'ils menaient, ou qu'on les accusait de mener, aurait peut-être justifié des remords. Mais, sur ce point, il convient d'être plus prudent et plus juste que la plupart des biographes de l'apôtre.

Accordons-leur d'abord ce que François ne leur déniait point : « L'estime où on les tient, écrivait-il, me paraît venir de leur grande abstinence. Ils ne mangent ni viande ni poisson, rien que des herbes, des fruits et du riz, cela une fois par jour, et d'une façon très réglée ; et on ne leur donne pas de vin. Comme ils sont fort nombreux, leurs maisons sont pauvrement rentées. Cette continuelle abstinence et le fait qu'ils n'ont aucun commerce avec les femmes, sous peine de perdre la vie, m'expliquent la vénération qu'ils inspirent. » Ce qu'il dit de leur sobriété, de leur pauvreté et du châtiment qui eût puni cette sorte de dévergondage était exact dans une province frugale, peu aumônière, et qui méprisait la femme. Mais le vice que l'on rencontre surtout dans les sociétés guerrières, et partout où l'amour pour une femme, fût-il lé-

gitime, semble entacher l'honneur de l'homme,
avait envahi les bonzeries ; et François s'étonnait
du peu d'horreur que les hommes et les femmes
en concevaient. C'est le seul qu'il reproche aux
bonzes ; et il aurait pu le reprocher également aux
samuraï. Seulement, chez les bonzes, il avait un
plus brillant cortège : la cupidité, compagne
obligée de la luxure, et l'hypocrisie ; car, si l'opinion publique en riait, les plus habiles tâchaient
cependant de le dissimuler et continuaient d'enseigner le mépris des biens terrestres et des appétits
charnels. Mais la corruption n'était pas aussi universelle que l'affirment les premiers missionnaires. Sauf dans les monastères guerriers, où
François ne pénétra point, le désintéressement, la
chasteté, la sagesse, une bonté qui n'était point la
charité chrétienne, mais qui compatissait à la
misère, n'avaient rien d'exceptionnel sous la robe
du moine et de l'ascète bouddhiste. Il en était à
peu près comme aujourd'hui : à chaque instant,
des scandales éclatent dans le haut clergé du
Japon, qui d'ailleurs ne scandalisent guère que les
étrangers ; mais, parmi les autres bonzes, on trouve
de fort braves gens et quelquefois des âmes vraiment belles. De toutes les religions, si j'en excepte
le Christianisme, le Bouddhisme est celle qui non
seulement nous apporte la conception la plus har-
monieuse de la vie, mais qui a le plus humaine-
ment policé, dans leur court passage sur la terre,
les pauvres hommes si vains d'eux-mêmes. Enfin,

les bonzes n'avaient point l'arrogance des Brahmes. Ils étaient d'humeur à bien accueillir ces hôtes venus de si loin pour parler des choses divines et surtout venus des pays du Bouddha. Mais François ignorait que la religion japonaise avait son origine dans l'Inde. « Tous, disait-il, laïques et bonzes, se plaisent à traiter avec nous. »

Ils en rabattirent. Ses manières durent leur causer d'abord une surprise qui ne fut pas toujours en sa faveur. Dans des notes du Frère Juan Fernandez, on lit qu'il allait, sans y être invité, aux monastères des Bonzes, les conviant à lui poser des questions ou leur en posant lui-même. « Il entrait et sortait comme il l'eût fait chez lui. » Que les Japonais en usent indiscrètement avec les étrangers, on s'en est souvent plaint. Ils seraient capables de les réveiller la nuit pour les interroger. Mais ils ne leur concèdent point les mêmes privilèges. En tout cas, leur indiscrétion s'accompagne d'un protocole qui, sans nous la rendre moins fastidieuse, la légitime à leurs yeux : salutations multipliées, litanies d'excuses, aveux d'une faiblesse d'esprit dont ils espèrent qu'on voudra bien leur tenir compte, très humble désir d'entendre tomber d'une bouche si honorable des paroles infiniment précieuses. François ne pouvait avoir recours à ces formules conventionnelles, mais indispensables, et sa liberté d'allures, que Fernandez admirait, nuisait à sa propagande. Il leur récitait des phrases de son catéchisme, dont ils ne retenaient que les fautes de prononciation, et, dans l'oisiveté de leur existence, ses visites leur furent un divertissement jusqu'au jour où des allusions à leurs vices et une attaque plus intelligible contre leur culte les avertirent du danger.

Cependant le charme qui émanait de François et son ardente sincérité impressionnèrent quelques-uns d'entre eux. C'est ce qu'il y a de beau dans son histoire : toutes ses fautes qui proviennent de l'inexpérience sont comme les trous du manteau sous lequel les yeux exercés devinent le grand seigneur. Le rayonnement de son âme absorbe, pour ceux qui ont l'instinct de la beauté morale, les ridicules dont l'ombre amuse la plèbe. Le supérieur du monastère, que subventionnaient les Shimadzu, aimait à le recevoir. François le nomme Ninjit. Nous ne savons rien de lui, sinon qu'il était âgé, très doux, affable, incliné aux œuvres pies, « humble pour un Japonais ». Ce devait être un de ces gentilshommes retirés de bonne heure dans une bonzerie et que leur renoncement aux honneurs du monde poussait aux dignités sacerdotales. Un jour que François avait aperçu les bonzes en méditation, il lui demanda sur quoi ils méditaient. Le vieillard sourit et lui répondit : « Les uns calculent ce qu'ils ont tiré de leurs fidèles, ces derniers mois; les autres recherchent le moyen de se bien vêtir et de se bien régaler; et les autres, comment ils se divertiront. » Seul un Japonais de l'aristocratie pouvait s'expri-

mer aussi librement devant un étranger. Fernandez
nous dit : « Il se montrait heureux qu'on lui parlât
de la foi chrétienne parce qu'elle lui semblait
tout à fait conforme à la raison. » Pourtant, dix
ans plus tard, il avouait à un autre missionnaire,
le Frère Louis d'Almeida, qu'il aurait vivement
désiré savoir tout ce que venait prêcher au Japon le
Père maître François, mais que, faute d'interprète,
il n'avait pu bien l'entendre. Et cela nous ren-
seigne sur les difficultés presque insurmontables
qui se dressaient devant ce premier apostolat.

Malgré tout, les deux hommes parvinrent à
entrevoir leur pensée, et Ninjit mieux encore que
François, attendu que le Christianisme s'adresse
plus que le Bouddhisme à la raison naturelle. Un
bouddhiste qui se fait chrétien simplifie sa vie
intérieure ; le chrétien ne passe au bouddhisme
que porté sur des nuées métaphysiques. « Croyez-
vous à l'âme immortelle ? » lui demandait François. Pour un bouddhiste qui n'a pas notre notion
nette et tranchée de la personnalité humaine, la
question ainsi présentée était insoluble. Mais,
comme la nature, si bouddhiste que l'on soit, nous
conseille d'attacher une certaine importance à
notre moi, Ninjit finissait par deviner ce que François voulait dire, alors que François ne s'expliquait point les incertitudes de Ninjit. Ils étaient à
mille lieues l'un de l'autre ; mais la voix de l'un,
d'accord avec l'instinct le plus radical de notre
être, en éveillait la résonance chez son interlocu-

teur; la voix de l'autre se perdait loin de la terre
dans une immensité vide. De la doctrine bouddhique, François ne soupçonna que le fond de
tristesse. « Quel temps vous semble préférable,
lui demandait-il, de la jeunesse ou de la vieil-
lesse ? » — « La jeunesse, répondit Ninjit, parce
que le corps est dispos et qu'on peut faire tout ce
qu'on désire. » — « Mais, reprenait François,
quand les navigateurs s'éloignent d'un port pour
aller à un autre, quel moment leur est meilleur :
est-ce quand ils sont en pleine mer, exposés aux
tempêtes, ou près de cet autre port? » — « Je
vous entends, répondit Ninjit; mais cela ne me
concerne point : je ne sais vers quel port je na-
vigue. A qui le sait et à qui le port est ouvert, s'en
approcher est le meilleur : moi, j'ignore où et
comment j'aborderai. » François lui nommait et
lui décrivait le port; et les yeux si calmement
désespérés du vieillard essayaient de se fixer sur
ces lumières qui lui apparaissaient le long du
sombre rivage. « Je voudrais mourir baptisé,
disait-il plus tard à Louis d'Almeida; mais la
place que j'occupe, ma dignité, la vénération que
l'on a pour moi, m'en empêchent. »

François fréquenta encore à Kagoshima un autre
grand bonze de la même secte, Nanjiri, qui avait
lu les sept mille livres du canon bouddhique traduits en chinois et que les quelques paroles de
l'étranger ébranlèrent. Lui aussi, il eût volontiers
reçu le baptême, mais, comme le Brahme de chez

les Paravers, secrètement. Il avait même conçu le projet, très bouddhique, de continuer, une fois baptisé, à enseigner les méditations de Zen, de telle sorte que ses disciples fussent amenés sans le savoir aux lois de l'Évangile. Si le Christianisme avait consenti à procéder au Japon comme l'avait fait jadis le Bouddhisme, tous les Japonais se diraient aujourd'hui Chrétiens. Il faut être de très mauvaise foi pour insinuer que les premiers missionnaires ont profité de l'équivoque que créait une similitude incontestable entre les rites catholiques et ceux du Bouddhisme. Ils ont au contraire réagi, dès l'origine, contre toute confusion.

En dépit de ces témoignages d'intérêt, et malgré la liberté de prêcher dont François jouissait, la réalité ne répondait guère à ses espérances. Où étaient ces populations qui, en six mois, devaient se faire chrétiennes ? Il restera un an à Kagoshima et ne convertira pas plus de cent personnes. Et pourtant il ne se plaint pas ; il est heureux ; il est gai. Ses lettres en Europe, à Goa, à Malacca, nous le montrent rajeuni, plus allègre que jamais, en pleine possession de sa fine bonne humeur. Il écrit à Pedro de Silva, après lui avoir parlé de la possibilité d'établir au Japon une factorerie portugaise : « Si Votre Grâce avait assez confiance en moi et me nommait son facteur, je lui garantirais plus de cent pour un de bénéfice. Il suffirait de donner le tout aux Japonais pauvres baptisés. Voilà une opération commerciale que n'a jamais entreprise un capitan de Malacca. Le projet est cependant assuré. Pas de risques à courir puisque Jésus-Christ lui-même, la chose est sûre, réserve plus de cent dans l'autre vie à celui qui dans celle-ci lui aura donné un. J'ai peur de ne pas être agréé. Un si gros intérêt ne plaira pas, ce me semble, à Votre Grâce. Là est le mal des Capitans de Malacca : ils ne tiennent pas à être si riches. » Dans sa lettre à Gomez, il lui sourit, il flatte son ambition : « Rien d'étonnant que je vous écrive d'ici à trois ans de venir résider en quelqu'une des grandes Universités du Japon, où vous aurez plus de consolation et où vous ferez encore plus de bien que dans l'Inde. » En attendant, il appelle près de lui Barzée et deux autres Pères ; et, comme il n'espère pas que le seul amour de Dieu décide les Portugais à transporter les missionnaires au Japon, il leur envoie le catalogue des marchandises qui s'y vendraient le mieux.

Mais c'est son opinion sur les Japonais qui fait le grand intérêt de ces lettres. L'ancien gentilhomme basque est ravi de leur sens de l'honneur : « Ce sont gens qui ne supportent pas une injure ni une parole de mépris. » Les nobles servent leur prince non par crainte, mais parce que l'honneur les y oblige. L'honneur a plus de prix pour eux que la richesse. « J'ai vu chez eux une chose qu'on ne rencontre nulle part chez les Chrétiens : les gentilshommes, si riches qu'ils soient, honorent tout autant le gentilhomme pauvre que s'il était aussi riche qu'eux. » Songez aux souvenirs d'enfance de François, aux insolences et aux affronts qu'avaient essuyés ses parents appauvris ! Le jeu qui exerçait des ravages en Europe était sévèrement défendu dans les hautes classes, où l'on estimait qu'il ne différait guère du vol ; et le vol était puni de mort. « De tous les peuples que j'ai vus en ma vie, chrétiens ou infidèles, je n'en ai pas connu qui fût aussi irréprochable dans cette matière. »

Et, si le gentilhomme admirait ces belles vertus chevaleresques, l'homme d'Université ne goûtait pas moins le développement vraiment extraordinaire de l'instruction dans la société japonaise : « Une grande partie du peuple sait lire et écrire. » Sur ce point encore les Japonais l'emportaient sur les Occidentaux, et peut-être aussi par leur désir d'apprendre et leur plaisir d'entendre des choses conformes à la raison. « Quand le raisonnement leur a démontré que ce qu'ils font est mal fait, ils approuvent la sentence que la raison porte contre eux. » François s'illusionne un peu. Mais enfin, — et ceci est très remarquable, — s'il embellit les Japonais, ce n'est point qu'ils se convertissent. Là où l'on raisonne, il ne désespère jamais de faire triompher le Christianisme ; et là où il voit le bien, il le proclame. Son sentiment, qu'il modifiera dans la suite quand il connaîtra un autre Japon que celui de Kagoshima, n'en est pas moins assez juste ; et il est encore aujourd'hui, où la morale du désintéressement a fait au Japon une série de faillites retentissantes, celui de la plupart des missionnaires. La moralité japonaise n'est pas, en général, inférieure à la moralité européenne. Au xvi° siècle, elle lui était supérieure. De la part d'un humaniste ou d'un philosophe comme Montaigne, l'aveu de cette supériorité n'aurait pas de quoi nous surprendre. Mais nous sommes en face d'un homme convaincu que tout ce qui n'appartient pas à l'empire du Christ appartient à celui du démon. Et cet homme n'hésite pas à reconnaître que l'honneur et la probité n'ont jamais jeté un éclat plus pur que dans cette société païenne. Un professeur de morale eût repris le bateau.

Son séjour à Kagoshima n'allait pas s'achever aussi favorablement. En novembre, il avait appris qu'un navire portugais mouillait à Hirado, dans l'île du même nom, au nord de Nagasaki. Le port de Hirado, considéré comme un des meilleurs mouillages, fut un des plus fréquentés pendant les cent ans que durèrent les relations entre le Japon et l'Europe. La présence de ce navire lui offrait une occasion d'envoyer de ses nouvelles à Goa et à Rome. Il ne pouvait plus compter sur son pirate chinois. Le pauvre diable venait de trépasser. Son idole lui avait bien dit qu'il ne reverrait pas Malacca. François, qui souffrait des fièvres, décida de porter lui-même son courrier à Hirado. Pourquoi ne le confiait-il pas à Cosme ou à Fernandez? Peut-être désirait-il persuader aux marchands portugais d'amener leurs navires à Kagoshima et satisfaire ainsi Shimadzu. Deux convertis, deux bonzes, paraît-il, se rendaient aussi à Hirado afin de s'embarquer pour Goa. Mais François ne voyagea point avec eux. Il partit accompagné d'un seul interprète, probablement un des domestiques de Yagirô. On ne s'explique pas qu'il se soit privé de la compagnie d'hommes qui connaissaient le pays et qui, chemin faisant, lui auraient appris à le connaître. Ces étrangetés accusent l'inquiétude de sa nature qui, à mesure que sa santé décline, devient plus fébrile. Il lui est impossible de demeurer longtemps dans le même endroit; et il éprouve, de temps en temps, un violent besoin de solitude. Enfin, comme les hommes d'action, chez qui le pressentiment de la mort se traduit par un redoublement d'activité, il s'exagère ses obligations.

Il fit donc les cent lieues, qui le séparaient de Hirado, moitié par terre, et moitié par mer. Et nous avons toute raison de croire que des espions de Shimadzu le suivirent. Le Prince fut informé que les Portugais, heureux de revoir François, avaient pavoisé leur bateau, ce qui le confirma dans ce que lui avait dit Yagirô de son autorité sur les barbares du Sud. Il sut encore que le daïmio de Hirado, Matsura, son mortel ennemi, qui, lui aussi, attirait le commerce étranger, s'était montré particulièrement aimable envers l'apôtre et lui avait facilité l'acquisition d'un terrain où bâtir une chapelle. Shimadzu ne dit rien ; et sa protection continua de s'étendre, en apparence, sur la petite mission chrétienne où François avait repris sa place. Mais, au mois d'août suivant un autre bateau portugais fut signalé à Hirado ; et Shimadzu se crut berné, puisque, malgré sa bienveillance à l'égard des prêtres étrangers, leurs compatriotes allaient négocier ailleurs.

Entre temps, les Bonzes s'étaient agités. « Nous ne prétendons pas, écrivait François, susciter de différends avec eux ; mais leurs menaces ne nous empêcheront point de glorifier Dieu et de travailler au salut des âmes. » Les différends étaient inévitables. Les missionnaires commençaient à pouvoir prêcher en public. Leurs accusations se faisaient chaque jour plus précises et, sans doute, plus virulentes. Les Bonzes n'auraient point enduré les attaques de Japonais comme eux ; et, si une secte indépendante, sortie du Bouddhisme, avait entrepris de ruiner leur crédit, ils n'auraient peut-être pas attendu aussi longtemps pour lui déclarer la guerre. Au réquisitoire dressé par François contre leur immoralité, ils ripostèrent par des accusations de sorcellerie et des calomnies encore plus graves, comme celle de cannibalisme. On jeta à la porte des étrangers des linges ensanglantés ; et l'on ameuta le bas peuple qui crut que ces ogres se repaissaient la nuit de chair humaine. Un geste de Shimadzu eût fait taire ces criailleries. Il ne laissa les choses aller que jusqu'où il le voulait bien. Elles n'allèrent pas très loin ; mais elles lui fournirent un prétexte pour interdire une propagande qu'il eût favorisée si les bateaux portugais avaient débarqué leur poivre sur le quai de Kagoshima, et qu'il favorisa plus tard. Il défendit à ses sujets la doctrine étrangère sous peine de mort. Du reste, il n'exigea aucune rétraction de ceux qui étaient déjà chrétiens ; il ne les persécuta pas, et il ne parla point d'expulser les missionnaires.

L'été était revenu ; on touchait à l'automne. François sentait qu'il s'éternisait sans profit dans cet endroit perdu. Il demanda son congé au prince qui s'empressa de lui trouver une jonque. « Au bout d'un an, écrit-il simplement, voyant que le seigneur de ce pays n'était pas content des progrès que faisait la loi de Dieu, nous nous sommes en allés, et nous avons quitté les chrétiens qui se séparèrent de nous avec beaucoup de larmes et qui nous remercièrent des peines que nous avions prises pour leur montrer le chemin du salut. » En réalité, la loi de Dieu avait fait très peu de progrès.

François choisit comme interprètes deux Japonais convertis, dont l'un, Bernard, le suivra jusqu'à Goa, et finira ses jours en Europe. Yagirô demeurait chargé des intérêts spirituels de la petite chrétienté. La période glorieuse de sa vie était passée. François emportait tout son prestige. Il avait été un instant aux regards de ses concitoyens un homme rare : il ne fut plus qu'un déclassé. On

ignore comment il tomba dans le métier de pirate ;
mais on sait qu'il y mourut. Les âmes, qui s'étaient
groupées autour de l'apôtre et qui avaient vu dans
ses yeux un nouveau ciel s'ouvrir, ne retrouvèrent
plus jamais leurs émotions et leur espérance. Le
même brouillard, qui dissout au fond de notre
mémoire la figure des êtres les plus aimés, recou-
vrit peu à peu les vérités qu'elles avaient aperçues.
Les unes retournèrent à leurs anciennes pratiques
comme on revient à sa besogne familière au sortir
d'un long rêve. Les autres travaillèrent silencieu-
sement sur les notions chrétiennes ou plutôt les
enveloppèrent d'un tissu de songes où, dix ans plus
tard, des missionnaires de passage en distinguèrent
encore les traits pâlis.

Avant de quitter la province de Satsuma,
François et ses compagnons s'arrêtèrent, à six ou
sept lieues de Kagoshima, dans le château fort
d'un des vassaux et parents de Shimadzu, Niiro
Isé-no-Kami. Ce seigneur, le type même de l'honneur et du stoïcisme japonais, leur offrit l'hospita-
lité sur le conseil d'un de ses samuraï qui s'était
fait baptiser. C'était peut-être la première fois que
François était admis dans l'intimité cérémonieuse
d'un homme de ce rang. Tout devait le ravir : l'austérité de la vie, la politesse silencieuse des domestiques, les douces manières des hommes d'armes,
ces repas où la façon de servir vaut mieux que ce
qu'on sert et dont les soins exquis envers l'hôte
relèvent la frugalité, la modestie de l'épouse qui

n'est que la première servante de son mari et de
ses invités, le respect des enfants qui savent de
naissance ce qu'ils doivent faire et qu'on ne
remarque qu'à leur souci plus élégant de passer
inaperçus. Niiro désira entendre des lèvres de
François l'exposé de sa doctrine. La pureté de la
morale chrétienne contenta si pleinement sa raison qu'il engagea sur-le-champ sa femme et son
fils aîné à recevoir le baptême. Il l'aurait reçu lui-
même si son loyalisme ne lui avait commandé de
ne point déplaire au suzerain. François laissa à
ces chrétiens des prières écrites de sa main, qu'ils
enfermèrent précieusement dans des sachets de
soie, et, pour la santé de leur corps, une discipline. Dix ans après, Louis d'Almeida les retrouva
toujours fidèles, protégés par leur solitude contre
toute défaillance. La dame, ses fils, — car, depuis,
Niiro avait fait baptiser ses deux autres enfants, —
plusieurs samuraï, s'enquirent de tout ce qui était
arrivé au Père. Ils lui montrèrent leurs sachets,
qui avaient guéri, disaient-ils, bien, des malades,
et la discipline dont ils se donnaient, une fois la
semaine, trois coups, pas plus, crainte de l'user.

Encouragés par cet heureux début, les voyageurs gagnèrent le port de Kyodomari, et, de là,
dans leur jonque, Hirado. Les Portugais les
accueillirent avec de grandes démonstrations. J'ai
trouvé à Kioto un très ancien paravent, mystérieu-
sement gardé pendant près de trois siècles chez un
grand seigneur, où un peintre japonais avait repré-

senté sur fond d'or l'arrivée d'un vaisseau portugais dans un port du Japon. Cette peinture nous
montre comment les Japonais voyaient les Européens et nous prouve qu'entre races si différentes
les yeux des hommes déforment réciproquement
leurs images, autant que leur esprit déforme leurs
pensées. Un Japonais peint par un Européen paraîtra aussi ridicule aux autres Japonais qu'un Européen peint par un Japonais nous paraîtra carica-
tural. Et il en sera de même des livres de psycho-
logie que nous écrirons les uns sur les autres.
L'artiste n'avait pas eu le désir d'enlaidir ses personnages ni de les tourner en dérision. Je pense
même qu'il était chrétien, car le temple qu'on
aperçoit est surmonté d'une croix et nous découvre
par ses portes ouvertes un autel catholique. Ce
qui l'a surtout frappé chez les Portugais, c'est la
grosseur de leur tête, le hâle de leur peau, leurs
traits fortement accentués. Il en a fait, sous leur
chapeau étroit et haut, dans leurs justaucorps
rouges et dans leurs pantalons bouffants comme
ceux des odalisques, de véritables hydrocéphales
avec une bouche de travers et une trogne épouvan-
table. Quant aux missionnaires, devant qui se
prosternent des officiers japonais, il leur a donné
une taille extrêmement longue et une figure de
vieille femme. Derrière les fenêtres des maisons et
du fond des boutiques, Japonais et Japonaises
regardent passer les lourds barbares du Sud et
surtout leur chef, qui a l'air d'un métis nègre et

qui se pavane, superbe et ballonné, sous le parasol
que lui tient un esclave. Il est évident, d'après
cette peinture réaliste, qu'outre les défiances que
rencontrait la religion occidentale dans la foule
japonaise, les missionnaires avaient encore à
triompher d'une sorte de répugnance physique.

Matsura, le daïmio de Hirado, qui séchait d'envie
sur son île en songeant à ses puissants voisins, se
réjouit pourtant lorsqu'il vit revenir, congédié de
Kagoshima, le bonze vénéré des marchands portugais. Il n'avait au fond que du mépris pour la religion nouvelle ; mais il l'abominait encore moins
qu'il ne chérissait les ballots de marchandises. Il
se confondit en protestations d'amitié. Ce fut ce
Matsura qui, plus tard, crut qu'il pourrait chasser
les missionnaires sans éloigner les marchands, et
qui, s'étant aperçu de son erreur, écrivit à Cosme
de Torrès une lettre où il lui jurait qu'il ne men-
tirait plus. Pour le moment, il ne tramait aucune
perfidie : « Le seigneur de ce pays, écrit François,
nous reçut avec beaucoup d'affection et de bonne
grâce ; et, en peu de jours, il se fit là une centaine
de chrétiens, grâce aux prédications de Fernandez,
qui déjà parlait assez bien, et au livre qu'il leur
lisait traduit en langue japonaise. » Ainsi en moins
d'un mois ils avaient opéré autant de conversions
qu'en un an à Kagoshima. Il suffisait que le prince
sourît à leurs efforts pour que les âmes s'ou-
vrissent. Que serait-ce, grand Dieu ! quand le Roi

du Japon serait devenu leur ami? François laissa
Cosme de Torrès sur cette île et, accompagné de
Fernandez et de Bernard, il se mit en route
pour Kioto. Il allait pénétrer dans un autre
Japon.

CHAPITRE XII

YAMAGUCHI

La décomposition de la féodalité batailleuse faisait de la grande île du Nippon un marécage dangereux, avec des îlots de luxe et de plaisirs. La piraterie écumait les côtes, le brigandage dévastait les routes. La vie humaine était à très bas prix. La tête d'un voyageur dépendait du caprice d'un homme d'armes rencontré sur un chemin, dans une auberge, au coin d'une rue. François et Fernandez avaient logé dans deux besaces tout leur bagage : un surplis, trois ou quatre chemises, une vieille couverture qu'ils partageaient. Les Portugais les auraient mieux nippés, sans le doux et fâcheux entêtement du Père.

On les mena d'abord, cachés au fond d'une barque, au port de Hakata, une des villes les plus marchandes de la côte septentrionale du Kiushu. On y visite encore de vieux temples bouddhiques dont l'ancienneté est une rareté dans ce pays où les incendies rappellent si souvent aux hommes que tout ce qu'ils édifient est périssable. François se rendit à un monastère assez fameux, mais réputé pour sa sodomie. Le supérieur l'y accueillit aimablement, convaincu qu'il recevait un compatriote de Sakia Muni. Il ordonna même qu'on préparât aux étrangers une collation de fruits. Mais François éleva la voix très haut et reprocha amèrement aux bonzes leur vice et toutes les tromperies dont ils abusaient le peuple. Comme Fernandez, qui nous raconte la chose, ne nous dit point que ce fut lui qui porta la parole, les bonzes ne durent pas entendre très clairement le discours indigné de l'apôtre : les uns se mirent à rire ; les autres demeurèrent ébahis. Sans autre compliment, les deux missionnaires leur tournèrent le dos. Ce fut toute la collation. Si cette scène est exacte, elle dément les conseils de douceur que François n'a jamais cessé de donner à ceux qui traitaient avec les Japonais. Ses réprimandes se seraient comprises dans un couvent occidental aussi dévergondé que cette bonzerie japonaise. Mais ici, n'étant précédées d'aucun enseignement, elles ne pouvaient produire qu'un effet de stupéfaction ou d'irritation. Il les eût payées de sa vie, qu'on ne saurait en accuser que son imprudence. Du reste, — l'observation est de Fernandez lui-même, — François semblait éprouver à certains moments comme un sombre plaisir à défier la mort. A quoi bon ? Elle cheminait déjà dans son ombre.

Ils continuèrent leur route à pied jusqu'au détroit de Simonoseki. Cinq ou six jours de marche, mais bien durs. On était en novembre, et, cette année-là, l'automne avait toute la rudesse de l'hiver. La neige avait aveuglé le sourire du paysage. Collines, vallées, tout était recouvert. « Rien, dit Fernandez, rien autour de nous ne pouvait nous donner la moindre distraction. » Et sans se douter que ses simples lignes sont le plus beau portrait que nous ayons de François, très supérieur à tous ceux des peintres, il nous décrit l'attitude de l'apôtre en oraison, poursuivant sa route à travers ce paysage mort et froid : « Il ne levait pas les yeux, ne regardait ni à droite ni à gauche ; il tenait ses bras et ses mains immobiles ; ses pieds seuls se mouvaient, et bien paisiblement. Certes, il montrait, par cette modestie et par cette révérence de sa démarche, qu'il allait en présence de Dieu Notre-Seigneur. » Ah ! si l'on ne pensait qu'à la beauté pathétique de ce cheminement sur la neige au bout du monde, il ne nous viendrait jamais à l'idée de regretter qu'il n'eût pas pris une chaise à porteurs ! Mais chaque pas qu'il fait lui retranche une heure de vie.

Les auberges étaient rares et sales comme elles le sont encore dans les endroits écartés. En ce temps, où les nobles transportaient avec eux tout ce qu'il leur fallait et où l'insécurité des chemins empêchait les Japonais de s'adonner à leur goût nomade, il n'y avait d'hôtelleries supportables que dans les grandes villes et aux lieux de pèlerinage. « Les auberges étaient des écuries », dit Fernandez. La bise y entrait par les fenêtres de papier crevé. Les gens s'y chauffaient à quelques charbons allumés dans une bassine de terre. Encore nos voyageurs devaient-ils s'estimer heureux d'y être tolérés. On leur servait du riz, du poisson, une soupe d'herbes. François avait à cœur qu'aucune confusion ne subsistât entre les bonzes et lui ; et, comme ceux-ci s'abstenaient religieusement en public de viande et de poisson, il commençait par expliquer aux assistants agenouillés autour de lui que Dieu ne nous a jamais défendu cette nourriture. Il en prenait un petit morceau, puis il mangeait sa soupe et son riz. Peine perdue. « Ceux qui nous écoutaient, remarque Fernandez, n'étaient qu'à demi satisfaits de nos explications. » Ils en concluaient simplement que les bonzes étrangers ne valaient pas les leurs.

Enfin, ils traversèrent le détroit et abordèrent au pied de la montagne où s'étendait la longue rue de boutiques et d'échoppes qui composait toute la ville de Simonoseki. Il ne leur restait plus que dix-huit ou vingt lieues à faire avant d'arriver à Yamaguchi, leur première grande étape. Yamaguchi était alors, après Kioto, la ville la plus opulente du Japon ; et son daïmio, Ouchi Yoshitaka, semblait un des plus puissants seigneurs. Qui la voit aujourd'hui, entourée de ses collines, où s'étageaient jadis les temples et les bonzeries, croit voir un Kioto plus petit, dépouillé de ses parures. François fut le premier Européen et un des derniers qui l'ait connue dans sa splendeur. Les incendies et les dévastations commencèrent en 1552 et sévirent pendant plus de sept ans. Son rôle dans l'histoire n'en fut point terminé. Comme Kagoshima, Yamaguchi demeura une des forteresses de l'esprit d'opposition contre les Tokugawa ; et les hommes qui en sortirent partagèrent avec les Satsuma l'honneur et les profits de la Restauration impériale. Les deux villes où François a séjourné le plus longtemps sont les capitales des deux provinces les plus glorieuses du Japon moderne. Aujourd'hui, la centralisation de l'Empire et le déplacement des intérêts commerciaux ont réduit Yamaguchi à l'état de simple préfecture. Mais elle a conservé son air noble. La population y aime le plaisir ; et le sang court plus légèrement dans ses veines que dans celles des Satsuma. Lorsque les missionnaires y pénétrèrent, la société la plus brillante du Japon s'y était réfugiée. Les courtisans issus de famille impériale, les Kugé, avec leurs grands sourcils et leur légère couche de fard, y avaient mis à la mode les divertissements de la cour, car ils avaient déserté Kioto et leur Empereur désargenté. Les bonzes étalaient une somptuosité seigneuriale. Le commerce de la Chine et de la Corée faisait affluer l'or. François fut surpris du luxe des vêtements et de la beauté des armes.

Les deux Européens, harassés, entrèrent dans des rues étroites, où se pressait une foule compacte, mais peu bruyante, qui s'écartait respectueusement devant les hommes d'armes et qui,

aux cris des estafiers d'un grand seigneur, s'age-
nouillait et se prosternait. A leur vue, les gens
s'arrêtaient, puis les suivaient ; les enfants s'attachaient à leurs pas, leur montaient sur les talons,
marchaient de biais ou à reculons pour les regarder
sous le nez, de sorte que nos voyageurs avaient
l'air d'entraîner avec eux toute la rue. Ils atteigni-
rent l'auberge, dont les fenêtres, les balcons, le
vestibule se remplirent instantanément de figures
stupéfaites ou riantes. Plusieurs aubergistes refu-
sèrent de loger ces mendiants.

François avait une recommandation pour un des
principaux seigneurs de la cour, et Fernandez
nous dit qu'aussitôt installé il le pria de lui obtenir
une audience du Roi, « afin qu'ayant été bien
informé de la loi qu'on venait prêcher il en auto-
risât l'observation dans son royaume ». Yoshitaka
était un homme intelligent, assez efféminé bien
qu'il eût peu de goût pour les femmes, indifférent
aux croyances religieuses et détaché des soucis du
pouvoir. Le gentilhomme, qui lui présenta la
requête des missionnaires, lui dit qu'ils venaient
du même pays que les dieux du Japon. Cette
raison le décida à les recevoir. Il le fit sans ap-
parat, dans une pièce ouverte comme un décor de
théâtre, qui donnait sur une galerie et sur un
jardin. Il n'avait près de lui qu'un bonze. Mais
des deux côtés du jardin, dans des salles également ouvertes et, en face, du haut des balcons,
de nombreux courtisans, en larges vêtements de

soie diaprée et coiffés de hauts bonnets noirs, assistaient à l'entretien.

Le prince les questionna d'abord sur leur voyage ; puis il exprima le désir de savoir quelle était leur doctrine. « Lisez ! » dit François à Fernandez. Et le Frère lut le récit de la Création et les Commandements de Dieu. Il espérait que, pour la première fois, on n'irait pas plus avant ; car il arrivait au passage où François flétrissait les erreurs des Japonais, notamment leurs abominations sodomiques ; et nul n'ignorait que Yoshitaka y était fort enclin. Mais François ne lui fit pas signe de s'arrêter, et le Frère sentit sa tête moins solide sur ses épaules. Yoshitaka entendit donc que ceux qui commettent de pareilles aberrations sont plus sales que des porcs et au-dessous des chiens et des autres animaux. L'émotion de son cœur se trahit-elle sur son visage, comme le croit Fernandez qui ne le regardait pas ? En tout cas, il ne broncha point ; et les sabres du palais restèrent bien tranquilles dans leurs fourreaux. Il était trop Japonais pour céder à un mouvement de colère ; mais, comme il ne témoigna par la suite aucun ressentiment, nous pensons qu'il ne crut pas ces nouveaux venus au courant de ses habitudes ou que ses tristes expériences lui permirent d'apprécier encore mieux l'excellence de leur morale. Peut-être aussi son indifférence de blasé lui tenait-elle lieu de sagesse. Cependant leur introducteur comprit qu'il était temps de lever la séance. La lecture avait duré une heure. François et Fernandez se prosternèrent et se retirèrent à reculons devant le prince impassible et muet. Dehors, Fernandez éprouva un grand soulagement de se retrouver avec tous ses membres.

Le lendemain, François, considérant que le silence du prince équivalait à une approbation, commença ses prédications publiques. Il se plantait au croisement des chemins ou aux endroits les plus populeux. Fernandez tirait son livre et lisait ce qu'il avait lu au daïmio, pendant que François en prière suppliait Dieu de bénir ses paroles et ses auditeurs. Les passants se rassemblaient. La plupart éclataient de rire et hachaient la lecture de lazzi incompréhensibles pour les pauvres étrangers dont la figure, le nez droit et long, les yeux qui ne se relevaient point vers les tempes, et les gestes de chauves-souris leur produisaient un effet irrésistiblement comique. D'autres s'éloignaient irrités qu'on pût ainsi vilipender les dieux du Japon. Le mot *Deos* qui revenait à chaque instant sur leurs lèvres, tant ils étaient soucieux d'éviter toute équivoque bouddhique, prêtait malheureusement au calembour. *Deos, deous,* devenait *Dai uso* qui signifie *grand mensonge*. Les enfants couraient après eux et criaient : « Grand mensonge ! grand mensonge ! » Quand ils parlaient d'aimer Dieu, comme le verbe aimer n'a en japonais qu'un sens charnel, on devine les fusées de brocards.

Les samuraï ne se mêlaient point au peuple. Mais ils envoyaient chercher les deux amuseurs, histoire de tuer le temps. Leurs misérables hardes leur inspiraient parfois de la compassion. Avoir fait de si longs voyages et être si mal en point! Fallait-il qu'ils fussent bas dans leur pays! Ils les contemplaient comme deux épaves qu'on ne sait comment utiliser. Les plus fiers se moquaient d'eux. François avait supporté bien des humiliations ; mais de la part de ces gentilshommes si polis les uns envers les autres, et qu'il sentait ses pairs, les insultes lui furent intolérables. Il regimba. Son visage s'empourprait. « Répondez-leur sur le même ton qu'ils me parlent ; ils me traitent comme un inférieur méprisable : traitez-les ainsi » disait-il à Fernandez. Et Fernandez tremblait : « Chaque fois que j'obéissais au Père, avoue-t-il, je m'attendais à recevoir le coup de sabre qui me détacherait la tête. » Mais il n'était pas assez familier avec les nuances de la langue japonaise pour employer les mêmes formes injurieuses que leurs insulteurs ; et l'eût-il fait qu'ils les auraient mises sur le compte de son ignorance. Cependant les regards de François et son attitude les gênaient un peu. Ainsi son ancienne *hidalguia* se ranima et jeta quelques éclairs dans cette atmosphère féodale.

Il n'arrivait à rien. Il avait déjà passé deux mois à Yamaguchi absolument stériles. Il partit pour Kioto. Tout aurait dû le détourner d'une aventure dont l'exécution présentait autant de dangers que le but en était irréalisable. Si l'on savait dans quel état se trouvait Kioto, c'était bien à Yamaguchi où l'anarchie de la capitale et le dénuement des souverains avaient exilé une foule de seigneurs et d'hommes d'armes. Mais ses légers accès de fierté nobiliaire avaient réveillé son esprit romanesque ; et il se lança dans un voyage près duquel ses marches les plus dures dans l'Inde ou aux Moluques n'avaient été que des promenades d'agrément.

Toujours accompagné de Fernandez et de Bernard, qui portait suspendue à sa ceinture leur provision de riz grillé, il choisit la route de terre la plus longue, la plus âpre, afin de visiter les villes et d'y semer l'Évangile. Il sema sur la glace. On était au cœur de l'hiver. Le délicieux Japon eut pour ses premiers hôtes d'Europe des cruautés de pays arctique et de désert. Ils ignoraient les chemins, se perdaient à travers ces jolies contrées montagneuses qui n'étaient plus que marécages, fondrières, pentes glissantes et torrents débordés. Heureux quand ils pouvaient se joindre à une petite caravane. Mais on se moquait d'eux : « Puisque vous venez du temple des cieux, pourquoi ne leur dites-vous pas, à ceux de là-haut, de jeter un peu moins de neige ? » Les auberges les repoussaient, non par fanatisme religieux, mais parce qu'ils étaient étrangers et pauvres. Les Japonais ont rarement pitié des gens qui ne sont point de leur famille, de leur quartier, de leur clan.

Je sais un missionnaire, qu'un hôtelier, il y a une trentaine d'années, dans une petite ville du Nord, laissa à sa porte, assis sur une valise, toute une soirée d'hiver. Les gens qui entraient et sortaient ne s'occupaient pas plus de lui qu'ils ne l'eussent fait d'un tronc d'arbre pourri. Enfin celui-là ne risquait qu'une fluxion de poitrine. Personne n'eût osé l'abattre d'un coup de sabre. Mais à cette époque !... Et plus François montait vers Kioto, plus il se rapprochait de la zone des guerres civiles. Qu'il y soit parvenu et qu'il en soit revenu, nul miracle dans sa vie ne me paraît plus évident. Ses jambes enflèrent ; le soir, ses pieds saignaient des blessures qu'il s'était faites sans en avoir eu conscience. Quand il le pouvait, il achetait des fruits secs et les distribuait aux enfants avec sa bénédiction. Et pourtant les enfants étaient ses ennemis les plus acharnés. Ils le harcelaient d'injures et lui lançaient des pierres. Quelquefois des infirmes, des malades, des rebuts de la société se traînaient vers lui et imploraient un remède. Il leur écrivait un évangile et le leur remettait en disant : « Portez-le sur votre poitrine et vous serez guéri. »

Nous ignorons les villes par où ils passèrent et même le nom du havre où, épuisés, ils s'embarquèrent dans une jonque qui les déposerait au port de Sakai, à vingt lieues environ de Kioto. Jour et nuit, ils restèrent assis sur le pont au milieu de jeunes marchands dont leur présence

excita les propos graveleux. L'un d'eux entreprit
François grossièrement : tantôt il lui parlait comme
à un niais, tantôt comme à une brute. François
leva sur le goujat ses yeux tristes : « Pourquoi me
parlez-vous ainsi ? lui dit-il. Sachez que je vous
aime beaucoup et que je voudrais bien vous enseigner le chemin du salut. » Le jeune homme ricana.
A une des nombreuses escales, un homme pieux,
ayant ouï-dire qu'ils venaient de la patrie du
Bouddha, compatit à leur infortune et leur remit
une lettre pour un de ses amis marié à Sakai.

Cette ville de la province d'Izumi était avec
Osaka un des grands entrepôts de la Mer Intérieure. François abordait au Japon central. Il avait
devant lui l'île d'Awaji, la première des îles de
l'archipel née, dit la légende, du mariage d'Izanagi
et d'Izanami, et l'une des plus charmantes ; à sa
droite, les côtes de Kobé et l'embouchure de la
rivière qui baigne l'énorme et confuse cité d'Osaka ;
derrière lui, dans les terres, l'ancienne capitale de
Nara, terre sacrée. La pluie tombait sans relâche.
La ville, que dominait une pagode à trois étages,
avait, comme toutes les villes japonaises sous
l'averse, l'aspect piteux d'une immense basse-
cour, dans un terrain défoncé, avec, çà et là, des
toits bizarres de volières. On les reçut en parias.
Ils eurent beaucoup de mal à trouver le logis du
destinataire de leur lettre, qui, heureusement, se
montra honnête homme et les hospitalisa, mais
avec le désir de les expédier au plus vite. Il con-

naissait justement les domestiques d'un seigneur qui se rendait à Kioto, et il obtint par eux que les étrangers fussent admis dans sa suite. Le seigneur voyageait en palanquin et ses principaux gentils-hommes à cheval. Derrière eux, les domestiques marchaient d'un pas accéléré et prenaient souvent le pas gymnastique. François, Fernandez et Bernard les imitèrent. Jamais l'apôtre n'avait été plus gai. Il jouait avec un fruit, le lançait et le rattrapait comme autrefois sa pelote basque. Ce fut en courant ainsi parmi les valets, derrière la litière d'un seigneur japonais, que le Père maître François de Xavier, nonce apostolique, les joues arrosées de larmes joyeuses, fit son entrée dans la ville impériale.

Ce qu'était la ville impériale? Un Yamaguchi trois et quatre fois plus vaste, mais dévasté. D'interminables ruelles où s'écoulait la foule ; des terrains noirs que semblait avoir défriché l'incendie ; des quartiers de débauche entre des quartiers en ruines : des palais mis au pillage, et, sur les collines boisées, dans des monastères retranchés comme des forteresses, l'éternelle sonnerie des cloches entrecoupée par des bruits d'armes. Trois mille bonzes campaient sur le mont Hieizan. Les insurrections politiques se compliquaient de guerres religieuses. François put voir les derniers tisons du grand temple de Hongwanji, que la secte de Nichiren venait de brûler avec toutes les maisons du voisinage.

Son hôte de Sakai, ou un des samuraï de la troupe,
l'avait adressé à un ami. Cet ami n'eut rien de
plus pressé que de les envoyer tous trois chez son
gendre, qui habitait une campagne aussi éloignée
de Kioto que le port de Sakai. Un jeune domestique les y conduisit; et ce furent encore des
lieues et des lieues et des injures et des coups de
pierre. Pourquoi François accepta-t-il ? Que lui
avait-on fait espérer ou craindre? Le gendre ne
retint pas longtemps ces étrangers indésirables, et
ils revinrent à Kioto, butés à l'idée de voir le Roi.
Mais quel Roi? Le Shogun Yoshiteru avait dû
fuir, et son palais était en cendres. Il y avait bien
un autre palais qui n'était pas le spectacle le
moins extraordinaire de cette capitale : une grande
masure au toit lourd, entourée de petites masures,
dans un vaste enclos dont les murs de terre étaient
recouverts d'auvents de bois. Là vivait, au milieu
d'un peuple de serviteurs et de chambellans affa-
més, le descendant de la déesse Soleil, un pauvre
être qu'on portait d'une pièce à l'autre comme un
paralytique, car ses pieds célestes n'avaient pas le
droit de toucher le sol, et qui serait mort d'inani-
tion si de fidèles daïmio ne lui avaient alloué
quelques secours. L'histoire l'appelle Go Nara.
Faute d'argent, on n'avait pas plus célébré son
avènement qu'il ne pouvait compter qu'on célé-
brerait ses funérailles. Il essayait d'en gagner un
peu en vendant des titres de noblesse ; mais, dans
ces temps d'émeutes et de révolutions, les affaires

n'allaient pas. Ses Kugé le quittaient l'un après l'autre avec des figures de carême. Il en restait encore trop. Les dames de la cour, aux longs cheveux et aux longues robes de brocart, se glissaient, contrairement à tous les usages, derrière les brèches des murs, et hélaient le marchand de patates, seule friandise que l'état de leur bourse leur permît de s'offrir. François et Fernandez erraient autour de cette enceinte, où les voleurs entraient comme chez eux. Mais, quand ils demandaient humblement la faveur d'y pénétrer, on leur répondait : « Quels présents apportez-vous ? » Ou, le plus souvent, on ne leur répondait rien : on les toisait et on détournait la tête. Ils recommencèrent alors leurs lectures dans les carrefours. Ils n'obtinrent même pas un succès de curiosité.

Jamais encore l'apôtre n'avait reçu un pareil échec, et, pourquoi ne pas le dire, une pareille leçon. Le Japon ne le prenait pas en traître. Il avait eu le temps de l'étudier. A Hirado, à Kagoshima, on le fête ou on le supporte, parce qu'on le croit un personnage. Au contraire, à Yamaguchi, où l'on ne se soucie ni des Portugais ni de leurs cargaisons, la populace l'insulte et les nobles le méprisent. Et c'est dans ces conditions qu'il entreprend d'aller voir l'Empereur. Il s'imagine que la pratique des plus rudes vertus, l'humilité, la pauvreté, les souffrances volontaires, l'acceptation des outrages, suffiront à gagner des âmes. Mais elles n'auraient eu de sens que pour des âmes chrétiennes. Ce ne sont pas toujours des vertus d'exportation. Il oublie qu'il ne lui est guère plus permis de s'abandonner à sa passion de la pauvreté et de l'humilité qu'il ne l'est à un ambassadeur de vivre comme un simple particulier et de fuir les réceptions. Il ne songe qu'à édifier, quand il devrait d'abord imposer aux païens le respect extérieur de la religion dont il est le messager royal. Pourquoi n'a-t-il pas même usé des lettres où le gouverneur de l'Inde l'accréditait et offrait au roi du Japon l'amitié du roi de Portugal? Pourquoi les a-t-il laissées à Hirado avec les présents qu'il était chargé de déposer aux pieds de Sa Majesté japonaise? « Il n'avait pas jugé à propos d'employer ces moyens humains », répond un de ses contemporains, celui qu'on nomme l'*Annaliste de Macao*. On appellera cette témérité de la confiance en Dieu, et Dieu seul peut savoir ce qui s'y mêle de subtile et imperceptible confiance en soi. Que François remporte la victoire, il en fera remonter tout l'honneur à Dieu. Il ne répudie les secours qui lui viennent des hommes qu'afin d'augmenter son tribut de gratitude et de s'humilier davantage en se mesurant à son triomphe. Mais n'est-ce pas attacher trop d'importance à ces secours que de craindre qu'ils amoindrissent la gloire de l'action providentielle? Dieu n'a besoin ni des présents ni des lettres d'un gouverneur pour se manifester. Seulement, à moins de spéculer sur une série de miracles qui bouleverseraient les institutions et la nature d'un peuple, l'homme en a besoin pour se mettre ‚en mesure de prouver qu'il agit conformément aux desseins de Dieu. S'il les repousse, il exagère ses propres forces et il méconnaît ses adversaires. François avait commis ces deux erreurs [1].

Onze jours s'étaient à peine passés qu'il renonça à se faire entendre de cette ville sourde. Les voyageurs prirent une jonque qui descendait le Kamogawa jusqu'à Sakai, et de là ils s'embarquèrent à destination de Hirado. Le retour fut encore très pénible, parce qu'ils couchaient sur le pont, mais plus rapide et moins dangereux. L'apôtre rentra à Hirado, dans un tout autre état d'esprit qu'il en était parti. Un des interlocuteurs du *Dialogue* d'Auger exprime d'une manière pittoresque le revirement qui s'était opéré en lui, lorsqu'il eut bien constaté que son humilité discréditait sa doctrine : « Il se mit à changer de note. Qui se fait brebis, le loup le mange. Saint Paul est parfois monté sur ses grands chevaux et a mis la peur au cœur de ses ennemis en leur jetant sur leur visage,

---

[1] Il ne faudrait pas que le point de vue où nous nous plaçons pour juger sa conduite nous en cachât toute la beauté. Il ne s'est nulle part plus conformé à la lettre même des *Exercices Spirituels*. « *Je préfère, j'embrasse la pauvreté avec Jésus-Christ pauvre plutôt que les richesses ; les opprobres avec Jésus-Christ rassasié d'opprobres plutôt que les honneurs ; le désir d'être regardé comme un homme inutile et insensé, par amour pour Jésus-Christ, qui le premier a été regardé comme tel, plutôt que de passer pour un homme sage et prudent aux yeux du monde.* » Mais, dans les circonstances où il se trouvait, Ignace l'eût-il pleinement approuvé d'agir ainsi ?

tout à travers, comme une barrière, ses privilèges et le rang de sa noblesse. » Ce qu'il avait vu de Kioto l'avait persuadé que le roi du Japon n'avait pas le quart de la puissance du roi, ou, comme il disait, du duc de Yamaguchi. C'était ce dernier dont il fallait conquérir les bonnes grâces. Il prit les présents apportés de Malacca : une horloge à roues, un instrument de musique à clavier, une riche arquebuse, des flacons de cristal, des miroirs, des lunettes, une pièce de brocart. Il revêtit un bel accoutrement de soie. Et, au mois de mars 1551, il reparaissait à Yamaguchi avec ses lettres de créance « dans l'équipage d'un grave et sage ambassadeur ».

Ce fut un coup de théâtre; et François ne se doutait pas lui-même à quel point les Japonais y seraient sensibles. S'il était né d'une inspiration de son génie romanesque et dramatique, quelle connaissance intime du Japon il témoignerait chez l'apôtre! La surprise de cette rentrée d'un mendiant en grand dignitaire donnait à sa parole plus de poids qu'une année de prêches et dix ans d'austérités. Yoshitaka fut ravi des présents. Les Japonais n'avaient jamais vu ni entendu d'horloge; et les lunettes leur rendaient leurs yeux de vingt ans. Le prince désira contempler François dans ses habits sacerdotaux. « C'est un dieu vivant! » s'écria-t-il; et aussitôt il lui fit porter, en guise de remerciement, une somme considérable d'or et d'argent. Mais François la refusa. « Je ne viens pas en ambassade pour m'enrichir, dit-il, mais pour travailler au salut de son Altesse et de ses sujets. » Ce désintéressement frappa encore plus le prince que l'horlogerie occidentale ; et il lui donna comme logement un monastère abandonné, devant les bureaux du palais, près de la porte du Nord, presque à la sortie de la ville, là où s'étendent aujourd'hui les casernes.

Tout a disparu, la pagode, le palais, l'église que bâtirent les missionnaires. Une des rues les plus importantes de ce quartier, marquée sur un vieux plan du xvi⁰ siècle d'avant les incendies, n'est aujourd'hui qu'un mince sentier à travers des champs pauvres et qui aboutit à la grande route, pas loin d'un Bouddha de pierre. Avant d'habiter cette pagode, François avait demeuré quelque temps dans une rue Tono-no-Kôji dont le parcours était à peu près le même que celui de la rue actuelle Odo-no-Shoji ; et nous savons que, deux fois par jour, il allait s'asseoir sur la margelle d'un puits. Là, il lisait son catéchisme aux passants attroupés. Un de nos vieux missionnaires, le Père Vilion, qui a découvert l'emplacement de la bonzerie, aurait été heureux de découvrir ce puits de Jacob. Nous l'accompagnions dans cette rue étroite et silencieuse. Il y avait bien un puits qui paraissait très vieux. A côté, une boutique vide était ouverte, suivie en enfilade de deux petites pièces et d'un jardin. Le propriétaire, tout nu dans ce courant d'air, passa rapidement son kimono et s'agenouilla sur ses nattes pour nous répondre qu'il avait vu percer le puits voisin, mais que, sous les démolitions de la tuilerie qui s'élevait jadis où s'élève maintenant sa maison, son père avait effectivement trouvé un puits très ancien. Il fallut nous contenter de ce souvenir.

Nul pays, plus chargé d'histoire, n'a moins de ruines que le Japon. Mais, comme la vie s'y reproduit toujours sous les mêmes formes et que les habitudes et les habitations n'ont guère changé, nul pays ne donne à l'imagination plus de facilité pour se représenter les scènes d'autrefois. Voici les mêmes rues que fréquenta François : la rue des nobles aux maisons aveugles, comme disent les Japonais, car elles n'avaient de fenêtres que du côté du jardin, et les rues commerçantes, pareilles aux allées de baraques dans nos foires, où les marchands et leurs commis, accroupis sur leur estrade tapissée de nattes, font de grands saluts à la clientèle. Les mêmes petits métiers ambulants se promènent et poussent les mêmes cris. Ce borgne qui joue de la flûte ou qui chante ou qui conte des histoires au coin d'un carrefour, François l'a connu. C'était un de ses auditeurs les plus assidus, un de ses questionneurs les plus intrépides. Ne riez pas de sa laideur simiesque. La force de Dieu reluit dans l'infirme qu'il choisit. Cet amuseur des rues et aussi des maisons nobles, où on le mandait à cause de ses chansons et de ses vives reparties, a été le premier Frère coadjuteur de la Compagnie de Jésus au Japon, le premier prédicateur de la foi dans cette ville de Kioto qui avait refusé d'écouter l'apôtre.

Vous ne retrouverez point la pagode où vécut François ; mais allez chez notre missionnaire. Il occupe aujourd'hui, au fond d'un jardin, une maison entièrement japonaise, composée de trois pièces. Celle du milieu, quand s'ouvrent les portes à coulisses, forme une chapelle. Il y a quelques années, cette maison était un temple shintoïste bâti par souscription et dédié à Jimmu Tenno, premier empereur du Japon. Mais le charpentier avait économisé sur les matériaux et s'était sauvé avec le reste des fonds. On y installa tout de même un prêtre, un kannushi, qui, n'ayant rien à manger, un beau jour s'en alla. Un chrétien s'en rendit alors acquéreur et l'offrit au missionnaire. La croix en surmonta le fronton ; et l'autel shintoïste fut transformé en autel catholique. Les fidèles, et surtout les paysans, n'en continuèrent pas moins d'y venir pendant un certain temps : ils s'avançaient jusqu'au pied de l'escalier, s'inclinaient, frappaient dans leurs mains et jetaient leur *rin* sur la véranda, devant les portes closes du sanctuaire. Je ne pouvais m'empêcher de songer à François de Xavier disant sa messe, lui aussi, dans un ancien temple païen, où sans doute les fidèles du Bouddha, qui croyaient le dieu revenu, lui apportaient des offrandes et des prières.

La protection du daïmio, sa qualité d'ambassadeur, le bruit de ses présents extraordinaires avaient disposé les esprits en sa faveur. Mais toute hostilité n'avait point désarmé. Il reçut encore des avanies. Seulement elles ne le diminuèrent plus et tournèrent souvent à la confusion de l'insulteur. Il pouvait maintenant être humble avec impunité. Un jour que Fernandez prêchait dans une rue, un drôle, après l'avoir plusieurs fois interrompu, lui cracha au visage. Fernandez s'essuya simplement, sans manifester la moindre émotion, et continua de parler. Un des assistants, un de ses plus tenaces contradicteurs, ne dit rien, mais il le suivit jusqu'à sa maison et, là, il le pria de le préparer au baptême. Trois mois plus tôt ce crachat n'eût fait à ses yeux qu'avilir davantage l'étranger. Mais, aujourd'hui que les titres de noblesse des deux missionnaires étaient bien établis, il ne voyait dans ce mépris tacite des outrages qu'un signe de grandeur d'âme. La vérité devait être de leur côté. Ces hommes qui enseignaient à croire aux réalités du monde montraient plus de dignité et une plus grande possession d'eux-mêmes que ceux qui prétendaient que tout n'était qu'illusion.

Du matin au soir, la maison de François ne désemplissait pas. Des nobles, des marchands, des bonzes et même des bonzesses, des étudiants l'interrogeaient sans pitié. Les questions des gens de Kagoshima n'étaient rien, comparées à ces assauts. Dans ce milieu remarquable à tant d'égards, il fut surpris par l'intelligence pénétrante de ses interlocuteurs et par la subtilité de leurs argumentations. Que de fois, à la tombée de la nuit, brisé de fatigue, il dut se rappeler les paroles de saint Paul au sujet d'Israël : « J'ai tendu mes mains tout le jour vers un peuple rebelle et contredisant ! » Il n'y avait pas à espérer encore de conversion en masse. Les âmes arrivaient une à une, lentement. Mais elles arrivaient. Et elles étaient excellentes. Et derrière chacune d'elles on en percevait d'autres. Ce succès incontestable a souvent étonné les historiens du Japon. Peut-être n'ont-ils pas étudié d'assez près les lettres de François [1].

Sous le bouddhisme, au plus profond de l'âme japonaise, les missionnaires se heurtaient au culte des ancêtres, au culte shintoïste, dont l'origine semble remonter à l'origine même du Japon et qui établissait impérieusement la domination des morts sur les vivants. Comment, se demande-t-on, cet instinct religieux national ne réagit-il pas en face du danger, et d'où vient sa longue inertie ?

---

[1] Si on veut se rendre compte de la difficulté qu'éprouvaient les missionnaires et, en même temps, de leurs succès, on n'a qu'à lire, dans son livre posthume *Le Japon*, le chapitre que Lafcadio Hearn intitule : *Le Péril Jésuite*. Lafcadio, en sa qualité de néophyte bouddhiste, tremble encore à l'idée que le christianisme aurait pu abolir la civilisation religieuse du Japon ; et il avoue qu'il n'est pas parvenu à s'expliquer les incroyables progrès des missions portugaises. Nous nous les expliquons plus aisément que lui grâce aux lettres de l'apôtre.

Mais le culte shintoïste s'était presque entièrement dissous dans le Bouddhisme, à ce point que François n'en parle même pas. Il a ignoré cette religion primitive ou il n'y a vu qu'une secte insignifiante. Quant au culte des morts, il l'avait rencontré presque partout. Chez les Japonais, il lui sembla qu'il se revêtait d'une piété plus touchante. Loin du Japon, il se rappellera tristement la tristesse que ressentaient ses chrétiens de Yamaguchi en songeant à leurs ancêtres ; et il nous dira de quels arguments il se servait pour adoucir leur peine : il leur prouvait que les commandements de Dieu sont antérieurs à toute loi écrite, qu'on les trouverait imprimés dans le cœur d'un sauvage élevé sur une montagne solitaire, que Dieu s'était donc révélé à leurs pères comme à tous les hommes depuis le commencement du monde, et qu'il ne leur demanderait compte que des violations de la loi naturelle. Mais s'ils voulaient savoir pourquoi Dieu ne leur avait pas fait connaître la voie qui les eût menés à la même béatitude que leurs enfants, quelle était sa réponse ? Il ne nous le dit pas. Cependant il nous assure qu'ils furent satisfaits ; et nous n'avons aucun motif d'en douter.

D'ailleurs, il ne faut pas exagérer la puissance sentimentale de ce culte des ancêtres qui ne se soutient que par le système des adoptions à outrance. Il est plus fort sur les imaginations que dans les cœurs, et il l'est plus encore dans les conventions sociales. Il facilitait la tâche des gouvernants en leur préparant des sujets dociles, et la tyrannie s'en faisait cruellement sentir à la personne humaine. Or, le Japon, à cette période de son histoire, était emporté par un accès furieux d'individualisme. La seconde partie du xvi° siècle sera remplie d'insurrections de samuraï contre leurs daïmio, de paysans contre leurs seigneurs. Les liens d'obéissance matérielle rompus, pourquoi l'homme eût-il respecté davantage les liens mystiques ? Les Tokugawa, qui rétabliront l'ordre, ne manqueront pas de resserrer plus étroitement que jamais l'asservissement de l'homme à ses ancêtres, du vivant au mort. La religion chrétienne n'encourageait pas l'esprit de révolte ; mais elle ne contrariait point le désir d'indépendance ; et le shintoïsme affaibli ne lui opposait que des ombres.

Au sujet du Bouddhisme, les lettres de François sont encore plus explicites : « Les Japonais, dit l'apôtre, ignorent la rondeur de la terre ; ils ne savent rien de l'astronomie, rien des causes de nombreux phénomènes. Interrogés par eux sur la pluie, la foudre, les comètes, nos réponses les charmaient ; et ils nous tenaient pour de grands savants, ce qui nous a bien servi à leur faire mieux agréer notre enseignement religieux. » Il est incontestable que le Christianisme ne se fût point acclimaté au Japon si les daïmio et les samuraï ne l'avaient protégé et adopté ; et il est non moins incontestable qu'en dehors des intérêts commer-

ciaux qui lui ont procuré la tolérance de quelques
princes, mais qui ne les ont point amenés au baptême, la plupart des hommes instruits et des
bonzes, dont il a conquis l'âme, y ont été poussés
par leur intelligence et leur avidité de savoir.
C'est désolant pour le Bouddhisme ; mais nous n'y
pouvons rien. Il avait donné aux Japonais une sensualité très fine, de beaux songes somptueux et
mélancoliques, un sens délicat des nuances et du
mystère, des vertus souvent admirables de renoncement et d'ascétisme : il ne leur avait point
développé l'esprit. Ces héritiers d'une civilisation,
qui comptait au moins neuf siècles, ne connaissaient guère plus l'univers que s'ils avaient vécu
dans un palais de fées. Ils se nourrissaient d'extravagances solitaires et trompaient par de vaines
arguties le besoin de leur intelligence. Le premier
service que leur rendit le Christianisme fut de les
tirer d'un monde enchanté et de les conduire au
seuil de la science. Mais ils en rendaient un très
grand aussi à François. « Il faut des missionnaires
instruits, écrira-t-il à Ignace, des hommes rompus
aux joutes universitaires. » Il comprend enfin que
le missionnaire doit unir aux vertus de l'apôtre
une instruction supérieure, et qu'il ne serait point
mauvais que l'évangélisateur apportât avec lui un
traité de physique, que l'homme de Dieu fût un
peu astronome. C'est au Japon que, pour la première fois, en sa personne, la Compagnie de
Jésus concevra la nouvelle forme de l'aposto-

lat dont elle demeure l'incomparable maîtresse.

Le Christianisme pouvait ainsi s'emparer d'une très vaste région de l'activité intellectuelle que le Bouddhisme avait laissée en friche. Ce n'était pas sa seule chance de s'imposer aux Japonais. Tel que François le présentait, plus moral que théologique, il satisfaisait pleinement les instincts de générosité et de probité qu'une éducation confucéenne et féodale avait fortifiés chez la petite noblesse japonaise. L'invasion du Japon par la doctrine bouddhique ne prouve que la nullité de sa religion primitive ; car rien dans son génie ne le prédisposait à adopter les spéculations de la métaphysique hindoue. Elles se sont rapetissées en pénétrant dans les maisons japonaises ; mais, même réduites, elles restent encore étrangères aux préoccupations d'un peuple foncièrement guerrier. Quel étrange spectacle que celui de cette nation qui, pour demeurer ce qu'elle est et pour se montrer capable d'un des renouveaux les plus étonnants de l'histoire, a dû, pendant des siècles, réagir contre une religion devenue nationale, dont l'influence énervait sa classe soi-disant dirigeante et plongeait dans la torpeur sa classe populaire ! Empereurs, Shoguns, grands daïmio, tout ce qui paraît gouverner s'alanguit très vite. Les têtes sur qui repose le soin de l'Empire se penchent non sous le poids des responsabilités, mais sous l'action des stupéfiants bouddhiques. Le peuple, lui, se soumet paisiblement à des milliers de supersti-

tions que le Bouddhisme lui a forgées et qui, à
considérer sa moralité, ne lui sont point funestes,
mais qui frappent son intelligence de stérilité.
L'entre-deux est occupé par une noblesse ou une
bourgeoisie armée dont le code moral est avant
tout confucéen, qui ne prend dans le bouddhisme
que de quoi orner sa vie simple et donner à son austérité des raffinements artistiques et qui maintient
obstinément en face d'une religion, où l'univers
et les âmes se résolvent en une vapeur d'illusions,
son énergie intacte, sa passion de la gloire, son
amour des réalités, et, comme la soie brillante
dont elle double ses vêtements sombres, sous des
dehors assourdis le culte éclatant de son moi. Le
Christianisme s'opposait moins à la nature japonaise que le Bouddhisme.

François en eut conscience, et, pour la première
fois aussi, il sentit la nécessité d'étudier la religion des gens qu'il venait convertir. Ses moyens
d'investigation étaient d'une insuffisance lamen-
table. Il lui était impossible de déchiffrer les
livres chinois, et personne ne pouvait les lui traduire. Il était réduit aux explications laborieuses
d'hommes qui noient souvent l'essentiel dans les
détails et les digressions. Il n'entrevit même pas
l'idée fondamentale du Bouddhisme. N'importe ! Il
indiquait le chemin à suivre. D'abord il rechercha
longuement et diligemment si les Japonais avaient
eu connaissance de Jésus-Christ. A Kagoshima, il
avait remarqué une croix blanche dans les armes

des Shimadzu. Elle n'y figurait que l'anneau d'un mors ; mais elle resta pour lui toujours mystérieuse. Hormis cet emblème, il se persuada que la nation japonaise n'avait jamais entendu parler du Sauveur ; et, ce qui est un mérite, il ne se laissa pas circonvenir par des analogies superficielles, comme celle de la Trinité bouddhique dont les bonzes de la secte de Shingon, une des plus abstruses, essayèrent de l'éblouir. Puis il voulut savoir quels étaient les fondateurs de cette religion, et où ils avaient vécu. On lui raconta l'histoire de Sakia Muni et d'Amida qu'il prit pour deux personnages distincts. Il paraît qu'ils étaient nés huit mille fois. Les bras lui en tombèrent. Il ne se fût jamais attendu à de telles billevesées de la part du diable : « Que ceux qui liront ma lettre nous obtiennent, je les en prie, de Jésus Notre-Seigneur victoire contre les deux démons Xaca et Amida : j'attends cela de leur zèle pour l'amour de Dieu. » Cette question réglée, il s'enquit du nombre des sectes. Elles étaient neuf, dont les premiers chefs, qui procédaient d'Amida et de Xaca, avaient tous passé deux ou trois mille ans à faire pénitence dans des lieux déserts. Sauf une qui niait l'immortalité de l'âme, les autres enseignaient qu'il y avait un lieu de récompense pour les bons et un lieu de châtiment pour les mauvais : seulement elles ne disaient rien de la création du monde.

François n'eut ainsi que des lueurs sur le bouddhisme populaire, qui lui produisit l'effet d'un

chaos de ténèbres diaboliques. Mais ce qu'il vit
très bien, ce fut l'exploitation de la crédulité d'un
peuple par un clergé de charlatans. Et quiconque
ne remontera point à l'idée originelle du Bouddhisme ne jugera pas autrement une religion qui
n'est, dans la pensée même de ses ministres, qu'une
mise en scène de symboles appropriés à la médiocrité générale des intelligences. Il en va du Bouddhisme comme de toutes les religions d'initiés,
quand elles veulent se propager. Incapables de
communiquer à la foule leur doctrine transcen-
dante, elles en matérialisent ce qu'elles peuvent
dans la figure dramatisée de leurs fondateurs et de
leurs personnages légendaires, et elles se servent
de tout ce que l'imagination et l'instinct religieux de l'homme mettent à leur portée pour
l'amener doucement à une conception de la vie
qui n'est qu'un reflet de la leur. Une pareille
œuvre s'organise et se développe lentement. Des
hauteurs où les premiers sages s'étaient élevés,
les disciples ont commencé à creuser des degrés
afin de se rapprocher des gens de la plaine ; et
peu à peu l'escalier s'est déroulé jusqu'à eux, mais
avec combien de détours ! Et, comme il serait
encore trop dur d'avoir à l'escalader jusqu'au bout,
on y a installé des paliers qui donnent aux pèlerins
moins vigoureux l'impression qu'ils sont arrivés.
N'en eussent-ils gravi que quelques marches : ils
ont tout de même monté. Et, si les hommes de là-
haut sont persuadés que le monde n'est qu'un

agrégat passager de vaines apparences et que,
pour en briser le douloureux enchantement, il
faut tuer en nous ce moi qui est la pire de nos
illusions, les accusera-t-on d'hypocrisie parce
qu'ils ont érigé au bord de la route des images qui
nous aideront à moins prendre au sérieux ou au
tragique tous les autres fantômes? Ils mentent à
seule fin de nous délivrer de l'éternel mensonge.
Ou plutôt, ils ne mentent pas : ils enveloppent la
vérité d'attraits sensibles et charmants.

Ah, multipliez les superstitions qui augmen-
teront dans le monde la sobriété, la tempérance,
l'honnêteté, le désintéressement ; trouvez-en qui
desserrent autour de nos cœurs l'étreinte des passions : ce n'est pas à elles, c'est à vous que nous
bâtirons des autels. Mais distinguerez-vous, dans
votre fécondité d'invention, la superstition qui
sera salutaire à tous de celle qui ne profitera qu'à
vous ? Il est dangereux de jouer avec la crédulité.
On méprise bientôt ceux qu'on a d'abord abusés.
On a même peut-être commencé par là, ne les abu-
sant que parce qu'on les méprisait. Les démons
exorcisés se rattrapent souvent sur l'exorciseur.
C'est ce qui était arrivé à la plupart des Bonzes.
La morale qu'ils prêchaient était pure; mais les
supercheries, dont ils s'étaient fait une méthode
et des revenus, la viciait en eux. Ils enseignaient
une sincérité dont ils s'étaient affranchis. Ils ne
trompaient pas les hommes en leur recomman-
dant d'être chastes, de ne point voler, de ne point

tuer, de ne point s'enivrer, de ne pas commettre
d'adultère ; mais ils les trompaient en leur faisant
croire que ces vertus leur étaient ordonnées par
des dieux qui n'existaient pas ; et ces dieux, dont
ils tenaient les ficelles, servaient leurs ambitions
et leur cupidité. A côté de quelques mystiques
bouddhistes pénétrés du sentiment de notre commune misère, et dont les vertus réelles donnaient
une sorte de réalité à leurs divinités symboliques,
à côté d'humbles moines fermés à toute métaphysique et sincèrement convaincus, l'élite intellectuelle des monastères se mouvait dans la fraude et
vivait de la fraude. Ils étaient les premières victimes de l'immoralité sociale d'une doctrine qui
anéantit la conscience individuelle.

Bien que nous ne puissions les juger avec nos
principes occidentaux et chrétiens, nous comprenons l'indignation de François. Sa religion, à lui,
n'avait rien d'ésotérique. Les mystères en étaient
aussi bien des mystères pour les enfants que pour
les nonces du Pape et le Pape lui-même. Les
ignorants s'arrêtaient au bord ; les théologiens s'y
enfonçaient ; mais ils n'avaient sur les ignorants
que l'avantage de savoir jusqu'à quel point la raison en était confondue. Et, en dehors de ces
ténèbres sacrées, tout était clair, harmonieux, d'un
enchaînement logique, d'une portée universelle.
L'Église catholique ouvrait son sanctuaire à deux
battants. Un enfant pouvait comprendre ses évan-
giles. Sa parole, comme le pain et le riz, conve-

naît à tous. Sa morale se répandait de ses dogmes
aussi naturellement que la fraîcheur se répand des
eaux vives. L'apôtre dénonça donc sans trêve et
sans crainte les impostures du culte bouddhique
et des Bonzes. Ce fut la guerre. On dit que les
Bonzes essayèrent de soudoyer des assassins. Mais
les Chrétiens, dont le nombre augmentait, faisaient
bonne garde autour du Père.

Cette petite chrétienté fut vraiment « les délices
de son âme ». Il connut par ses catéchumènes
tout ce que le Japon réserve de prévenances et
d'affectueuse délicatesse à l'hôte qu'il honore et
qui a gagné son cœur. Le Japonais chrétien, mis
en confiance et dilaté par le Christianisme, surtout
l'ancien Japonais, que ceux qui ont vécu au Japon
ont encore pu rencontrer, est certainement un des
êtres les plus exquis que la nature et la grâce aient
jamais façonnés. « Il n'est pas croyable, écrivait
François, combien ces chrétiens nous aiment. Ils
viennent et reviennent chez nous s'enquérir de ce
qu'ils pourraient faire pour nous être agréables.
Les Japonais sont naturellement serviables ; et ils
le sont pour nous à l'excès. » L'aube du Christianisme sur la terre japonaise nous reporte aux plus
belles heures de la première Église. A des milliers
de lieues d'Antioche et de Rome, et après seize
cents ans, voici les mêmes conciliabules. Gentilshommes, étudiants, boutiquiers, domestiques, —
il n'y a pas d'esclaves, — écoutent la même voix
qui sort de la nuit des temps. Mais quel décor !

Une pièce nue ; des nattes fines ; des cloisons de papier ; une petite table haute comme un tabouret, et près d'un crucifix, un vase charmant d'où s'élance une branche fleurie. Ils sont tous agenouillés et assis sur leurs talons, même quand ils ne prient pas. De beaux sabres étincellent dans un bruissement de soie. Une politesse, qui a son origine dans la vieille idée bouddhique du renoncement à sa personnalité, une politesse où l'homme s'efface comme l'artiste derrière son œuvre, accueille la venue du Sauveur. François parle : il a encore beaucoup de peine à s'exprimer. Mais on le comprend ; on n'est point impatient ; on se sent réchauffé par sa présence.

Et cependant il n'appartient déjà plus tout entier à cette délicieuse chrétienté. De ce petit cercle aux lueurs d'aurore, il songe aux vastes peuples assis dans l'ombre de la mort. Il entend leur appel. Depuis six mois qu'il est revenu à Yamaguchi, un désir a grandi chaque jour en lui. Souvent, très souvent, les Japonais lui ont objecté que, si le christianisme était vrai, les Chinois l'auraient su et le leur auraient transmis. Ils n'imaginaient pas qu'il pût exister au monde une vérité que les Chinois eussent ignorée. Ils leur devaient tout, leur écriture, leurs arts, leur philosophie, leurs pagodes, et ils n'en rougissaient pas plus que nous de tant devoir aux Anciens. Ils avaient le même respect superstitieux de la Chine que nous de Rome et d'Athènes, mais avec cette différence que la Chine était toujours vivante et qu'Athènes et Rome ne vivaient plus que dans les livres. Nous nous considérons comme leurs héritiers ; ils se considéraient comme ses élèves. François se demandait s'il n'eût pas été plus sage de se rendre d'abord en Chine, car, une fois la Chine chrétienne, le Japon l'aurait suivie. Et, selon son habitude, avec tout ce qu'on lui en disait il se faisait un mirage. Dix-huit mois plus tôt, il écrivait : « Les Japonais sont le meilleur des peuples découverts jusqu'à présent parmi les Infidèles, et il me semble qu'il ne s'en trouvera pas d'autre qui l'emporte sur eux. » Il a changé de sentiment : les Chinois ont certainement une intelligence plus étendue et plus vive ; leur royaume, immense, fertile, riche en soie, a le bonheur d'être gouverné par un souverain dont le peuple pacifique respecte le pouvoir absolu... En deux ans d'efforts incessants, dans une nation qui l'a extraordinairement séduit, et où il a extraordinairement souffert, il n'a pas converti plus d'un millier de païens ; ses cheveux en ont blanchi ; et il se propose d'aller convertir des millions de Chinois aussi simplement que s'il s'agissait d'une bourgade de Paravers.

Il avait appelé à Yamaguchi Cosme de Torrès et il méditait sur cette nouvelle aventure, quand il apprit qu'un bateau portugais venait d'entrer au port de Higi, près de Funai, capitale de Bungo. Il dépêcha immédiatement un Japonais qui lui rapporta des lettres d'Europe, des lettres de Goa et une lettre du daïmio de Funai. Les premières l'informèrent qu'Ignace avait eu l'intention de le rappeler à Rome au moment où il achevait de rédiger les *Constitutions* de la Compagnie ; puis, qu'il y avait renoncé, et que, les Indes ayant été constituées en Province, il l'en avait nommé le Provincial. Désormais, il nommera lui-même les Supérieurs de Goa, décidera de l'admission ou du renvoi des membres de la Compagnie et, pendant ses longs voyages, déléguera ses pleins pouvoirs à celui des Pères qu'il aura choisi. Sa situation ainsi régularisée allait lui permettre de trancher les difficultés créées à Goa par Antonio Gomez. Et, précisément, les lettres de Goa l'avertissaient qu'elles avaient empiré. Enfin, la lettre du prince de Bungo l'invitait à séjourner dans sa ville.

François hâta son départ. Il recommanda à Dieu et aux deux bons gardiens, Juan Fernandez et Cosme de Torrès, sa petite chrétienté en pleurs. Il ne voulut point qu'on lui fît cortège, et sortit de Yamaguchi accompagné seulement de deux samuraï qui s'étaient appauvris pour le suivre jusqu'aux Indes. Il s'éloignait à pied comme il était venu et portait sur son dos bien empaquetés, si le paquet avait été fait par des mains japonaises, son calice et ses ornements sacerdotaux. Mais ses jambes s'étaient engourdies, et les deux jours de marche jusqu'à la mer lui furent très douloureux. Il débarqua près de Hiji et entra à Funai avec une escorte de Portugais en habits de fête, dont les barques pavoisées, les étendards, la musique et les salves d'artillerie impressionnèrent les Japonais.

Le daïmio de Funai, le plus puissant prince du Kiushu, Yoshishigé, qui, converti au christianisme vingt-sept ans plus tard, se fit alors baptiser sous le nom de François en souvenir de l'apôtre, est un des personnages les plus énigmatiques de cette histoire. Les missionnaires, sans nous dissimuler sa sensualité, nous peignent sa générosité chevaleresque, les dons de son esprit, la droiture de son caractère. Les chroniqueurs japonais l'accusent d'avoir assassiné son père, un demi-frère et sa belle-mère et voient en lui un des princes les plus sanguinaires de cette époque. D'autres historiens le disculpent du meurtre de son père qui aurait été commis par des serviteurs trop zélés. Qui croire ? Il est certain qu'il témoigna à François une bienveillance d'autant plus remarquable qu'elle ne recouvrait aucun intérêt commercial. Il ne lui déplaisait point assurément que les Portugais vinssent trafiquer chez lui. Mais c'était surtout sa curiosité des questions religieuses qui l'attirait vers le missionnaire. Plus tard, alors même qu'il fréquentait assidûment la maison et le collège des Jésuites fondés à Funai, il mandait des monastères de Kioto les bonzes les plus réputés, et il passait presque tous les loisirs que lui laissaient les affaires et ses concubines à discuter leur doctrine métaphysique.

Ce trait de son caractère concorde avec le récit

que l'illustre Mendez Pinto, dans ses *Voyages aventureux*, nous a donné du séjour de François à
Funai. Pinto était là. Il était vraiment là. On sait
que Pinto s'est attribué la gloire d'avoir découvert le Japon et que ce n'est pas la seule menterie
dont on l'ait convaincu. Son livre, très amusant,
peut être rangé au nombre des plus jolies œuvres
romanesques et romantiques du xvie siècle. La couleur est fausse à crier ; mais il y en a beaucoup et
qui brille. Il faut y lire l'entrée de François à
Funai, la pompe du cortège, le palais somptueuse-
ment orné, les murmures d'admiration des grands
seigneurs japonais ; sur le seuil, un enfant débitant
à l'apôtre un compliment si bien tourné que les
Portugais, qui, pour la circonstance, avaient sans
doute reçu le don des langues, s'ébahirent d'une
éloquence si précoce ; le prince debout, et François
qui veut se jeter à ses pieds et le prince qui ne le
veut pas et qui se prosterne aux siens, ce dont
Portugais et Japonais furent aussi stupéfaits les
uns que les autres (il y avait de quoi !) ; et le
prince entamant le panégyrique de François et de
sa doctrine, et un Bonze outré invectivant le
prince ; et le prince ordonnant au Bonze de sortir.
« Sortez monsieur ! » Il ne lui dit pas : « Sortez, monsieur ! » Un signe lui suffit. Mais Pinto aurait pu
lui prêter ces paroles qui n'auraient point déparé
la scène. Et, pourtant, le terrible Méridional n'a
pas tout inventé. Son récit est émaillé de détails
précis et justes. Et il se trouve que personne ne

nous a mieux dépeint le genre de controverses que
François eut à soutenir contre les Bonzes.

Le prince lui avait accordé la liberté de prêcher
à travers la ville. D'où grande colère des Bonzes,
qui allaient répétant que cet étranger n'était qu'un
gueux, un pouilleux si misérable que ses poux ne
voulaient plus le mordre, un chien puant, un
mangeur de punaises, et pis encore, car, la nuit, il
déterrait les cadavres pour les dévorer. Mais ces
gentillesses, dont pouvait s'émouvoir le bas peuple,
n'indisposaient point les nobles ni l'entourage du
prince. Ils appelèrent alors à la rescousse le supérieur d'un monastère voisin, une des plus fortes
têtes du Bouddhisme, et demandèrent qu'une
grande disputation eût lieu en présence de Son
Altesse. Yoshishigé aimait ces joutes oratoires ;
mais il connaissait le Bonze, et la sympathie qu'il
ressentait pour François le fit hésiter. L'insistance
de François triompha de ses hésitations. Et voici,
selon Pinto, comment les choses se passèrent.

Le Bonze, après les compliments obligatoires,
se tourna tout à coup vers l'apôtre et lui dit : « Me
reconnaissez-vous ? » — « Non », répondit François.
— « Comment pouvez-vous dire que vous ne me
reconnaissez pas ? s'écria le Bonze en riant. Nous
avons acheté une centaine de fois des marchandises ensemble. » — « Vous vous trompez, reprit
François, je n'ai jamais fait de commerce. » Mais
le Bonze, d'une mine altière, repartit : « Il y a
quinze cents ans, tu me vendis cent pièces de soie,

où je gagnai une forte somme. » — « Comment,
dit François, avez-vous pu m'acheter de la soie il
y a quinze cents ans, puisque le Japon n'est peuplé que depuis six cents ans ? » — « Tu vas comprendre pourquoi ; je connais mieux les choses
passées que tu ne connais les présentes. Sache que
le monde n'a pas eu de commencement et que les
hommes qui y sont nés ne peuvent avoir de fin... »
Puis il lui expliqua l'éternelle transmigration des
âmes et que les bonnes mémoires, comme la sienne.
se rappellent leurs vies antérieures.

Cette attaque brusquée est tout à fait dans la
manière des Japonais. C'est bien ainsi que procèdent les graves plaisantins en robe de soie des
comédies et des farces, et, très souvent, les bonzes
populaires. Ils ont gardé le goût des jeunes sociétés
pour les sphinx et pour les énigmes dont le mot
assure à qui le devine la royauté. Le Bonze spécu-
lait sur le trouble de François et pensait mettre
les rieurs de son côté. Il les y eût mis dans un
autre milieu, sur une place publique. Pinto est
certainement exact, sauf sur un point : François
n'a pas pu dire que le Japon n'était peuplé que
depuis six cents ans ; s'il l'avait dit, le Bonze se
fût empressé de relever une erreur très blessante
pour l'amour-propre japonais.

Quand le Bonze eut fini de développer sa théo-
rie, François exposa la Création du Monde et
l'histoire du premier homme. Je laisse de côté
toutes les fioritures de Pinto : le Bonze demandant

à l'apôtre pourquoi il défendait d'aimer les jeunes garçons, et le prince, si courroucé de ce cynisme, que, n'eût été son caractère sacerdotal, il lui eût fait trancher la tête, et, le lendemain, la discussion reprenant devant une assemblée de trois mille bonzes. Mais il a encore retenu deux ou trois questions que je crois authentiques pour en avoir entendu d'analogues, et qui nous montrent avec quelle aisance l'argumentation japonaise passe de la finesse à la puérilité. Le même homme, qui aborde le problème angoissant du mal dans le monde, demande, un instant après, pourquoi les Portugais donnent à la divinité des noms sales, c'est-à-dire des noms dont le son évoque en japonais des idées grossières. Qu'on ne s'y trompe pas, les auditeurs attachent souvent la même importance à l'une et l'autre de ces deux questions. Et elles fatiguent diversement, mais également, celui qui est sur la sellette, car l'une l'impatiente et le décourage de répondre à l'autre, et l'autre lui paraît quelquefois si profonde qu'il craint de ne pas avoir bien compris celle qui lui paraissait absurde. Un jour, François se tourna vers le capitaine portugais et murmura : « Ce n'est pas le bonze qui a trouvé tout seul cette objection : le Diable la lui a soufflée. » L'Européen ne savait jamais s'il avait en face de lui un enfant ou un homme, une intelligence à peine éclose ou le plus délié des sophistes. De pareille controverses surmènent la patience et accablent l'esprit.

Yoshishigé n'oublia jamais les deux mois que François demeura près de lui. D'ailleurs, ce souvenir restait lié à celui d'un événement assez considérable pour sa maison. François n'était pas depuis une huitaine de jours à Funai qu'une révolution éclata à Yamaguchi. Un des vassaux de Yoshitaka leva des troupes, envahit la ville et en commença le pillage et l'incendie. Le prince, trahi par ses soldats s'enfuit et, sur le point d'être rejoint, fit tuer son fils et s'ouvrit le ventre. François, qui nous raconte la chose, n'ajoute aucune réflexion. Chose curieuse, ce genre de suicide, le harakiri, ne semble pas l'avoir plus frappé au Japon qu'il n'y a remarqué le culte shintoïste. Il ne pouvait cependant ignorer que les enfants eux-mêmes en apprenaient le cérémonial, et il devait ranger au nombre des plus grands crimes de l'idôlâtrie l'ostentation de ces morts volontaires. A-t-il jugé inopportun d'ébranler l'imagination de ceux qui le liraient par cette fausse grandeur ? A-t-il craint de décourager un peu le dévouement jusqu'au martyre des confesseurs qu'il appelait au Japon ? Dans un pays où les gens se donnent si aisément la mort, elle perd sa valeur de témoignage.

Cosme de Torrès et Juan Fernandez, contre qui les bonzes avaient repris l'offensive après le départ de François, coururent de graves dangers pendant ces émeutes. Mais les conjurés ne se souciaient point d'eux, et ni l'un ni l'autre n'était destiné à

mourir d'un coup de sabre. Dès qu'ils apprirent le
suicide du daïmio vaincu, les vainqueurs députèrent
à Yoshishigé des ambassadeurs qui le prièrent
d'accepter pour son frère le daïmiate de Yamaguchi. Était-il dans le complot ? L'avait-on tenu
au courant de ce qui se tramait ? Et, dans ce cas,
l'invitation qu'il avait adressée à François dissi-
mulait-elle le désir de le soustraire à cette san-
glante bourrasque ? La rapidité des événements
justifierait l'hypothèse. En moins d'un mois, Yoshitaka avait été renversé ; ses vassaux s'étaient mis
d'accord sur son successeur ; on avait tout négocié,
et déjà le frère de Yoshishigé avait pris possession
du daïmiate. Les deux frères s'engagèrent à protéger la religion chrétienne, l'un à Bungo, l'autre
à Yamaguchi ; et cette assurance loyalement donnée
fut la dernière joie de François dans ce Japon qui
lui avait été si doux et si dur. Il en partit vers la
mi-novembre 1551.

Il n'y avait point accompli ce qu'il avait rêvé.
Encore une fois, la réalité l'avait déçu. Cependant
il emportait des gages d'espérance, et il aurait pu
se dire qu'il laissait derrière lui une œuvre qui, à
elle seule, eût empêché son nom de périr. Je crois
qu'il eût été à demi satisfait s'il ne s'était mêlé à
ces belles promesses d'avenir l'appréhension des
Européens qui, maintenant que la voie était
ouverte, accouraient au Japon. Il connaissait assez
les Japonais pour redouter que les Occidentaux,
habitués à traiter les Asiatiques en peuples de

conquête, ne commissent chez eux des erreurs à
jamais funestes au développement du Christianisme. Les Portugais s'y conduisaient raisonna-
blement. L'éloignement où ils étaient de leurs
ports militaires les maintenait dans une sagesse
relative. Mais les Espagnols de la Nouvelle-
Espagne, — et François les avait vus à Amboine,
— étaient bien menaçants. Ce fut cette crainte qui,
l'année suivante, quelques mois avant sa mort,
lui dicta une lettre à Simon Rodriguez, où il le
priait d'obtenir du roi de Portugal qu'il informât,
pour la décharge de sa conscience, l'Empereur, roi
de Castille, des dangers épouvantables qu'il y avait
à envoyer des vaisseaux de la Nouvelle-Espagne
en quête de ces îles japonaises connues chez les
Castillans sous le nom flatteur d'Iles Argentières.
« Non seulement, disait-il, les mers étaient semées
d'écueils et leurs tempêtes terribles ; mais les
navires qui arborderaient au Japon auraient affaire
à un peuple si belliqueux et si avide que, pour
enlever armes et habits, il mettrait à mort tout
l'équipage. Enfin, en supposant qu'ils pussent
échapper aux naufrages et à cette rapacité, le sol
du Japon était à ce point stérile que les Castillans
y mourraient de faim. » François peindrait-il
sous des couleurs plus sombres les sauvages de
Bornéo ou de l'Ile du More ? On a voulu voir dans
cette lettre qui, j'en conviens, est étonnante, une
simple manœuvre commerciale, comme si l'apôtre
n'avait pas hésité à utiliser son influence au profit

des marchands portugais. J'y vois plutôt, sous
une forme un peu naïve, le désir d'écarter de son
œuvre naissante, et encore si exposée, des dangers
dont l'avenir a prouvé qu'ils n'étaient point chi-
mériques.

CHAPITRE XIII

LE CRÉPUSCULE ET LA MORT

Il a repris la mer et retourne vers Goa. Après une tempête, où la chaloupe rompit ses câbles et, emportée avec quelques hommes de l'équipage, revint miraculeusement au navire, on aborda, dans les premiers jours de décembre, à San Choan. C'était une île presque déserte, à deux lieues environ du continent, à vingt-cinq lieues au sud de Macao. Les Portugais, chassés de la Chine, et dont plusieurs d'entre eux pourrissaient encore dans les geôles de Canton, y donnaient rendez-vous aux contrebandiers chinois. Ils vivaient la plupart du temps sur leurs vaisseaux, de peur d'être surpris par les mandarins. Quand ils descendaient à terre, ils se construisaient des cabanes de paille qu'ils brûlaient au départ. L'île était dure, triste, sauvage, aussi inhospitalière que toutes les îles montagneuses de cette côte, qui sont comme les ouvrages avancés de la malveillance chinoise. Le vaisseau de François s'y arrêtait. Par bonheur il y rencontra un ami, le marchand Diogo Pereira, qui se préparait à regagner Malacca. Aucun pressentiment ne l'avertit qu'avant la fin de l'année sui-

vante, il ferait plus intime connaissance avec cette
terre qui se refermerait sur lui.

Le *Santa-Croce* appareilla. François, qui ne
rêvait plus que de la Chine, confia ses projets à
Pereira. Ces vieux routiers des mers étaient aussi
indulgents à leurs rêves que les apôtres. L'idée
d'une ambassade chargée de présents à l'empereur
de Chine, qui accorderait aux apôtres la liberté
d'enseigner leur doctrine et aux marchands de
commercer dans tout l'empire, ne souleva aucune
objection chez Pereira ; et, comme François craignait que le Vice-Roi ne jugeât l'expédition trop
onéreuse, il promit d'en prendre les frais à sa
charge et d'accepter d'être l'ambassadeur. Vous
les entendriez le soir, sur le tillac du navire ; et
vous croiriez écouter deux adolescents romanesques
qui se flattent de pénétrer dans la caverne du
Dragon et de conquérir le monde avec son trésor.
Pourtant l'un est un homme d'affaires, l'autre un
savant ouvrier apostolique ; et ils ont à eux deux
vingt ou trente années de dures expériences dans
l'Extrême-Orient. Mais l'un se voit déjà à la tête
d'une ambassade et ramenant des ballots de soie ;
l'autre contemple déjà sur toutes les faces païennes
de ce nouvel univers la première lueur de l'éternelle vérité. Le plus optimiste fut bientôt l'homme
pratique, le marchand. Pour François, à mesure
qu'il déroulait son vaste projet, la réussite lui en
paraissait plus hasardeuse. « Vous verrez, disait-
il à Pereira, que le Diable empêchera tout. »

Pereira finissait par se fâcher. Et François lui répétait : « Vous verrez ! Vous verrez ! » C'était la première fois qu'il doutait d'une de ses entreprises.

Quand il parvint à Malacca, la ville sortait, aux trois quarts ruinée, d'un siège où elle avait failli succomber. Les sultans malais avaient essayé de prendre une revanche de leur précédente défaite. François n'en fut point étonné, car il avait eu la vision de ces maux ; et il ne fut pas plus surpris qu'un navire en partance pour Cochin eût été retardé jusqu'à son arrivée, car il l'avait prédit à ses compagnons du *Santa-Croce*. Malacca en deuil le reçut avec allégresse. On remercia Dieu en grande procession. Le Père Perez continuait son apostolat dans cette ville sans beaucoup de succès ; mais il y avait gagné l'estime de tous. La joie de le revoir que ressentit François fut probablement gâtée par la présence de deux missionnaires qu'il avait envoyés aux Moluques, le Père Moralez et le Frère Gonzalez, et que le Père de Beira en avait congédiés. Après les païens qui avaient trompé son espoir, il retrouvait des chrétiens qui avaient trahi sa confiance.

Ce fut pire à Cochin, où il arriva en janvier 1552. Là commença pour lui l'épreuve la plus blessante de toute sa vie d'apôtre. Une première fois, en allant au Japon, le Diable lui était apparu sous l'enveloppe d'une idole chinoise. J'exagérerais à peine si je disais que Satan lui apparut une seconde fois, mais pour ne plus le lâcher, dans les actes, la personne et le souvenir d'Antonio Gomez.

Avant de partir, François avait accepté d'ouvrir une école à Cochin. Le terrain choisi touchait à celui des Confrères de la Miséricorde, qui ne demandèrent pas mieux que de partager la jouissance de leur église avec les Pères. Autonio Gomez prit l'affaire en mains, et, un beau jour, dépossédés de leur église, les Confrères s'entendirent signifier qu'ils ne l'avaient pas prêtée, mais donnée. Ils protestèrent, soutenus par le Vicaire épiscopal. Le Vice-Roi, Cabral, qui ne voyait que par les yeux de Gomez, et l'évêque qui chaque fois qu'il entendait la voix de Gomez, se croyait au Paradis, les déboutèrent de leurs droits. La sentence souleva contre les Pères la ville portugaise, encore excitée par les proportions insolentes du collège qu'ils commençaient à bâtir. Le nouveau gouverneur, Alphonse de Noronha, pour imposer silence aux mécontents, enjoignit à Gomez de resteindre ses frais de construction ; mais il ratifia la cession de l'église.

Tout semblait apaisé lorsque François débarqua. Rien ne pouvait lui être plus désagréable que cette histoire, et il craignait toujours que la Société de Jésus ne portât ombrage aux autres Ordres et au clergé séculier. Mais le mal était commis ; et il n'y avait que deux moyens de le réparer : le premier, de rendre purement et simplement leur église aux Confrères de la Miséricorde ; le second, de la garder, puisque deux gouverneurs et même le Roi en avaient sanctionné la donation, et de dédommager les anciens propriétaires. Il choisit le premier, mais il ne s'y tint pas. Il demanda publiquement pardon aux Confrères et leur reporta les clefs de leur église. A cette humilité, les Confrères se crurent obligés de répondre par le don volontaire et unanime de leur édifice. Et à cette générosité François répondit aussitôt par un acte où il reconnaissait que l'église n'était pas donnée à la Compagnie mais prêtée. Ils étaient tous sincères, mais ils avaient le tort de faire du sentiment dans un règlement de comptes. Ces nobles assauts de désintéressement n'aboutirent qu'à rouvrir une question litigieuse. Une fois François parti, les débats reprirent et durèrent dix ans, jusqu'au jour où les Jésuites se bâtirent une église. Évidemment François connaît le monde; mais on ne s'expliquerait pas ses erreurs si on ne faisait la part de cet esprit un peu chimérique, de cet esprit « fénelonien » dont sa connaissance du cœur humain n'a jamais entièrement triomphé. Seul, Ignace aurait pu le mettre en garde contre une tendance de sa nature à dramatiser des incidents qui n'en valaient pas toujours la peine ou à chercher aux difficultés de la vie des solutions qui ne sont que des élans du cœur, et qui ne dénouent rien.

Il n'était pas depuis vingt-quatre heures à Goa qu'il apprenait les maladresses que le recteur du collège avait accumulées en son absence. Gomez était resté le même homme, aussi présomptueux qu'intransigeant, et sa présomption l'avait engagé dans une aventure qui ressemblait un peu, mais en caricature, à celle où la confiance de François avait failli l'entraîner, lorsqu'il avait cru aux promesses des rois de Ceylan. Il s'agissait du petit roi de Tanor qui, comme le roi de Kandy, feignait d'avoir reçu le baptême pour enjôler les Portugais et tirer d'eux des hommes et de l'argent. Son jeu avait été démasqué naguère par le vieux Diogo de Borba. Mais Diogo était mort, et Gomez, plein d'assurance, se rendit à sa cour. Les impressions de Gomez chez les princes de la côte méridionale, dépassent la candeur permise. On le berna magnifiquement, et il fut enchanté de cette magnificence. Il finit par se convaincre que le christianisme de l'Inde dépendait du puissant roi de Tanor. Si ce très haut monarque se déclarait ouvertement chrétien, c'en était fait de tous les démons des pagodes. Non seulement il ne se déclarait pas, mais Gomez le surprit en conversation sacrilège avec ses dieux. Il était urgent de l'arracher à son milieu idolâtrique. L'évêque, que l'idée d'une réception carillonnée de prince hindou et presque chrétien enthousiasmait, entra dans les vues de Gomez. On enleva le roi de Tanor qui se laissa enlever comme une belle princesse. Il arriva à Goa, et toute la ville fut en liesse. Elle l'arrosa d'eaux de senteur, elle lui offrit des banquets, elle tira ses bombardes et fit chanter ses carillons.

Des lettres triomphantes renvoyèrent jusqu'à Lisbonne les échos de la fête. On y annonça en chaire la conversion du roi de Tanor. Pour lui, quand il se fut bien gobergé, il retourna dans son royaume et à ses idoles. C'était fort ennuyeux, surtout à cause des messages d'allégresse ; et la comédie de l'Hindou mettait Gomez en assez fâcheuse posture. Mais enfin, il n'avait agi qu'avec l'approbation de l'évêque et du Vice-Roi. Et les Goanais, trop heureux d'avoir eu une occasion de parader et de cavalcader, ne lui en voulaient pas.

Restait le collège. Antonio Gomez s'était empressé d'appliquer ses idées de réforme. Il avait chassé les élèves indigènes de cet établissement fondé pour eux, et il avait reçu, à leur place, vivant sur des fonds qui ne leur étaient point destinés, vingt-huit jeunes Portugais ou fils de Portugais, novices de la Compagnie. Il tenait enfin son Coïmbre. Mais les fondateurs et les bienfaiteurs du collège s'en étaient scandalisés ; et le Vice-Roi, Alphonse de Noronha, l'avait obligé de revenir sur ce qu'il avait fait. Depuis un an, le collège de Sainte-Foi avait rouvert ses portes aux Hindous. Malheureusement, les procédés de Gomez avaient irrité plusieurs de ses confrères. Il n'avait point respecté la division des pouvoirs que François avait établie ; il s'était arrogé la direction suprême de la mission, et le timide Paul de Camerino, complètement annihilé, s'était réfugié dans l'hôpital où, du moins, Gomez ne lui disputait pas les soins à donner aux malades. D'ailleurs, en 1551, le nouveau Recteur du collège, que François avait demandé à Ignace, le Père Melchior Nunez Barreto, arrivait à Goa. Comme il avait égaré ses lettres patentes, Gomez fit quelque résistance. Puis on avait conclu un arrangement, et tout était rentré dans l'ordre.

En résumé, voilà ce que nous savons des fautes de Gomez. D'autre part, ses prédications continuaient d'attirer la foule, et elles avaient sans doute contribué à étendre la réputation de la Compagnie et à ranimer le zèle religieux des Goanais qui, paraît-il, n'avait jamais été plus vif. Mais ce n'est point François qui le dit.

Et maintenant, voici le traitement de rigueur que le Provincial François de Xavier lui appliqua. Non seulement il le congédia de Goa et l'envoya fonder une maison à Diu, tout au Nord ; mais, deux mois plus tard, il déposa, entre les mains de celui qu'il avait choisi pour le remplacer pendant son voyage en Chine, une cédule où il signifiait à Gomez son expulsion de la Compagnie. Si Gomez avait le malheur de quitter Diu, copie de cette cédule lui serait immédiatement expédiée. S'il ne bougeait pas, on en différerait l'expédition jusqu'après le départ des navires. Désormais, rendu au clergé séculier, il serait soumis à la juridiction de l'évêque, et François jugeait que le mieux pour l'évêque serait de le laisser à Diu. Ainsi on le frappe, mais sans qu'il sache encore jusqu'à quel point il est frappé ; et il ne le saura qu'après le départ des vaisseaux, qui pourraient l'emporter ou du moins emporter sa défense, à moins qu'il ne commette l'imprudence de s'éloigner de son poste, auquel cas la cédule l'atteindra comme la punition d'une désobéissance prévue.

Pourquoi ces détours et ce mystère? On suppose que François eut peur que l'éclat de cette expulsion agitât l'opinion publique et qu'il espérait que le temps en amortirait l'effet. La rélégation de Gomez à Diu avait déjà provoqué un très vif mécontentement dans la noblesse, chez le Vice-Roi, « grand ami pourtant de tout ce qui touchait le service de Dieu », nous dit le Père Texeira, et probablement chez l'évêque. Soit : il convenait de ne pas exciter les passions. Mais nous nous demandons alors de quelles autres fautes Gomez s'était rendu coupable pour mériter un tel châtiment, et d'où viennent, — la remarque est du Père Cros, — « le zèle, la jalousie, l'affectation étrange que l'on mit à effacer totalement dans le premier registre des Lettres de l'Inde, partout où il se rencontrait, le nom d'Antonio Gomez. » A Rome, il semble bien qu'on ait tout ignoré. Selon Valignano, Gomez, repentant, écrivit à Ignace une lettre où il lui demandait pardon ; et Ignace, l'ayant reçu en miséricorde, lui répondit de venir et qu'on verrait à lui imposer une pénitence. Mais il trouva sa pénitence avant d'arriver à Rome. En 1553, le malheureux périt avec le bateau qui le ramenait.

Et nous ne saurons jamais ce qui s'était passé entre ces deux hommes.

Nous pouvons nous l'imaginer. Le bruit de la mort de François avait déjà couru une ou deux fois à Goa. Gomez s'était posé et avait agi comme si l'apôtre n'eût jamais dû revenir du Japon, et, quand il l'avait revu, convaincu que ses puissantes amitiés le sauveraient encore, il avait pris sans doute de très haut les réprimandes de son chef. Pour la première fois, François avait rencontré chez un de ses subordonnés l'irrespect, l'insolence, peut-être le sarcasme, en tout cas un terrible orgueil soulevé contre lui. Gomez lui avait probablement dénié le droit de condamner et surtout de punir des errements dont ses longues absences porteraient la responsabilité. François n'admettait pas que l'organisation qu'il avait improvisée afin de s'en aller plus vite au Japon fût la cause de l'insubordination des missionnaires et de leurs défaillances. Il trembla que l'esprit de Gomez ne les eût contaminés. Si l'on ne coupait pas court à ces habitudes d'indiscipline, c'en était fait de la Mission. L'apôtre céda le pas au Provincial.

Des chrétientés qu'il avait fondées ou rénovées, celle des Pêcheurs de perles était la seule qui prospérât et qui se développât normalement sous la forte direction du Père Enrique Enriquez. C'était la seule aussi où un membre de la Compagnie, le Père Antoine Criminale, eût versé son sang. Les missionnaires parlaient maintenant le tamoul, et

les fidèles commençaient à recevoir les sacrements
de la Pénitence et de l'Eucharistie. A Coulam, près
de Cochin, le Père Lancilotti travaillait conscien-
cieusement, mais sans grandes ressources. Ailleurs, tout clochait. A San Tomé de Meliapor, le
vieux Cypriano, qui avait connu Ignace et qui
était entré fort tard dans les Ordres, s'était brouillé
avec l'ancien hôte de François, le vicaire Gaspard
Coelho, et avec le capitan portugais. Il avait gardé
de sa vie guerrière une humeur combative. Les
soldats en retraite, établis à Meliapor, le considéraient comme un saint ; mais c'était un saint à leur
façon, et non à la manière dont le vicaire, plein
du souvenir de François, comprenait la sainteté.
Il se démenait, réclamait des enquêtes, rédigeait
des requêtes, et « ce qu'il emmanchait d'un côté,
il le démanchait de l'autre ». François le rappela
sévèrement à l'ordre : « N'essayez pas de vous justifier ! Allez trouver le vicaire, et, les deux genoux
en terre, priez-le de vous pardonner, et baisez-lui
la main. Et je serai encore plus consolé si vous lui
baisez les pieds. » Mais, en post-scriptum à cette
mercuriale, et de sa propre main, François ajouta :
« O Cypriano, si vous saviez avec quel amour je
vous écris ces choses, jour et nuit vous vous sou-
viendriez de moi et peut-être pleureriez-vous au
souvenir du grand amour que je vous porte. »
Bien qu'il eût parfois de ces retours de tendresse,
ses expulsions et ses menaces laissèrent aux jeunes
missionnaires, une impression d'inflexibilité redou-

table. L'un d'eux, Melchior Nunez, écrira : « J'étais vraiment stupéfait en considérant quel désir il a de la gloire de Dieu et quel effet pénible produit en lui la vue des imperfections, si légères qu'elles soient, d'un de ses Frères ; et j'étais non moins émerveillé de la patience et douceur dont il usait envers ceux du dehors, encore qu'ils fussent grands pécheurs... » Il est clair que les Pères de Goa furent un peu déconcertés par les rigueurs de l'apôtre et qu'ils envièrent plus d'une fois « ceux du dehors ».

Il avait choisi pour le remplacer pendant son voyage de Chine, qu'il préparait activement, Gaspard Barzée. La lettre où il l'appelait au Japon l'avait enfin touché ; et, depuis trois mois, Barzée était revenu d'Ormuz à Goa. Il exultait déjà à l'idée de courir les mers et d'évangéliser les Japonais, quand François lui délégua ses pouvoirs, avec l'obligation de ne point quitter Goa pendant trois ans, sous quelque prétexte que ce fût.

Le séjour embrasé de cet Ormuz, où les délices des voluptueux consistaient à dormir dans des cuves remplies d'eau, et où il passait ses nuits entières à entendre des confessions, avait encore exalté son amour du Christ et son ambition de souffrir. Ses lettres nous entourent de flammes. Il a des transports d'humilité qui le roulent dans la poussière. « En vérité, je n'ai jamais été qu'un ver de terre né du fumier et de la pourriture. Je n'ai rien dont je puisse me glorifier si ce n'est de mes infirmités sans nombre. » Mais le ver de terre est devenu, par la grâce de Dieu, un membre de la Compagnie ; il se redresse au bruit des conquêtes qu'elle fait en Europe, et il crie sa joie : « Je verrai donc de mes propres yeux les délices de notre espérance, les étendards du Crucifié resplendir au milieu des phalanges et du front de bataille de notre Compagnie, de cette armée qui combat dans la vallée de misère où règne en souveraine l'image de la Mort. Aux armes, Frères héroïques ! » Ce fils de plébéien va plus loin qu'Ignace dans sa mystique chevaleresque. Et voici qu'il laisse tomber son épée et s'enivre sur la terre brûlante des aromes du Cantique des Cantiques. Sa voix belliqueuse s'adoucit en murmure d'amour, avec des éclats soudains qui tiennent à la fois du ravissement et du gémissement, et tout cela dans une magnifique incohérence d'images où son cœur se brise : « Jésus-Christ, mon orgueil et ma gloire ! Suis-je malade ? Par lui je me sens plus fort. Mon bien-aimé m'enivre de myrrhe et repose au milieu de mon sein. La chasteté est un miroir où Dieu lui-même se mire en sa créature. Que vous êtes belle, ma fiancée, que vous êtes admirable ! Vos yeux sont ceux d'une colombe. Vous êtes pure de cœur et d'intelligence. Et cet époux rempli d'admiration s'écrie : « Vous avez, ô ma sœur, blessé profondément mon âme ! » Car il appelle ses sœurs les vertus les plus pures. La dernière vertu, la Charité, c'est le manteau glorieux de la majesté divine qui

s'étend comme un voile sur la multitude infinie
des péchés. » Allez donc dire à un pareil homme
qu'il n'est qu'un cadavre, *perinde ac cadaver !*
« Dans l'esclavage de l'obéissance nous sommes
plus libres que tous les hommes qui habitent cet
univers : nous vivons selon le libre choix de notre
volonté dirigée par les lois de la raison. »

De Barzée on ne pouvait appréhender qu'un zèle
intraitable. A Ormuz, nous dit Palanco, sur huit
novices qu'il était parvenu à rassembler, cinq
étaient morts d'austérités et, sans doute aussi, du
climat. Mais François ne semblait pas redouter un
sort semblable pour ceux du collège de Sainte-Foi.
Si, dans ses instructions secrètes, il lui recommande
d'user de charité et non de rigueur, il insiste principalement sur la nécessité de réprimer ceux qui
ont trop bonne opinion d'eux-mêmes. On sent que
l'image de Gomez le harcèle. C'est Gomez, c'est
son esprit, c'est sa superbe qu'il veut à tout prix
exorciser de la Compagnie. S'il l'oublie un instant,
quand il entre dans les détails de l'administration,
des revenus et des dettes de la maison, des murs
à réparer et des frais de blanchissage, tout à coup
l'ombre de l'ancien Recteur reparaît. « Veillez
attentivement sur les enfants du pays pour qui
l'on a bâti ce collège : c'est assez des scandales
passés », ou encore : « Humiliez-vous. Ne perdez
pas de vue un moment qu'il y a dans l'Enfer beaucoup de prédicateurs qui eurent plus que vous la
grâce de bien prêcher et dont les prédications

firent plus de fruit que les vôtres : ils furent les instruments de la conversion d'un grand nombre, mais, ce qui épouvante, pendant qu'un grand nombre, par eux, allaient au ciel, eux, les misérables, allaient en Enfer... Ils voulurent plaire au monde ; leur joie était dans les louanges du monde, et leur vanité, leur orgueil ne cessait de croître. »

Quant aux autres missionnaires, il les rompait à l'obéissance et à l'humilité. Soyez humbles et encore plus humbles ! Humiliez-vous en vous-même, intérieurement, devant Dieu ; et que tous vos actes respirent l'humilité. L'humilité est par excellence la vertu chrétienne. Mais on éprouve, à l'entendre le répéter, la même oppression qu'en présence d'un homme qui, s'efforçant d'assouplir le corps humain, risquerait d'en briser les membres. On se dit aussi qu'il peut être dangereux d'exiger en tout et partout les formes les plus pénibles de cette rude vertu ; l'orgueil ne trouvera-t-il pas le moyen de s'y loger et de s'y accroître même de toute l'incommodité qu'il y subira ? Et une vertu, au profit de laquelle on détruit ainsi l'équilibre de toutes les autres, ne finira-t-elle pas par en tenir lieu ? Et l'on songe encore que, dans ses manifestations extérieures, elle met entre les hommes autant de distance que la fierté la plus hautaine. S'il est vrai que François poussait l'exemple de l'humilité jusqu'à s'agenouiller dans les rues devant les vicaires épiscopaux des forteresses, cette marque de vénération devait les gêner, à moins qu'ils ne comprissent qu'elle ne s'adressait pas à eux ; et peut-être alors eussent-ils préféré d'un tel homme un témoignage d'estime qui leur fût plus personnel.

Du reste, tant qu'il fut à Goa, on vécut autour de lui en grande ferveur. Il y avait un tel charme dans ce maître autoritaire, dont la sainteté ne faisait de doute pour personne, que ceux-là même qui le craignirent gardèrent de son passage le souvenir d'un rayonnement. Ils étaient là, les yeux baissés, et c'était à qui suppliait Dieu dans le silence de son âme d'être celui que le Père emmènerait vers la Chine monstrueuse. Le jeune Texeira, qui devait un jour écrire sa vie, le contemplait à la dérobée et gravait dans sa mémoire cette belle figure amaigrie au front large, aux yeux noirs, aux regards souvent levés au ciel comme vers sa patrie et qui, bien qu'elle ne rît jamais, avait toujours l'air riant. On l'épiait ; on tâchait de surprendre ses extases au pied de l'autel : on crut le voir plusieurs fois soulevé dans l'air. Il recherchait la solitude. La nuit, il descendait au jardin, et, la soutane ouverte, offrait au léger souffle de la brise et à la lumière des étoiles son cœur brûlant d'amour. Il dormait de moins en moins et parlait de plus en plus dans ses courts sommeils. Sa santé chancelait. Il ne pouvait rien manger sans d'intolérables souffrances. On ne nous dit pas que personne essaya de le retenir. Le Vice-Roi avait approuvé l'ambassade de Pereira. Et pourtant personne ne conservait l'espérance de le revoir ailleurs que dans la vallée de Josaphat. Et lui-même il n'espérait point revenir. Ses dernières exhortations furent plus émues, plus pressantes. Le 14 avril 1552, le soir du Jeudi-Saint, quand on eut très solennellement enfermé le corps de Notre-Seigneur, il partit sans pompe, sans cortège. Quelques Pères seulement le conduisirent au navire. Les autres demeurèrent près du Saint-Sacrement à prier pour lui.

Il n'emmenait que le Père Balthazar Gago, le Frère Alvaro Ferreira et un jeune interprète chinois. Il emportait des ornements de brocart, du velours, de la soie, plusieurs dais et tapis de grand prix, tous les objets composant une chapelle pontificale, achetés à Ormuz par le Père Barzée. Sur le même bateau s'éloignaient les deux samuraï japonais et un ambassadeur du daïmio de Funai qui ne paraissent pas avoir tenu beaucoup de place dans la curiosité des habitants de Goa.

De Cochin à Malacca, triste et dur voyage, agité par les tempêtes, assombri par les pressentiments. Malacca était la proie d'une épidémie et surtout d'un nouveau capitan, don Alvaro de Ataïde, quatrième fils de Vasco de Gama, et frère de don Pedro de Sylva. Quelques années plus tard, ses injustices et ses malversations le firent ramener en Europe et condamner à une détention perpétuelle. Diogo Pereira, lui, à qui François apportait sa nomination d'ambassadeur auprès du Roi

de la Chine, avait tout préparé pour son ambassade. Son navire revenait des îles de la Sonde chargé
de marchandises, quand le capitan déclara qu'il
ne souffrirait pas qu'un marchand partît en qualité
d'ambassadeur. Il ne l'empêchait point d'envoyer
ses marchandises en Chine ; mais il lui interdi-
sait d'y aller. Le titre conféré à Pereira avait
excité contre lui des jalousies d'autant plus violentes que personne ne doutait qu'il en retirerait
d'énormes bénéfices. On peut même s'étonner
que le Vice-Roi ait si facilement accordé à un
simple marchand l'honneur de représenter le roi
de Portugal près du plus grand monarque de l'Asie.
Le seul ambassadeur possible était François de
Xavier. Mais Pereira tenait à son titre, et son
ambassade ne coûtait rien au gouvernement portugais. Don Alvaro, qui n'avait été ni consulté, ni
prévenu, eût été excusable d'en référer au Vice-
Roi, de lui présenter ses objections et d'attendre
sa réponse. C'eût été tout au plus un retard de
quatre mois. Mais rien n'excuse sa brutale gros-
sièreté.

Devant ses refus et ses injures, François se rappela qu'il était nonce apostolique et qu'une décrétale frappait d'excommunication ceux qui empêchent les nonces apostoliques d'exercer leur office.
Quand on lui avait lu les Provisions du Vice-Roi,
le capitan avait craché par terre et s'était écrié :
« Voilà le cas que j'en fais ! » Il fit exactement le
même cas de la décrétale. Ainsi, après dix ans de

modestie et d'humilité, François, qui avait tant
recommandé et ordonné aux Pères le respect
absolu des autorités religieuses et civiles, se trouvait obligé de brandir les foudres de l'excommunication sur la tête d'un capitan portugais. La ville
de Malacca prit le parti de don Alvaro : elle avait
trois ans à vivre sous ses lois. Et beaucoup de gens
sans doute n'étaient point fâchés de voir mépriser
un juste. Pedro de Sylva, qui avait perdu toute
autorité en descendant du pouvoir, demeurait
impuissant contre son frère. Le vicaire épiscopal
n'osait pas soutenir l'apôtre. Malacca lui devint
bientôt inhabitable. On l'insultait dans les rues.
Des gens, qui avaient participé de leurs deniers à
l'expédition de Pereira, venaient lui reprocher leur
ruine. Il se réfugia sur le *Santa Croce*. Il ne descendait plus à terre. Pereira n'eut pas un mot
amer ; il veilla au contraire à ce qu'on l'entourât
de soins sur ce navire, le sien et le seul où il lui
fût défendu de s'embarquer. Enfin, vers la mi-juil-
let, le *Santa Croce* appareilla avec un équipage
choisi par don Alvaro. On raconte que, François
étant retourné dans la ville pour dire adieu à ses
amis et au Père Perez alors très malade, le vicaire
lui conseilla d'aller saluer le capitan, afin qu'il n'y
eût pas de scandale. Mais François refusa : « Don
Alvaro, dit-il, ne me verra plus en cette vie. Je
l'attends au tribunal de Dieu. » Il pria pour lui
en passant devant l'église ; puis il ôta ses chaussures, en secoua la poussière contre une borne et

monta dans une barque. Ce furent là ses adieux à la terre portugaise.

Sur ce navire, où François voit autour de lui des visages hostiles, il n'a gardé à ses côtés que l'interprète chinois, son domestique malabar, et le Frère Ferreira. Il a dirigé le Père Balthazar vers le Japon, comme s'il ne voulait distraire, pour une entreprise qu'il sent désormais condamnée, aucune parcelle de cette énergie que réclament des œuvres déjà vivaces. Le voyage fut rapide. Le *Santa Croce* avait même dépassé le port de San Choan ; et ce ne fut que sur les avertissements réitérés de François que le capitaine reconnut son erreur. Les Portugais qui étaient à San Choan s'empressèrent de mettre leurs huttes à la disposition du Père ; et ils lui firent une chapelle de paille où il pourrait célébrer la messe, catéchiser les enfants et les esclaves. Il commença à se lier avec les marchands chinois, dont quelques-uns comprenaient quelques mots de portugais. Heureusement ; car le jeune interprète Antonio, âgé de vingt ans, et qui en avait passé huit au collège de Goa, avait désappris la langue chinoise ou, du moins, n'entendait presque rien au parler des gens de Canton. Et pourtant quel service il a rendu ! Sans son mémorial si précis et si simple, nous n'aurions sur les derniers jours de François que des données très incertaines. Les Chinois écoutaient l'apôtre et lui répondaient selon son désir. Encore une fois il se laissait séduire aux espérances dont ils le flattaient avec l'air de gravité sarcastique si fréquent sur leurs faces lunaires. Ces honorables contrebandiers avouaient que la loi chrétienne leur paraissait valoir mieux que la leur. « Mais, ajoute François, leur sentiment ne vient peut-être que de leur amour des nouveautés. » A ce petit mot, on devine qu'il n'a tout de même plus sa force d'illusion d'autrefois. Elle décline à mesure que décroît sa volonté de vivre.

Il en cherche parmi eux qui consentent à le mener jusqu'à Canton. Tous se dérobent. Introduire un Européen à Canton : c'est la mort pour le Chinois qui l'ose, et pour le Portugais les chaînes, la cangue, l'éternelle bastonnade dans une geôle immonde. On finit par en rencontrer un qui promit de tenter l'aventure, moyennant deux cents cruzados de poivre. Il le conduirait dans une petite embarcation où ne monteraient que ses fils et des serviteurs éprouvés ; et il le déposerait un matin, avec son bagage, à la porte de la ville. On ne pense pas à cet arrangement sans effroi : François seul ou accompagné de Christophe le Malabar et d'Antonio le Chinois, devant cette atroce ville, ce dédale de sentines puantes et dorées. On lui dit de se méfier : le marchand le jetterait à la mer, ou, dès que les portes de la ville s'ouvriraient, des soldats l'empoigneraient et le traîneraient en prison. « Mais, répondait François, que sont ces risques à côté du danger de perdre sa confiance en Dieu ? » Cependant, s'il ne peut de cette manière pénétrer en Chine, il se propose déjà d'aller au Siam : il a ouï dire que chaque année le roi de Siam envoie une ambassade au roi de Chine, et il trouvera bien une occasion de s'y glisser.

Septembre, octobre passèrent : le Chinois ne revenait pas. Les bateaux portugais commencèrent à quitter San Choan. L'un d'eux emmena le Frère Alvaro Ferreira, congédié de la Compagnie. Nous ignorons la cause de cette dernière sévérité. Mais comme elle est impressionnante ! De la mission des Indes, il ne restait près de François que ce Frère parti de Goa avec lui ; et il le chasse. Sur cet îlot désert, le Provincial ne se préoccupe que de l'intérêt de la Compagnie. « Vous ne le recevrez pas au collège s'il vient à Goa. Parlez-lui à la porterie ou à l'église ; et, s'il veut être Frère chez les Frères de Saint-François ou de Saint-Dominique, aidez-le. Quant à le recevoir, je vous commande, en vertu de l'obéissance, de ne pas le faire ; et ne permettez pas qu'on l'accueille en une maison de la Compagnie, parce qu'il n'est pas pour la Compagnie. » Ce sont les derniers mots de sa dernière lettre à Barzée, du 13 novembre 1552.

Pas une de ces lettres n'est adressée à Ignace ni aux Pères de Rome. De San Choan il n'a écrit qu'à Barzée, à Pereira et à Perez. D'une lettre à l'autre, ses chances d'entrer en Chine diminuent ; mais ce qui ne diminue pas, c'est son ressentiment contre

don Alvaro de Ataïde, qui s'est fait l'instrument
de la volonté satanique, et sans qui il est persuadé
que son expédition eût glorieusement réussi. Dès
son escale de Singapour, il avait pressé l'évêque de
Goa de notifier l'excommunication du capitan. Le
22 octobre, il ordonnait à Perez de quitter Malacca. Dans sa lettre du 13 novembre, il revient et
insiste sur la nécessité d'excommunier au plus
vite don Alvaro, afin qu'il se repente et que les
Frères de la Compagnie ne soient plus exposés à
de pareils empêchements de la part des capitans.
Mais, dès qu'il écarte le souvenir de son misérable
insulteur, l'ombre de Gomez lui réapparaît et le
tourmente encore. Comme un homme, dont le
métier fut de sonner le tocsin, continuerait d'agiter
sa cloche sur un rivage abandonné et se fierait aux
vents du soin d'en porter les avertissements jusqu'au bout du monde, il ne se lasse point de
répéter : Obéissance ! Humilité ! Humilité ! Obéissance ! Il en arrive même à se défier de Barzée.
Résistera-t-il au démon de l'orgueil ? Ne va-t-il
pas croire, lui aussi, que François ne rentrera
jamais plus à Goa ? « Maître Gaspard, n'oubliez
pas les avis que je vous laissai et ceux que je vous
ai écrits depuis... Ne vous imaginez pas, *comme
d'autres firent*, que je suis mort, car, si Dieu veut,
je ne mourrai pas, bien qu'il y ait eu un temps où
plus qu'à présent je désirai vivre. » Dernier sou-
bresaut d'énergie, mais suivi du mélancolique
aveu de sa dépression. Jamais il n'a été plus las.

Le nombre des bateaux dans la rade de San Choan décroissait de semaine en semaine. Il attendait toujours l'embarcation de son marchand chinois. Il attendait tout ce qu'elle lui apporterait de labeurs, de croix, de supplices et de martyre, avec le regard profond, la douceur triste et tendue des naufragés ou des vieux parents qui guettent l'apparition d'une voile, leur salut ou leur amour. Un matin, il demanda où était son hôte portugais : on lui dit qu'il était parti. Hormis le *Santa Croce*, tous les navires s'étaient éloignés. L'air se faisait froid ; les vivres, rares. Tout à coup, il se sentit très mal, et il eut envie de regagner le bateau. Il n'y passa qu'une nuit où il grelotta la fièvre et souffrit du roulis. De grand matin, il revint au rivage, portant sous son bras une paire de chausses en drap qu'on lui avait données contre la bise. Un Portugais, dont nous ne savons pas le nom, le prit dans sa cabane et lui dit : « Votre Révérence est très malade : il lui faut une saignée. » On le saigna : il s'évanouit. Le lendemain, seconde saignée, nouvel évanouissement. Antonio retourna au navire qui était à une lieue en mer, et le capitaine lui fit cadeau d'une poignée d'amandes. Ce fut le dernier présent du Portugal à son apôtre. Il n'y goûta pas. Son estomac ne pouvait plus rien absorber. Il parlait à haute voix, les yeux au ciel, le visage coloré de la même allégresse que jadis quand il prêchait aux pauvres pêcheurs de perles. Antonio reconnut sur ses lèvres la prière : *Tu au-*

tem meorum peccatorum et delictorum miserere.
Mais le mourant prononçait aussi des mots étranges,
des mots que seuls les gens du pays basque auraient
compris. A un certain moment, il se tourna vers
Christophe le Malabar ; il regarda la figure de ce
domestique hindou dont la mort prochaine de son
maître commençait à dénouer le masque obsé-
quieux, et il lui dit : « Que tu me fais de peine ! »
Quelques mois plus tard, le Malabar, qui s'était
débauché, tombait frappé d'un coup d'arquebuse.
On était, les uns disent au 27 novembre, les autres
au 2 décembre. Antonio seul le veilla toute la
nuit, et toute la nuit les yeux de François demeurèrent attachés sur le crucifix. Au crépuscule du
matin, le jeune Chinois vit qu'il allait mourir ; il
lui mit dans la main un cierge qui s'éteignit, car
le vent pénétrait sous la misérable paillote. Et sans
effort, sans râle, son corps seul resta étendu sur le
sol. Ainsi l'oiseau de feu des Moluques ne touche
la terre qu'au moment où la vie l'abandonne.

On l'enterra l'après-midi dans un cercueil chinois. Il n'y avait que quatre personnes présentes :
le Portugais qui l'avait recueilli, Antonio et deux
mulâtres. Un de ces deux mulâtres proposa de
répandre de la chaux dans le cercueil. On le
décloua, on versa la chaux, puis on marqua de
quelques pierres l'emplacement de la sépulture.
Les Portugais du *Santa Croce* ne se dérangèrent
point. Selon Pinto, l'un d'eux, quinze jours plus
tard, écrivit à don Alvaro de Ataïde que le Père

maître François de Xavier était mort, et sans faire
aucun miracle. Pinto est toujours suspect. Je crois
pourtant qu'il a bien rendu le sentiment des Portugais. Ils n'étaient point fâchés de la disparition
d'un apôtre dont, au fond du cœur, ils redoutaient
le pouvoir mystérieux. A l'impression de délivrance qu'ils éprouvaient s'ajoutait le soulagement
de voir que sa mort, une pauvre et simple mort,
n'avait été accompagnée d'aucun prodige, que le
vent n'avait pas soufflé plus fort, que les flots
n'avaient pas étrangement mugi et que le *Santa
Croce* était resté à sa place. L'indifférence des
éléments justifiait à leurs propres yeux l'insouciance affreuse où ils avaient laissé agoniser et
s'éteindre un des plus magnifiques efforts de la
nature humaine.

Cependant, ils n'osèrent pas revenir à Malacca
sans les restes mortels de celui qui, même pour
eux, était désormais un saint. Le 17 février 1553,
au moment de lever l'ancre, le capitaine chargea
un homme de confiance d'exhumer le corps et de
s'assurer s'il était dans un état qui permît le
voyage. Le cadavre intact n'exhalait d'autre odeur
que celle de la chaux dont il était recouvert.
L'homme coupa un morceau de chair qu'il rapporta
au capitaine, et celui-ci, l'ayant flairé, loua Dieu et
fit embarquer le cercueil.

Le voici encore une fois sur les mers, mais
immobile et muet. Comme ils avaient déchiré son
cœur, les hommes mutilèrent son cadavre. Chaque

triomphe dont ils l'honorèrent fut une nouvelle profanation. A Malacca, son ami Pereira, qu'on n'appelait plus que l'Ambassadeur, prépara une réception solennelle, où seuls le capitan et ses flatteurs ne parurent point. On commença par ouvrir son cercueil. Il semble qu'on ait besoin d'en retirer un corps qui ne soit point décomposé pour croire à la sainteté de cette grande âme. On le porta dans l'église de Notre-Dame du Mont dont les murs subsistent encore et dont une des pierres tombales recouvre les restes du second évêque du Japon. Là, on l'enterra selon l'usage, sans bière, enveloppé d'un linceul; et les pilons des Cafres, qui tassèrent le sol, lui aplatirent le nez et lui enfoncèrent une pierre dans le côté gauche. Il y resta cinq mois. Le soir du 15 août, le Père Jean de Beira et Diogo Pereira le déterrèrent secrètement et le déposèrent dans un beau coffre garni de damas. Ils le gardèrent jusqu'au 11 décembre, où ils le confièrent à un navire fatigué qui faisait son dernier voyage de l'Inde. Et la pauvre chose, qui conservait sa forme, reprit la mer et retraversa ces flots où l'âme qu'elle avait logée avait tant de fois prié dans l'aurore et dans la nuit et dans les tempêtes. Elle toucha le rivage de Ceylan ; elle atterrit à Cochin. Enfin, elle entra au port de Goa. L'époque de l'année était la même que la dernière fois que François en était parti. La ville entière se précipita à sa rencontre. Le clergé lui-même faillit oublier la tristesse de la Semaine

Sainte et faire sonner toutes ses cloches. Le gouvernement, la noblesse, le peuple, contemplèrent, revêtu d'un surplis et d'une aube très riche, encore reconnaissable, mais rapetissé par la mort, l'homme que Dieu leur avait envoyé et qu'ils n'avaient jamais reçu avec de pareils transports. Des milliers d'hommes et de femmes lui baisèrent les pieds, ces pieds qui avaient tant foulé la terre; mais, parmi ces baisers, il y en eut un qui fut une morsure, lui arracha un doigt et lui tira, dit-on, quelques gouttes de sang. L'évêque, mort trois mois plus tôt, ne vit pas ces grandes processions ni toutes ces lumières sous des nuages d'encens. Barzée, lui, condamné au séjour de Goa, s'était éteint comme une torche dans une chambre sans air : « Maître Gaspard, ne vous imaginez pas que je suis mort ! » Depuis huit mois, Maître Gaspard savait à quoi s'en tenir.

Telle fut la vie de cet homme mort à l'âge de quarante-six ans. Nous nous sommes efforcé de la raconter impartialement. Mais nous ne nous flattons point d'avoir promené la lumière dans tous les coins d'une existence si dramatique et si remplie. D'une façon générale, ce fut par la volonté que François fut supérieur. Admirable, quand il se lance à l'assaut de l'inconnu, il l'est moins quand il organise. Au moment où il mourait, Ignace se décidait enfin, dans une lettre où il le rappelait en Europe, à formuler doucement et nettement ses réserves sur la conduite de son apostolat : « Il m'a paru bon que vous ayez envoyé en Chine Maître Gaspard et autres et, si vous y êtes allé vous-même, je tiendrai la chose pour bien faite, me persuadant que vous suivez en tout les conseils de la divine Sagesse. Et cependant mon jugement à moi est qu'il conviendrait mieux, pour le service de Dieu, que vous fussiez demeuré dans l'Inde après avoir dressé les autres à faire en Chine ce que vous vous proposiez d'y faire vous-même. Ainsi, vous exerceriez sur plusieurs points une action que, de votre personne, vous n'exerceriez que sur un seul. » C'est le véritable organisateur qui parle et qui dit tout en peu de mots. Il est vrai que cet organisateur ne connaît que très imparfaitement les terribles difficultés des missions de l'Asie, dont le chef doit être à la fois celui qui découvre et celui qui dirige. Les lettres de l'apôtre ne lui en donnent qu'une faible idée, et il a senti dans celles des jeunes Pères débarqués à Goa comme un étonnement et une déception de ne pas y rencontrer le directeur que leur inexpérience attendait, ou de ne pas l'y garder. François se remet à leur initiative, les abandonne pendant des périodes de deux ou trois années, puis revient avec le charme de l'aurore et des coups de foudre. Ce n'est pas ainsi qu'on procède à Rome.

Mais nous ne sommes pas à Rome. Si François était demeuré dans l'Inde, y aurait-il trouvé d'autres François à envoyer aux Moluques et au

Japon ? Il ne dispose que d'un petit nombre de
recrues et dont toutes ne sont pas sûres. Comment
les diriger de Goa où l'on ignore le reste de l'Asie
autant qu'à Rome ou à Lisbonne ? Supposons qu'il
s'y soit établi, que les intrigues cléricales et politiques ne l'y aient pas usé, qu'il y ait accompli
tout le bien dont il était capable ; il n'y aurait été
qu'un prêtre plus heureux et plus saint dans les
possessions restreintes du Portugal. La gloire,
l'intérêt, le nom même du catholicisme voulaient
précisément qu'il en sortît et que, poussant jusqu'au Japon et jusqu'au seuil de la Chine, il n'as-
signât à ses efforts apostoliques d'autres limites
que celles du monde. Assurément il a l'humeur
nomade et aventureuse : saint Paul, lui non plus,
ne tenait pas longtemps en place ! Et nous qui
savons que ses jours sont comptés, nous lui repro-
cherions parfois un excès d'inquiétude. Nous
sommes avec les gens de Ternate qui s'oppose-
raient volontiers à son départ et avec les Japonais
qui, s'ils l'osaient, l'empêcheraient de partir.
Pourquoi a-t-il l'air de se fatiguer si vite de la
même tâche, quand il ne se fatigue jamais d'en
entreprendre de nouvelles ? Mais il n'en a que
l'air : ce sont toujours les mêmes recommence-
ments, les mêmes labeurs, les mêmes consolations
crucifiantes qu'il va chercher sur les différents
points de l'univers.

Cependant cette ambition de tout voir et de
tout faire dont il est dévoré, cette puissance d'illu-

sion qui le promène d'Océan en Océan, si elles le distinguent de bien d'autres Saints, ne forment pas sa seule originalité. Son âme est très complexe. On a beau lire et relire ses lettres, vivre et voyager en sa compagnie : on n'est pas sûr de le connaître entièrement. Sa simplicité modeste a des détours ; sa douceur recouvre l'indomptable opiniâtreté des Xavier ; sa prudence, d'incroyables témérités. Il possède un rare esprit de finesse et réussit presque toujours dans les diplomaties familières ; mais presque toujours il échoue dans les autres. Il ne semble pas né pour les grands commandements ; mais, en certains cas, il vaut à lui seul une armée. C'est un féodal. Et il l'est jusque dans son amour profond, jaloux, exclusif de la Compagnie dont on peut dire qu'elle est son clan et bien davantage. Au milieu de l'ouragan, il se recommande à Dieu, et, dit-il : « Je ne manquai pas de prendre pour médiateurs tous les Saints, commençant par ceux qui, en cette vie, appartinrent à la sainte Compagnie de Jésus. » En 1548 ! Il devance Rome et les années. Il ne fait d'ailleurs que les devancer ; et nous comprenons son amour. La Société de Jésus, qui constituait une petite famille aristocratique dans la grande cité chrétienne, s'accordait à sa fierté nobiliaire et à sa tendresse de cœur. Toutes ses aptitudes y trouvèrent leur emploi. Non seulement elle satisfaisait son instinct de gentilhomme et ses besoins d'affection, mais elle avait discipliné son imagination et l'avait doté d'une étonnante richesse de vie intérieure. Le secret de sa résistance physique est là. S'il n'a pas eu le temps d'atteindre les limites du monde, il a presque dépassé celles de la nature. Ce corps émacié, dont le visage se colore à chaque émotion de tout le sang qui lui reste, est soutenu dans ses incroyables fatigues par une âme entraînée à la méditation. Il s'y retrempe comme les autres dans le sommeil. Le chemin de croix qu'il refait au soir de sa journée lui donne la force de marcher tout le jour du lendemain.

Il est très grand parmi les Saints, ce qui signifie qu'en dehors même de l'ordre mystique, il y avait en lui une grandeur qui, sur le plan simplement humain, se fût manifestée. Ignace de Loyola ne fit que capter au profit de l'Église et de la charité divine un génie qui s'ignorait encore, mais qui se fût précipité, un jour ou l'autre, vers les plus belles aventures. Il était de ceux qu'attirent invinciblement les faces mystérieuses de l'univers. La parole d'Ignace a sanctifié sa curiosité ; et la croix de Jésus fut désormais sa seule boussole. La ténacité, l'endurance, l'audace heureuse, le charme, il réunit au plus haut degré ces qualités des grands explorateurs et des conquérants. Les plus célèbres d'entre eux, avec trois cents cavaliers, ont conquis des empires. Lui, seul ou accompagné de quelques pauvres piétons comme lui, il a fondé dans les pays les plus hostiles des œuvres dont la seule qui ait presque entièrement succombé a résisté cent ans. A coup sûr, ses espérances n'ont pas été réalisées ; et la religion chrétienne n'a triomphé nulle part, pas plus dans l'Inde ou en Malaisie qu'au Japon. Mais, comme le combat continue, il nous est impossible de préjuger de l'avenir.

Et ce n'est point à ces conséquences matérielles qu'il faut mesurer l'importance de son rôle. Il a créé un des mouvements les plus considérables et les plus féconds des temps modernes. Il a rapproché les mondes. Il n'a pas inventé l'apostolat des Infidèles ; mais, pour la première fois, il en a ébauché l'organisation ; il en a fait une forme normale, régulière, disciplinée de l'activité chrétienne. Il n'y a pas un seul missionnaire sur la planète qui ne soit plus ou moins son héritier ou son imitateur. Le pasteur anglo-saxon ou américain qui, en Chine ou en Syrie, consacre parfois une partie de ses abondants loisirs à lui chicaner sa gloire ou à regretter qu'il ait trop aimé la Vierge et les Saints, lui doit le meilleur de son idéal et quelques traits essentiels de sa conception apostolique. Plus encore : son exemple est de ceux qui ont augmenté la confiance légitime que l'homme peut avoir dans ses propres forces alimentées par la foi et soutenues par la grâce. La nature est fière des victoires qu'il a remportées sur elle, et le dur traitement que ses mortifications lui ont imposé ajoute à la gloire de l'espèce humaine. Quelles pitoyables créatures nous serions et quelle triste

22.

famille si, dans la défense et la propagation des
idées les plus désintéressées, des hommes comme
lui ne relevaient notre honneur! Sa vie est de
toutes ses œuvres la plus substantielle et la plus
vivante. Il a continué et il continue d'agir dans
les âmes. Il a été de tous les labeurs ingrats qu'ont
poursuivis les missionnaires de Jésus-Christ au
Canada, en Amérique, en Afrique, en Chine, et de
toutes leurs souffrances et de tous leurs martyres.
On retrouve son souvenir sur tous les chemins qui
les ont conduits vers les supplices et dans toutes
les solitudes où ils ont failli perdre cœur. Ils ont
envié ses courses les plus périlleuses, ses tempêtes, ses joies amères, jusqu'à ses humiliations,
jusqu'à l'isolement de son grabat funèbre, jusqu'à
son agonie, loin de tous les siens, sous les yeux
bridés d'un Chinois. Et ceux qui sont partis pour
convertir les païens ont vu briller, au terme de
leurs efforts, comme de pures récompenses, des
choses dont la seule pensée fait frémir.

FIN

NOTE

On trouvera dans le *Saint François Xavier* du Père Alexandre Brou (Beauchesne éditeur, 1912. 2 vol. in-octavo), une bibliographie très abondante de l'histoire du Saint. J'indiquerai seulement les ouvrages dont je me suis le plus servi.

Et d'abord ceux que j'ai nommés en commençant : les *Monumenta Historica Societatis Jesu : Monumenta Xavierana* (Madrid, 2 vol. in-8°. le 1er paru en 1900, le 2e en 1912). — Les deux livres du Père Cros : *Saint François de Xavier, son pays. sa famille, sa vie. Documents nouveaux*, 1re série (Toulouse, 1894). — *Saint François de Xavier, sa vie et ses lettres* (Toulouse, Paris, 1900, 2 vol.). — et le *Saint François Xavier* du Père A. Brou, dont on ne peut trop admirer la vaste érudition et le mérite littéraire.

Pour tout ce qui concerne les débuts de la Compagnie et la formation à l'apostolat de François, j'ai eu particulièrement recours à l'*Histoire de Sainte-Barbe* de Quicherat, à l'*Histoire de la Compagnie de Jésus en France, de H. Fourqueray. S. J.* (Paris, 1910, Alphonse Picard éditeur).

Pour l'Inde, j'ai consulté, avec un vif intérêt. le délicieux livre de Pierre du Jarric, *Histoire des choses plus mémorables advenues en Indes Orientales* (Bordeaux, 1610), — les *Voyages* de Pyrard de Laval (Paris, 1619), — les *Voyages en Afrique, Asie. Indes Orientales et Occidentales*, de Jean Mocquet (Paris, 1617), — les *Decadas da Asia*, de Barros et Do Conto (Lisbonne, 1778-1788), — les *Mœurs, institutions et cérémonies des peuples de l'Inde* (Paris, 1825), de l'abbé Dubois. *La Mission du Maduré, d'après des Documents inédits et les Lettres édifiantes et curieuses de la Nouvelle Mission du Maduré* (1854-1865), de J. Bertrand, S. J. — *The rise of portuguese power in India*, de Whiteway (Westminster, 1899). — *The Portuguese in India*, de Frederick Charles Danvers (London, 1894).

Pour la Malaisie et les Moluques, j'ai trouvé des renseignements curieux dans *Le Viateur en la plus grande partie d'Orient*, de l'italien Varthema (1510), — dans les *Voyages* de Drach, amiral d'Angleterre (1577), — et dans l'*Histoire générale des Voyages* de Prevost. (Se reporter surtout aux relations hollandaises.)

Pour le Japon, nous ne pouvons recourir à aucun historien japonais. L'histoire n'existe pas encore au Japon : c'est à peine si elle commence à naître ; et les Annalistes ne semblent même pas avoir remarqué le passage de François de Xavier. L'ouvrage de M. de la Mazelière *Le Japon. Histoire et Civilisation* (Plon éditeur), est ce que nous avons de plus complet, très supérieur au livre touffu et partial de J. Murdoch *A History of Japan during the century of early foreign intercourse* (Kobe, 1903). A ceux qui voudraient connaître l'histoire si dramatique du Christianisme au Japon, il faut recommander la vieille *Histoire du Japon* du Père Charlevoix (1736-1754), où les Japonais eux-mêmes trouvent à apprendre — l'*Histoire de la Religion chrétienne au Japon* (Paris, 1869) de L. Pagès, — *la Religion de Jésus ressuscitée au Japon* (1896), de Fr. Marnas : et on lira avec le plus grand profit l'ouvrage de M. Steichen M. A. intitulé *Les Daïmio chrétiens ou Un siècle de l'Histoire religieuse et politique du Japon* (Hong-Kong, 1904).

TABLE DES MATIÈRES

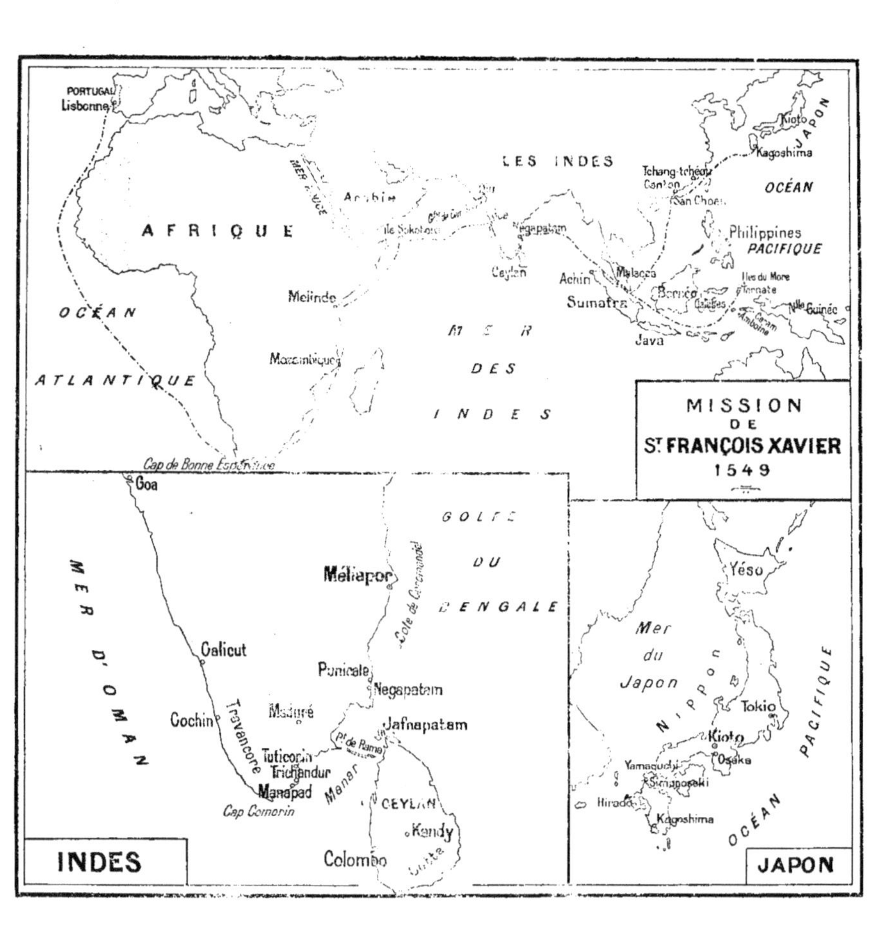
PORTUGAL
Lisbonne
AFRIQUE
MER ROUGE
Arabie
OCÉAN
ATLANTIQUE
Melinde
Mozambique
Cap de Bonne Espérance
LES INDES
Ile Sokotora
Negapatam
Ceylan
Achin
Sumatra
Java
MER DES INDES
Tchang-tcheou
Canton
San Choan
Malacca
Borneo
Philippines
PACIFIQUE
Iles du More
Ternate
Nlle Guinée
Ceram
Amboine
Kioto
JAPON
Kagoshima
OCÉAN
MISSION
DE
St FRANÇOIS XAVIER
1549
Goa
MER D'OMAN
Calicut
Cochin
Travancore
Madure
Tuticorin
Trichandur
Manapad
Cap Comorin
Méliapor
Côte de Coromandel
Punicale
Negapatam
Jafnapatam
Pt de Rama
Manar
CEYLAN
Kandy
Colombo
GOLFE
DU
BENGALE
INDES
Yéso
Mer
du
Japon
NIPPON
Tokio
Kioto
Osaka
Yamaguchi
Simonoseki
Hirado
Kagoshima
OCÉAN PACIFIQUE
JAPON

ÉVREUX

IMPRIMERIE CH. HÉRISSEY

4, RUE DE LA BANQUE